Ein **ars**-vivendi-Gastroführer

Weitere Titel der Zwischen Sekt & Selters-Reihe:
Berlin zwischen Sekt & Selters
Bremen zwischen Sekt & Selters
Düsseldorf zwischen Sekt & Selters
Frankfurt zwischen Sekt & Selters
Hamburg zwischen Sekt & Selters
Hannover zwischen Sekt & Selters
Heidelberg/Mannheim zwischen Sekt & Selters
Köln zwischen Sekt & Selters
München zwischen Sekt & Selters
Nürnberg zwischen Sekt & Selters
Ruhrgebiet zwischen Sekt & Selters
Stuttgart zwischen Sekt & Selters

Deutschland zwischen Sekt & Selters

Wien zwischen Sekt & Selters

Restaurantführer-Reihe „Zwischen Shrimps & Schaschlik":
(teilweise in Vorbereitung)
Berlin zwischen Shrimps & Schaschlik
Bremen zwischen Shrimps & Schaschlik
Düsseldorf zwischen Shrimps & Schaschlik
Frankfurt zwischen Shrimps & Schaschlik
Hamburg zwischen Shrimps & Schaschlik
Hannover zwischen Shrimps & Schaschlik
Heidelberg/Mannheim zwischen Shrimps & Schaschlik
Köln zwischen Shrimps & Schaschlik
München zwischen Shrimps & Schaschlik
Münster/Osnabrück/Bielefeld zwischen Shrimps & Schaschlik
Nürnberg zwischen Shrimps & Schaschlik
Ruhrgebiet zwischen Shrimps & Schaschlik
Stuttgart zwischen Shrimps & Schaschlik
Wien zwischen Shrimps & Schaschlik

Frank Igelhorst · Martin Barkawitz
Bernd Kegel (Hrsg.)

**Münster, Osnabrück, Bielefeld
zwischen Sekt & Selters**

Schreiber und Tester:
Volker Backes
Martin Barkawitz
Vera Geißler
Dora Hartmann
Frank Igelhorst
Bernd Kegel
Astrid Klesse
Wolfram Linke
Anke Maselli
Henning Rentz

ars vivendi verlag · Cadolzburg

Bei der Realisierung dieses Kneipenführers ließen wir größtmögliche Sorgfalt walten. Falls dennoch Fakten falsch oder inzwischen überholt sein sollten, bedauern wir dies, können aber auf keinen Fall eine Haftung übernehmen.

Das Werk ist in allen seinen Teilen urheberrechtlich geschützt.
Abdruck – auch auszugsweise – nur mit ausdrücklicher Genehmigung des Verlags.
© 1993 by ars vivendi verlag, Norbert Treuheit, Postfach 42, W-8501 Cadolzburg

Typografie und Ausstattung: WMS&S
Umschlagfoto: Horst Friedrichs
Druck: Meyer, Scheinfeld
Lektorat: Thomas Meiler

1. Auflage Juli 1993

ISBN 3-927482-55-2

Inhalt

7	Musterseite mit Erklärungen
9	Münster
10	Vorwort
12	Gastrobesprechungen Münster
95	Osnabrück
96	Vorwort
98	Gastrobesprechungen Osnabrück
131	Bielefeld
132	Vorwort
134	Gastrobesprechungen Bielefeld
172	Die Autoren
173	Register

Musterseite mit Erklärungen

Stadt	NAME DES LOKALS
Signet des Lokals (soweit vorhanden)	# Überschrift

NAME DES LOKALS
Adresse
Telefonnummer

Öffnungszeiten
Küchenzeiten

Sitz- und Stehplätze
in Haus und Hof

Haltestelle(n) und
Linie(n)
Parkplatzsituation

Hier findet sich ein Essay zur jeweiligen Lokalität, der von der Natur der Sache her subjektiv ist.

Die Bewertungen (in Form von Sektkelchen) spiegeln den Gesamteindruck wider, in den Aspekte wie „Ambiente" und „Atmosphäre", „Service", „Getränkeangebot", „Luft", „Hygiene" und „Preisniveau" eingegangen sind.

Zur Bewertungsskala:
6 Sektkelche = *traumhaft*
5 Sektkelche = *sehr empfehlenswert*
4 Sektkelche = *der Besuch lohnt sich*
3 Sektkelche = *Durchschnitt*
2 Sektkelche = *muß nicht sein*
1 Sektkelch = *nicht zu empfehlen*

Umgedrehte Sektkelche deuten auf „schräge" Lokale hin.

Hier wird das gesamte Angebot anhand charakteristischer bzw. auffälliger Beispiele vorgestellt und soll Aufschluß darüber geben, wie es sich in seiner Zusammensetzung, Bandbreite und Qualität/Präsentation zum kneipenüblichen Durchschnitt verhält. Die in Klammern angegebene Preisspanne umfaßt das billigste und das teuerste Getränk der betreffenden Sparte:

Bier — Ohne Berücksichtigung der Menge; Schwerpunkt Faßbier
Wein — In der Regel bezogen auf 0,1/0,2l-Gläser
Sekt und Schampus — Glas- oder Flaschenpreise; bei entsprechendem Angebot ganze Preisspanne vom Glas bis zur Flasche
Cocktails — Alle alkoholischen Mixes
Spirituosen — Vom 2cl-Glas bis zur 1l-Flasche
Alkoholfreie Getränke — Lobend erwähnt, wenn etwas billiger als Bier ist
Heißes — Schwerpunkt auf Kaffee, Cappuccino und Espresso
Essen — Qualität und Quantität, Präsentation

Musik — Musikrichtung? Vom DJ gemixt, von Band/Platte, aus dem Radio? Oder gar live? Wie ist die Lautstärke, wie der Sound?
Spiele — Kann man Spiele ausleihen? Gibt's gar Billard oder Darts?
Lektüre — Zeitungen, Zeitschriften
Luft — Erfrischend oder zum Schneiden?
Hygiene — Wie sauber sind Lokal und Toiletten?
Publikum — Wen zieht's bevorzugt her?
Service — Gibt's genügend Personal? Ist es freundlich, aufmerksam, schnell, zuverlässig, persönlich oder alles auf einmal?
Preisniveau — Für jeden erschwinglich, angemessen oder schlicht Nepp?

Münster

Vorwort Münster

Ein Kneipenführer für Münster, Osnabrück und Bielefeld gleichzeitig? So etwas können sich nur fränkische Verleger ausdenken, für die alle drei Metropolen ohnehin kurz vor der ersten Nordseedüne liegen, mag da mancher denken. Weit gefehlt. Ich habe mich eines völlig verkannten, taxifahrenden Historikers versichert, der mich damals, als ich nicht mal mehr das Fahrrad ... wo war ich? Richtig, die historischen Zusammenhänge. Gerade hinsichtlich eines Kneipen-, Diskotheken, Bar- und Café-Führers sind die nämlich unübersehbar. Zwar hat sich die herrschende Meinung noch nicht ganz den Thesen meines Historikerfreundes anschließen können, wird in Jubliäumsjubelpostillen immer noch ein unglaubwürdiges Bild der Anfänge unserer drei Städte gezeichnet. Doch dieses Werk versteht sich nicht nur als Wegweiser durch den Kneipendschungel, es will auch aufrütteln. Aufzeigen, daß unsere Züge durch die Gemeinde auf einer jahrhundertealten Tradition beruhen.

Die beginnt, wie sollte es anders sein, beim guten alten Hermann (oder Arminius, um wenigstens hier der traditionellen Geschichtsschreibung Genüge zu tun). Der hatte im Jahre des Herrn 9 neben seinen tapferen Westgoten nämlich ein sächsisches Söldnerheer gegen die Römer versammelt, furchterregende Krieger, die wegen ihrer komischen Ausdrucksweise allerdings keiner verstehen konnte. Die Sachsen schützten die cheruskische Flanke im Bereich des heutigen Bielefeld. Vor lauter Langeweile stellten sie aus Teutoburger Baumrinden ein durchsichtiges, anregendes Gebräu her. Nach einer durchzechten Nacht lagen die Sachsen allesamt wie tot auf einer Lichtung. Da kam Römer Varus des Wegs, hielt diesen Teil der Gegenwehr bereits für erledigt und zog gegen Chef Hermann, was ihm – da geben wir der traditonellen Lehre recht – nicht gut bekam. Hermann allerdings war ziemlich sauer auf seine Sachsen und verbannte sie in ein großes, sumpfiges Gebiet im Westen. Dort vegetierten ihre Nachfahren jahrhundertelang vor sich hin, brannten weiterhin ihr klares Gesöff, das sie mit „Quorn" bezeichneten, und warteten eigentlich nur noch auf den Erlöser.

Der kam in Gestalt des Mönches Liudger, Abkömmling eines Klosters bei Jeverum, das für seine Cervisia-Braukunst bekannt war. Liudger führte einen großen Cervisia-Vorrat zu Werbezwecken mit sich und erlangte überregionalen Ruhm durch entsprechend viele Bekehrungen. Eines Nachts verschlug es ihn in das von den Sachsen bewohnte, sumpfige Gebiet. Er wurde von Spähern gefangengenommen, entzog sich aber seiner Vierteilung, indem er ein Rezept vorschlug, das den Sachsen Mund wässerig machte. Seine Cervisia bot er an, gemixt mit den frisch geernteten Erdbeeren aus dem Obst- und Gemüsegarten der Sachsen. Ein voller Erfolg, der die Heiden sogleich zur heiligen römischen Kirche überlaufen ließ. Liudger fand Gefallen an seinen neuen Gläubigen und selbst an der sumpfigen Gegend. So gründete er im Jahre des Herrn 793 die erste Kneipe Münsters, der er, seinem schlechten Gewissen folgend, ein Kloster, das Monasterium, angliederte. Den Mönchen wurde das Brauen des hellen, obergärigen Biers anvertraut.

Mit dem System, für jede Kneipe eine Kirche zu gründen, fuhr man in Monasterium in den nächsten Jahrhunderten fort. Das Leben pulsierte, „Liudgers Altbiereck" wurde ein Dauerbrenner, aber schließlich dämmerten schlechtere Zeiten herauf. Im Norden, im heutigen Osnabrück, braute die Konkurrenz. Nicht so obergärig, aber trotzdem für einen guten Rausch mit furchtbaren Folgen geeignet. Fortan lagen die beiden Provinzstädte im Kneipen-Clinch miteinander. Brutaler noch wütete allerdings der Dreißigjährige Krieg. Sowohl in Münster wie auch in Osnabrück hatten die feindlichen Heere die strategische Bedeutung der Kneipenviertel für Glaubensfragen sehr wohl erkannt. Immer wieder zogen Vagantenscharen plündernd durch die Altstadt, die damals noch „Neustadt" hieß. Als immer mehr Kneipiers ihre Pforten schlossen, erkannte alle Welt den Ernst der Lage und beschloß, Frieden zu machen. Eine französische Abordnung versammelte sich in „Liudgers Altbiereck". Die Verhandlungen zogen sich allerdings hin, und so kam es nach mehreren Runden Cervisia zu Randale. Die Traditionskneipe wurde dem Erdboden gleichgemacht, und man war gezwungen, ins nahegelegene Rathaus der Stadt auszuweichen, um dort Frieden zu schließen. Die entscheidenden Vorverhandlungen allerdings, das weiß nur keiner mehr, fanden in „Liudgers Altbiereck" statt. Nicht erschienen waren die Schweden: Der „Zollfreie Krämer" auf dem Fährschiff hatte geschlossen, und so kehrten sie zu einer kurzen Rast in Osnabrück ein. Aus der Stippvisite wurde ein nächtelanges Kampftrinken. Die heftigen Kopfschmerzen, die sich anschlossen, ließen eine Weiterreise nach Münster nicht zu, und so sahen sich die ermatteten Schweden gezwungen, ihren Friedensvertrag in Osnabrück zu schließen.

Wie gesagt, die Wahrheit wird von kommunalen Honoratioren gern verschwiegen. Wir allerdings nehmen den zwölfhundertsten Jahrestag der Gründung von „Liudgers Altbiereck" zum Anlaß, ins Hier und Jetzt zu blicken und die große Tat mit der Herausgabe des vorliegenden *Zwischen Sekt-und-Selters*-Führers zu würdigen. Schluß mit den aufgepeppten Werbeblättchen für die Kneipen unserer Metropolen! Hier kommt der endgültig-objektive Rundumschlag, von der Trash-Höhle bis zum Glitzertempel, von Schädelpils bis Cocktail-Kunstwerk. Dafür nehmen wir in Kauf, nach dem Erscheinen des Führers in einigen Läden nicht mehr unbedingt gern gesehen zu sein. Und fürchten jetzt schon das Gebrülle vieler Freundinnen und Saufkumpane: „Ey, wieso haste denn nicht das ... aufgenommen?"

Viel Spaß beim Überprüfen unserer Testergebnisse!

Frank Igelhorst

Münster — ALTES GASTHAUS LEVE

Wanderer, denkst du an Westfalen …

ALTES GASTHAUS LEVE

ALTES GASTHAUS LEVE
Alter Steinweg 37
Münster
Tel. 02 51/4 55 95

Di-So 10.00 - 24.00
Küche 11.00 - 23.00

245 Sitzplätze
30 Stehplätze

Mauritztor: Buslinie 11
Parken: PH Karstadt,
ansonsten keine bis
kleine Chance

„Älteste Gaststätte an unveränderter Stelle … seit 1607". Das beeindruckt. Kommt anscheinend gleich nach Dom und Prinzipalmarkt, der Laden. Der Glanz des alten Westfalen: Das *Leve* ist ein Gesamtkunstwerk in der Kategorie „Gutbürgerlicher Mief" und zieht mit seinem Sammelsurium aus Kacheln, Ölgemälden Marke Brustbild, Zinn und Kupfer vom staunenden Studi aus dem Pütt bis zum Bekenner-Westfalen vielerlei Volk an. Überhaupt macht das lebende Inventar den besonderen Reiz aus. Fixpunkt ist die Theke, zu der junges Grünzeug natürlich nicht vordringen darf. Das hört sich höchstens aus demütiger Entfernung an, wie der Chef mit wirklich alten Freunden auf Platt über noch ältere Zeiten plaudert. Toll authentisch! Pure urwestfälische Kneipenkultur. Und zu der gehört natürlich auch die Bedienung, die auf die sprichwörtliche Sturheit (aber die höflich!) verpflichtet scheint. Muß ich das gemütliche „Jagdzimmer" noch erwähnen? Sicher hat das hier versammelte Rotwild gern sein Leben gelassen für so viel Atmosphäre. „Wiedersehenstreffen" werden im *Leve* besonders gern gefeiert. Wo sonst in deutschen Städten findet man so viel Tradition auf einem Haufen? Stimmt schon, als Studenten waren wir nicht übermäßig oft hier, aber: Wanderer, denkst du an Westfalen … *igor*

Bier	Pinkus Alt (auch als Bowle), Bit, Bit Drive, Krombacher, DUB, Schlösser Alt v. F., Erdinger Weizen (2,00-5,00)
Wein	Von Oppenheimer (war klar!) lieblich bis Boscholä; Schwerpunkt deutsche Weine, (4,20-5,00), Flaschenweine auf Extra-Weinkarte (19,50-38,00)
Sekt	Spritzig-deutsch: Henkell, MM, Mumm, Fürst Metternich (Fl. 22,00-35,00)
Spirituosen	Schwerpunkt auf des Westfalen Zocker-Classics (1,80-4,00)
Alkoholfreie Getränke	Auch „Cola Light" und „Regina Brause" (2,00-3,00)
Heißes	Fürs Kaffeekränzchen (2,20-4,50)
Essen	Jede Menge, na, welche? Küche, umfangreiche Tageskarte

Musik	Gibt's nicht, oder haben Sie in einem Museum schon mal Musik gehört?
Lektüre	Lokalblätter für den nächsten Thekenplausch
Luft	Die umfangreiche Küche fordert ihren Tribut
Hygiene	Kulturgut-gerecht, auf dem Herrenklo das Schild: „Wer im Bogen nicht mehr kann, der trete bitte näher ran"
Publikum	Die selbstzufriedene Bourgeoisie von jung bis alt
Service	Profis in den Gebieten Höflichkeit, Stur- und Distanziertheit
Preisniveau	Wie in alten Zeiten

Münster — AMERICA-LATINA

CAFÉ
AMERICA
LATINA

Schmelztiegel

ҮҮҮҮҮ

AMERICA-LATINA
Neubrückenstr. 50-52
Münster
Tel. 02 51/5 56 66

Mo-Fr 7.00 - 1.00
Sa, So 12.00 - 1.00
Küche 11.30 - 0.30

90 Sitzplätze
50 Stehplätze
100 Plätze draußen im Garten

Neubrückentor:
Buslinien 9, 10, 17
Parken: Parkplatz ist schräg gegenüber

Du schlenderst durch die verregneten Straßen von Münster, auf dem nassen Asphalt spiegeln sich die Lichter der Straßenlaternen und es ist so kalt, daß du am liebsten das Bett vor- und fünf Grog hinter dir hättest. Jetzt müßte man in Südamerika sein, denkst du gerade; plötzlich öffnet sich in nicht allzu weiter Ferne ein einladendes, helles Türviereck. Drüber steht bunt: *America-Latina!* Nichts wie rein da – und plötzlich stehst du mitten in La Paz oder Lima oder auch Rio. Salsa-Musik dringt dir in die Ohren, Stimmen und das Klirren von Gläsern bilden den unverwechselbaren Kneipensound. Ist es bereits nach acht, kannst du von Glück sagen, wenn noch ein Plätzchen am Tresen zu ergattern ist, und überall sind Menschen aller Hautfarben, (fast) jeder Altersgruppe und vieler Berufe. Schicki-Mickis sitzen einträchtig neben Müslis, und eine Gruppe Lehramtsanwärter diskutiert mit ein paar Kiddis aus, ob die denn nicht mal so langsam nach Hause müßten. Nach zwei bis drei Tequila Sunrise spürst auch du die Wärme des Südens und schaust dir diese bunte Mischung von Charakteren an. Manch einer reaktiviert seinen vierzehn Jahre zurückliegenden Spanischkurs; auf ein fröhliches „¿Que pasa, hombre?" hat bis jetzt jeder ein nettes Lächeln als Antwort erhalten. Ideal also zum Abhängen, Leute angucken, Trinken und Reden; wenn's nur nicht immer so voll wäre! *rex*

Bier	Ritter First, Schlösser v. F., Mexican Bier, Urbock (3,30-6,50)
Wein	Aus biologischem Anbau über argentinischen San José bis zum Wallhäuser Sonnenweg, erfreulich günstig (4,00-6,00)
Sekt	Das Fläschchen Hoel oder Wachenheim (25,00/29,00)
Cocktails	Tropische Longdrinks und Cocktails (4,00-7,50); Tequila Rapido hat mich schon einige graue Zellen gekostet
Spirituosen	Schwerpunkt auf Lateinamerika (2,00-5,00)
Alkoholfreie Getränke	Viele Säfte, super Milchmixgetränke (2,50-6,00)
Heißes	Braucht man hier eigentlich nicht, gibt's aber reichlich; Normales (2,20-4,80) und Mixgetränke mit Alk (5,00-6,00)
Essen	Die Steaks gehören zu den besten der Stadt (bei guten Preisen), sonst Salate, Vegetarisches, Eis und Spezialitäten aus Südamerika

Musik	Ausschließlich Latino-Mucke
Lektüre	Stern und Stadtblatt
Luft	Trotz der Fülle noch zu ertragen
Hygiene	Okay
Publikum	Bunte Mischung
Service	Meistens nett und auch gut in Aktion
Preisniveau	Für das, was der Laden bietet, ausgezeichnet

Münster — ATLANTIS

Letzte Ausfahrt Münster

ATLANTIS
Grevener Str. 68-70
Münster
Tel. 02 51/27 20 54

Mi 17.00 - 1.00
Sa, So 5.00 - 11.00
Frühstück
5.00 - 11.00

70 Sitzplätze
50 Stehplätze

Grevener Straße:
6, 7, 17
Parken: Um fünf Uhr
früh kein Problem

Wenn alles andere „untergegangen" ist, taucht das *Atlantis* langsam auf. Wohl nichts ist gemeiner, als nachts (na gut, morgens um fünf) in der dunkelsten Ecke der Disco zu hocken – und dann geht das große Licht an. Noch schlimmer ist das, wenn sich weder Müdigkeit noch Betrunkenheit einstellen wollen. Da gibt's nur eins: Frühstück im *Atlantis*. Normalos, Waver, Schickeria oder Althippies – hier treffen sich alle münsterschen Nachtschwärmer, um den neuen Tag mit einer Tasse Kaffee oder dem allerletzten Drink zu begrüßen. Wie praktisch, daß sich die Taxifahrer zur passenden Zeit im *Atlantis* versammeln. Und gut, daß die Funzel nicht so viel Saft hat. Eine helle Lampe würde garantiert eine Massenhysterie auslösen. Entweder, weil das müde Hirn randalierte, oder, weil sich das Gesicht des Gegenübers in all seiner Realität offenbaren würde. Das Leben pulsiert pur. Der Charakter liegt erfreulich blank auf der Theke. Charles Bukowski hätte seine helle Freude. Im *Atlantis* könnte er zusammen mit dem Mädchen Tralala, das er an der letzten Ausfahrt von Brooklyn aufgegabelt hat, genaueste Studien an den westfälischen Henry Chinaskys betreiben. Mickey Rourke läßt grüßen. *wli*

Bier	Iserlohner, Schlösser Alt v. F., Altbierbowle, Kelts alkfrei (1,60-5,00)
Wein	Unaussprechlich (0,2l 3,80-4,50)
Sekt und Schampus	Moët Chandon und Veuve Clicquot für den, der den Unterschied noch schmeckt (Fl. 20,00-75,00)
Cocktails	Gin Tonic gegen das Leberzipperlein (5,00)
Spirituosen	Die Alkoholprozente stehen als letzte Warnung mit dabei (1,50-5,00)
Alkoholfreie Getränke	Vorsorge gegen den Nachdurst (1,70-3,50)
Heißes	Kaffee. Nie war er so wertvoll wie morgens (2,00-4,00)
Essen	Beim Frühstück bleiben keine Wünsche offen

Musik	Ein leiser Blues von den sonst so lauten Stones
Spiele	Schach, Backgammon und eine Spielesammlung. Ist wohl für die Taxifahrer ...
Lektüre	Wer die Augen noch offen halten kann, nimmt sich die MZ
Luft	Atmen? Wozu?
Hygiene	Schießerei mit Brötchenkrümeln – böser Blick vom Wirt
Publikum	Der einzige, der noch nie da war, ist Gunther Gabriel
Service	Wer sich nicht benimmt, bekommt vom netten Kraftwürfel die rote Karte gezeigt
Preisniveau	Um diese Uhrzeit fragt keiner mehr nach dem Preis

| Münster | BLECHTROMMEL |

Veni, vidi, vici

BLECHTROMMEL
Hansaring 26
Münster
Tel. 02 51/6 51 19

Täglich 18.00 - 1.00
Küche
19.00 - 23.30

180 Sitzplätze
50 Stehplätze
40 Freiluftplätze von
18.00 - 22.00

Hansaring: 14
Wenn der Tank leer
ist: Parkbuchten vor
der Tür

Singende Lastwagenfahrer und tanzende Milchmänner – ein alter Hut, alles schon mal dagewesen. Aber ein philosophierender Gemüsehändler, der aussieht wie eine Mischung aus Karl Marx und Luigi Colani? Wer kann schon Andorra von Max Frisch quasi „aus der Hüfte" zitieren? Also ehrlich, das ist bestimmt neu. In der *Blechtrommel* jedoch – so scheint's – gehört's einfach dazu. Kabarettisten geben sich ebenso ein Stelldichein wie Bluesmusiker – und eben Gemüsehändler. Abgerundet wird die Szenerie von einem exorbitanten Koch, der eigentlich ein Maître de Cuisine ist. In der *Blechtrommel* gibt's feinste und frischeste Küche bis hin zur provençalischen Fischsuppe. Und das zu Preisen, die sich jeder Student leisten kann. Indes, Monsieur haben auch Phantasie in der Namensgebung: Pizza Odol mit Knoblauch für den Frischluftfanatiker, Pizza Popeye mit Spinat und Pizza Single, ebenfalls mit Knoblauch – für den einsamen Gast mit masochistischer Neigung. Wer die Geselligkeit mehr liebt, wird ebenfalls bedient: Jeder kann seine Freunde von der Volksfront Judäa oder zur Not auch von der judäischen Volksfront zum großen Meeting einladen. Die Blechtrommel hat einen Raum für Gruppenveranstaltungen, wo ungestört und fern der Heimat die neueste „Aktion" gegen die „römische Besatzung" diskutiert werden kann. *wli*

Bier	DAB, Stade's Leicht v. F., Schöffenhofer Weizen (3,20-5,40)
Wein	Merlot, wirkt so schwer, wie es klingt (0,2 l 3,80-6,00)
Sekt und Schampus	Ein charmanter Bauer, dieser Baron de Charmeuil (Fl 28,00-120,00)
Cocktails	Klingel dich frei (4,00-4,50)
Spirituosen	Knockin' on heaven's door (2,00-5,00)
Alkoholfreie Getränke	„Grüne Tomaten" im Entsafter (2,00-3,20)
Heißes	Grog, Grogger, Groggy (2,00-3,50)
Essen	Keinerlei Risiken oder Nebenwirkungen

Musik	Schwerer, schwarzer Blues, vom weißen Sting meisterhaft gespielt
Spiele	Das reinste Spieleturniermekka
Lektüre	Münstersche Zeitung, Szenenblättchen
Luft	Die Nase klappt erleichtert die Flügel ein und schiebt das Fahrgestell raus
Hygiene	„Ey Alter, hier wird dauernd geschrubbt"
Publikum	Max Frisch geht mit Rudi Dutschke und Dieter Hildebrandt einen trinken
Service	Immer hektisch um den Ecktisch
Preisniveau	Umsonst ist nicht mal mehr der Tod

Münster — BLICKPUNKT

Blick

● **Showdown**

🍷🍷🍷

BLICKPUNKT
Kanonierstr. 3
Münster
Tel. 02 51/27 83 39

Mo-So 18.00 - 1.00
Küche
18.30 - 24.00
So Frühstück

80 Sitzplätze
30 Stehplätze

Kanonierplatz:
Bus 6, 151
Parken:
am Schloßtheater
gegenüber

Warum die Kneipe ausgerechnet *BlickPunkt* heißt, ist nicht einzusehen. Ein Beobachtungsposten ist sie gewiß nicht. Durch blickdichtes Glas kann man weder hinein- noch hinausschauen. Selbst wenn ein Ausblick möglich wäre, gäbe es kaum etwas zu bestaunen: eine Bushaltestelle von hinten, ein Kino von der Seite, ein paar Autos von vorn. Aussichten gibt es also nicht; suchen wir nach Einblicken. Zunächst eine kurze Wochenschau: Voll ist es hier von Montag bis Sonntag. Wer den Durchblick hat, kommt etwas früher. Denn nachdem der Sehnerv im Kino strapaziert wurde, fassen nicht wenige den *BlickPunkt* ins Auge. So mancher abwesende Blick schweift hier nach stundenlangem Starren in Richard Geres blaue Augen in die Ferne. Doch auch ein tiefer Blick ins Glas kann diese verwirrend kurzsichtigen Sinnesorgane nicht ersetzen. Ansichten über Woody Allen werden so gerne ausgetauscht wie die über Spike Lee, Clint Eastwood oder Peter Greenaway. Kein Kritiker wird schief angesehen, wie ein Rundblick zeigt. Die gnädig von der Wand herabblinzelnden Jazzgrößen haben jedenfalls im vollen Überblick über das aktuelle Kinoprogramm. Kommen wir auf den Punkt: Treffpunkt sicherlich, vielleicht auch Sammelpunkt, Brennpunkt weniger. Ganz bestimmt ist diese Kneipe Zielpunkt nach einem schönen Film: Zimmer mit Aussicht? Was ergibt sich daraus: Einblick-Sammelpunkt? Durchblick-Zielpunkt? Vielleicht einfach ein Tüpfelchen auf dem „i" nach dem Showdown, um einen Abend mit beschaulichen Betrachtungen zu beschließen. Bis zum Abschuß. *ak*

Bier	Rolinck v. F., Gatzweiler, Kölsch, Remmer (3,20-5,40)
Wein	Baden, Rosado Las Campanas, Blanc de Blancs (4,00-6,00)
Sekt	Riesling und Segura Viudas (Fl. 22,00-35,00)
Cocktails	Kir Royal, Paris S' Eveille und Piña Colada (4,00-6,00)
Spirituosen	Magenfreundlich, Barak Palinka (2,00-5,00)
Alkoholfreie Getränke	Gerolsteiner, Colas, Sangrita und Säfte (2,50-4,00)
Heißes	Kaffee-Tee-Schokoladen-Cappuccino-au-lait (2,00-3,50)
Essen	Liebe geht über den Teller in den Magen

Musik	Ansichtssache
Spiele	Vier gewinnt, Backgammon
Lektüre	Aktuell aus verschiedenen Blickwinkeln
Luft	Keine besonderen Beobachtungen der Nasenschleimhäute
Hygiene	Augenscheinlich rein
Publikum	Cineasten und Leute, die kurz vorbeischaun
Service	Behält die Übersicht
Preisniveau	Getränke punktuell preiswert, Pluspunkt fürs Essen

Münster — BÖTTCHER-KELLER

Bacchus' wundersame Notlandung

BÖTTCHER-KELLER
Markt 4
Münster/Telgte
Tel. 0 25 04/30 59

Mo-So 18.00 - 24.00
Küche 18.00 - 23.00

100 Sitzplätze im Keller
40 Sitzplätze im Freien bis 23.00

Marktplatz Telgte:
Buslinien 311, 313
Parkplätze in der Umgebung

Eines Samstagabends schwebte Gott Bacchus auf einer Wolke über das Münsterland hinweg. Unter ihm breitete sich ein gewaltiges Biermeer aus, das längst auch die große Stadt überspült hatte und nur noch die unzähligen Kirchturmspitzen freigab. Des Fliegens müde, befürchtete Bacchus schon eine Notwasserung, da erblickte er die ersehnte Insel. Mit schweren Backsteinen gegen die Sturmfluten geschützt, hatte dort vor unzähligen guten Jahrgängen ein schiffbrüchiger fränkischer Weinbauer ein Gewölbe errichtet. In menschlicher Gestalt stieg der Gott hinab in den Keller, einzig erwartend eine kurze Erfrischung vor dem Weiterflug. Doch ward er schnell gewahr, daß ihn hier nicht der von den Inspektionen am großen deutschen Strome gewohnte „Wenn das Wasser vom Rhein goldner Wein wär"-Chorus erwartete, sondern zarte klassische Weisen. Ebenso fehlten die heidnischen Bilder des weintrinkenden Mönchs und die obligatorischen Plastiktrauben. Ein Gott überhört menschliches Bekunden, leider sei alles voll. Bacchus schritt auf einen jungen Mann zu, der ihn, in einem Fasse sitzend und über Gott und die Welt philosophierend, an seinen alten Kumpel Diogenes erinnerte, erbat einen Platz und ward freundlich eingeladen. Die Sterblichen an seinem Tische wußten einen guten Tropfen wohl zu schätzen. Und sie wurden ergriffen von der Macht des Weingeistes, spürten eine wohlige Wärme in sich aufsteigen, während das Kerzenlicht die Farben der Reben auf ihren Antlitzen nachzeichnete. Bacchus aber begann die Westfalen zu lieben. Einige jedenfalls. *igor*

Bier	Gibt's hier ganz bewußt nicht
Wein	Internationale Vielfalt in Schoppen und Flasche von sehr guter Qualität (Gl. 6,00-6,50; Fl. 24,00-84,00)
Sekt und Schampus	Highlight: Champagne 83er Michel Gonet „Special Club" Grand Cru (Fl. 1/2 22,00-68,00; 1/1 42,00-124,00)
Spirituosen	Wenig, aber vom Feinsten (Eau de Vie bis Grappa, 5,00-10,00)
Alkoholfreie Getränke	Wenn's denn sein muß (2,50-3,00)
Heißes	Café Crème und Espresso (2,50)
Essen	Ideale Ergänzung zum Weingenuß: Schmalz bis Flugente
Musik	Leider etwas zu leise klassische Musik
Lektüre	Informationen zum Wein, nur selten verlangt
Luft	Keine störenden Gerüche verstopfen die Weinnase
Hygiene	Der sauberste Keller, den ich je sah
Publikum	Weingenießer jeden Alters
Service	Freundlich und kenntnisreich
Preisniveau	Für die gebotene Qualität auf jeden Fall angemessen

Münster — BULLENKOPP

Zurück in die Vergangenheit

BULLENKOPP
Alter Fischmarkt 24
Münster
Tel. 02 51/4 49 42

Mo-Sa 11.00 - 3.00
Sonn- und Feiertage
ab 18.00
Küche bis 2.30

65 Sitzplätze
40 Stehplätze

Lambertikirche,
Prinzipalmarkt:
fast alle Linien
Parken in der weiteren
Umgebung

Wir befinden uns hier innerhalb der Gemäuer eines Münsteraner Denkmals, das auf eine lange Tradition zurückblicken kann. Vor über hundert Jahren setzten sich ehrenwerte Mannsbilder zum Ziel, das eigene Ansehen und den kultivierten Genuß des lasterhaften Alkohols aufopferungsvoll zu mehren. Ein exklusiver Klub wurde gegründet und gab sich sodann eine noch heute über der Theke zu lesende Satzung, deren zentrales Element die „endliche Entscheidung" vieler noch unerledigter Wetten zum Inhalt hatte. Bei anstehenden Geburts- oder Namenstagen eines der Mitglieder wurde auf sein Wohl ein sechs Liter fassender Krug Altbier geleert, der sogenannte *Bullenkopp*. Lang ist's her, und Staub hat sich über die rühmliche Vergangenheit gelegt. Zwar versuchen besagte Gefäße und ein geschichtsträchtiges Gemälde die Erinnerungen wachzuhalten; spätestens beim Anblick eines dem Lichterglanz verfallenen Geldautomaten verfliegt die Illusion jedoch. So ist die Bandbreite der Songs an den modernen Geschmäckern gegenwärtiger Studentengenerationen ausgerichtet, die neben alteingesessenen Zechern den Großteil des Publikums ausmachen. Insbesondere ab 1.00 Uhr in der Frühe wird der *Bullenkopp* von Nachtschwärmern heimgesucht, die sich vollends den alkoholischen Knock out geben. Vielleicht ist dieses der Grund, warum Burschenschaftler im Delirium tremens so gern das Münsterlied anstimmen, in dem es heißt: „Wer den Stuhlmacherschen Tropfen und den *Bullenkopp* nicht kennt ..."*ak*

	Bier	Brinkhoff's, Kölsch, Schlösser, Pinkus, Export v. F., Valentins Weizen, Groterjahn (2,80-5,90)
	Wein	Nichts Weltbewegendes (5,50-7,50)
	Sekt	Schloß Wachenheim, Spezial Cuvée dry (Fl. 29,50)
	Cocktails	Sind hier nicht bekannt
	Spirituosen	Spaßmacher, Evergreens, Appetitanreger, Sweets und Aufräumer (1,70-5,50)
	Alkoholfreie Getränke	Eisschokolade, O-Saft mit Vanilleeis und Sahne (2,50-3,00)
	Heißes	Das Übliche plus heißer Zitrone (2,50-4,50)
	Essen	Für den kleinen Hunger, der sich immer abends einstellt

	Musik	Bekanntes, das vornehmlich zur Untermalung dient
	Lektüre	Lokales
	Luft	Einer Kneipe entsprechend
	Hygiene	Normal
	Publikum	Alteingesessene und Studis
	Service	Nett, bisweilen gestreßt
	Preisniveau	Für alle erschwinglich

Münster — **CADAQUES**

Benvinguts a Dalí

CADAQUES
Ludgeristr. 62
Münster
Tel. 02 51/4 30 28

Mo-Sa 12.00 - 1.00
So 15.00 - 1.00
Küche 12.30 - 14.00
18.30 - 23.00

55 Sitzplätze
50 Stehplätze

Ludgeriplatz: Buslinien 1, 2, 4, 9, 13, 15, 22, S90
Parken: geringe Chancen, die Anwohner hüten ihre Plätze

Von Figueras aus nur etwa 1.773 km Richtung Nord-Nord-Ost, die Pariser Péripherique und schließlich den Münsteraner Ludgerikreisel umrunden, schon ist man immer noch in Catalunya, was auf Deutsch, glaube ich, Katalonien heißt. Das liegt zwar in Spanien, aber ich werd' mich hüten, hier von einer spanischen Kneipe zu sprechen. „Cadaqués 9 km", die Welt ist eben doch klein. Immer wieder hör' ich gern die Geschichte, wie nach einem Besuch am Grabe Dalís in der purpurnen Abenddämmerung all die Straßenschilder, die hier herumhängen, von selbst herunterfielen. Magisch! Durch den Zoll schmuggelten sie sich unter dem Wust von Souvenirposters, ohne die im heimischen Westfalen eben doch keine mediterrane Stimmung aufkommen will. Zur Theke durchgedrängelt, einen doppelten Torres runtergespült, einen kurzen Blick auf die Tafel: als Tapas Gambas und Artischockenherzen, danach die Paella FC Barcelona. Ich bin wieder da. Neben mir erzählt der blasse Bauingenieur, wie er beim Galeristen in Port-Lligat '87 „für nur 40.000 Peseten" die handsignierte Dalí-Graphik gekauft hat, „bestimmt echt". Und bestellt, um zu bekräftigen, daß es auch wirklich stimmt, eine Perelada Rosada Cava, den Lieblings-Schampus des Meisters. Der schmunzelt von oberhalb der Theke runter. Er weiß es besser. *igor*

Bier	Kurfürsten Kölsch, Iserlohner, Schlösser Alt, Gräflinger v. F., Valentins Weizen, Einbecker, Aechtes Groterjan (3,30-5,30)
Wein	Authentische Ampurdan-Catalunya-Weine (3,50-6,50)
Sekt und Schampus	Cavas aus der Gegend, Freixenet (Fl. 28,00-35,00)
Spirituosen	Die Strandkneipe in Figueras ist nicht besser sortiert (1,50-7,00)
Alkoholfreie Getränke	Alkfreie Piña colada, nice price-H-Milch (1,50-5,00)
Heißes	Carajillo, Cremat (katalan. Punsch), Spezialitäten (2,20-6,50)
Essen	Tapas, Pastas, Flans, Tipicas, Paellas, Postres y, y, y
Musik	Die national-internationale Hitparade von Radio Barcelona, monatlich passende Live-Musica
Lektüre	WN, taz, Zeit, Stern und Spiegel
Luft	Kalt-warmer Rauch, passend zur Authenzität
Hygiene	Da kommt aber doch wieder der pingelige Westfale durch: Sauber!
Publikum	Die den Strandlagerfeuern (vor 2, 10 oder 25 Jahren) nachtrauern
Service	Der deutschen Sprache und katalanischen Freundlichkeit mächtig
Preisniveau	Ist jede umgerechnete Peseta wert

Münster — CAFE BRASIL

Im Bann der weißen Voodoo-Priesterin

CAFE BRASIL

CAFE BRASIL
Hafenstr. 21
Münster
Tel. 02 51/53 22 56

Mo-So 18.00 - 1.00
Küche 18.00 - 24.00

60 Sitzplätze
15 Stehplätze

Ludgeriplatz: Bus 1, 2, 4, 9, 13, 15, 22, S90
Parken nicht völlig unmöglich

Es war einmal eine leicht heruntergekommene Münsteraner Kneipe, der erschien eines Frühlingsmorgens eine weiße Voodoo-Priesterin. Und die Kneipe ward an einen fremden Ort gezaubert, wo es heiß ist, Trommeln in seltsamer Weise geschlagen werden und kaffeefarbene Menschen sich seltsam zu diesen Klängen bewegen. Doch auch die gelackten Barhokker, die Holzvertäfelung und die adretten Bistrotische wurden mit fortgezaubert und kamen sich irgendwie fehl am Platz vor. Fröhliche Köchinnen zogen ein in das ehemalige Reich der vor Fett triefenden Bratkartoffeln und bereiteten fortan unaussprechliche Köstlichkeiten wie Churrasquinho und Feijoada, deren Gerüche bald die gesamte Behausung erfüllten. In der hinteren Ecke der Kneipe wurde ein Hochaltar für die weiße Voodoo-Priesterin errichtet, während ihre Schwester, die beidseitige Schlangengöttin, die Bewachung der Tore zu den Banhos übernahm. Die dunkelhäutigen Menschen kamen gern hierher, und ihnen folgten die blaßhäutigen Wesen aus der Alten Welt, allerlei junges Volk, dem gar nicht so sehr an den Bistrotischen, sondern viel mehr an den Zaubertränken aus dem Zuckerrohre der Voodoo-Priesterin gelegen war. Nach deren Genuß konnten sie die Holzpapageien sprechen und am nächsten Morgen die Trommeln schlagen hören. Und die weiße Voodoo-Priesterin erfreute sich des fröhlichen Zusammenkommens all der Menschen mit den verschiedenen Gesichtsfarben. *igor*

Bier	Brinkhoff's, Gilden Kölsch, Schlösser Alt, Gräflinger v. F., Corona, Valentins Weizen, Einbecker, Groterjan (3,30-5,00)
Wein	Rioja rot und weiß, Ampurdàn, Castillo und Penedés aus den Landen der Conquistadores, Vinho Verde (4,50-5,00)
Sekt	Der Namenlose für 4,00 das Glas
Cocktails	Fünf Klassiker, davon vier Latinos (4,00-9,00)
Spirituosen	Destillierter Zucker, Zucker mit Zuckerzusätzen (3,00-5,00)
Alkoholfreie Getränke	Dufte frischgepreßte Saftmixes und Shakes!!! (2,50-7,00)
Heißes	Rentnergedeck (Espresso con Veteran), Übliches (2,50-7,00)
Essen	Goldene Kartoffeln, Fileton à café, Flamingo-Nußeis u.a.m.

Musik	Brasil-Parade (trommel!)
Lektüre	El País, Wirtschaftswoche, Newsweek, MZ, FAZ, taz
Luft	Tolle Mixtur aus Rauch und brasilianischen Küchengerüchen
Hygiene	Sauber gezaubert
Publikum	Bleichgesichter, Milchkakao- und Kaffeefarbene
Service	Echt nett, hier zündet die Bedienung noch selbst die Kerze an
Preisniveau	Essen ab DM 1,- (Toastbrot!), aber auch sonst erschwinglich

Münster

CAFE CARRE

CAFE CARRE

🍷🍷🍷

CAFE CARRE
Von-Esmarch-Str. 18
Münster
Tel. 02 51/8 24 47

Mo-Do 9.00 - 20.00
Fr 9.00 - 18.00
So 14.00 - 18.00
Küche bis Toreschluß

100 Sitzplätze
30 Freiluftplätze auf
dem Balkon

Schreiberstraße: 5, 11
Ball mitbringen: Im
Parkhaus ist soviel
Platz, daß sich dort
eine Runde Fußball
geradezu anbietet

Münster – ein Wintergärtchen

„Per aspera ad astra" – das wußten auch schon die alten Römer. Ganz ähnlich verhält es sich mit dem *Café Carré*: Zunächst will eine düstere Treppe erklommen sein, dann wird der noch schlaftrunkene Frühstücksdelinquent in der ersten Etage mit einem freundlich-dezent hellen „Guten Morgen" des Cafés begrüßt. Wer's so gar nicht in der Sonne aushält, kann sich direkt in eine der hinteren Ecken zurückziehen. Andere lieben den verglasten Wintergarten, dessen Fenster problemlos auch alle geöffnet werden können, oder im Sommer den Balkon mit Blick auf die Straße. Besonders empfehlenswert: die große Tasse Kaffee. Das ist ein echter Pott von beeindruckenden Ausmaßen und befriedigt auch den härtesten Coffeinisten mit all seinen Ansprüchen auf den ausgedehnten Rausch der kreislaufputschenden Art. Der ist so schwarz wie meine Frauen, qualmt wie ein türkisches Dampfbad und ist so heiß wie eine Nacht am Strand von Rio. Prima! Für nachtschwärmende Zeitgenossen die schnellste Möglichkeit, wieder auf die Beine zu kommen. Wer denn lieber etwas länger im Bett zu liegen pflegt, braucht sich dennoch keine Sorgen zu machen. Die Küche steht mit besonderer Rücksicht auch (oder vielmehr gerade) auf die Studenten, die schräg gegenüber im Schweiße ihres Angesichts walten und wälzen, durchgehend unter Dampf. PS: Es macht wirklich einen diebischen Spaß, den jungen Studiosi vom Wintergarten aus beim Pauken zuzusehen, während sich der Tisch unter Wurst und Käse biegt. *wli*

Bier	Rolinck in allen Variationen, Westfälisch Alt v. F., Erdinger Weizen (3,30-6,30)
Wein	Ein Hort der badischen Weinbauer (0,25l 5,30-7,30)
Sekt	„Darf's die Hausmarke sein?" (Fl. 26,50-33,50)
Spirituosen	Der Tag geht … (3,20-6,20)
Alkoholfreie Getränke	Fehlt nur das reine Leitungswasser auf der Karte (2,40-4,80)
Heißes	Davon wachen Tote wieder auf (2,70-3,70)
Essen	Opulentes Frühstück, vernünftige Tageskarte

Musik	Angemessen leise schleichen sich die Manhatten Transfer angenehm in die Gehörgänge
Spiele	Brettspiele in großer Auswahl
Lektüre	Tageszeitungen und Illustrierte
Luft	Was ist besser als ein offenes Fenster?
Hygiene	Hier ist's porentief rein
Publikum	Ins *Café Carré* kommt halt jeder, der grad in der Nähe ist
Service	Kein kalter Kaffee
Preisniveau	Da reicht das BAföG ganz locker auch noch für die Miete

Münster — CAFE EXTRABLATT

Nachrichtenfieber

🍸🍸🍸🍸🍸

CAFE EXTRABLATT
Salzstr. 7
Münster
Tel. 02 51/4 44 45

Mo-Sa 8.00 - 1.00
So 10.00 - 1.00
Küche
8.00 - 23.00

140 Sitzplätze
30 Stehplätze
50 Freiluftplätze bis 22.00

Prinzipalmarkt: Hier hält jeder Linienbus
Parken: Bingo! Rundum Parkhäuser ohne Ende

Extrablatt! Der kleine Rotzlöffel schiebt keck seine Mütze in den Nacken. „Ey, das macht Einsdreißich." Spricht's und wirft die Zeitung rüber. Im *Café Extrablatt* wimmelt's nur so vor Besonderheiten – nur der Zeitungsjunge ist erfunden, weil er so gut hierher paßt. Auf zwei Ebenen, die durch ein kleines Treppchen verbunden sind, tummeln sich die Sensationen vom Kennedymord bis zur Mondlandung an den Wänden, kunstvoll begleitet von einem lebensgroßen Jazzsinger und passendem Interieur im Bistrostil. Alte Werbeplakate aus den Kindertagen der Public-Relations-Branche werden sanft umwoben von endlos langen Efeuranken. In diesem Café paßt einfach alles zueinander. Mitten im Dickicht der 30er-Jahre-Wehmut lungern verstohlen zwei Monitore von der Decke hinab, die ständig über die neuesten Börsenkurse informieren. Zur Auflockerung wird ein Häppchen MTV geboten, das gerade die neuesten Clips der Musikheroen zum Besten gibt. Und so guckt auch David Bowie mal eben kurz vorbei – aber nur für zwei, drei Minuten. Keine Frage – wer stets up to date sein will, kommt ins *Café Extrablatt*. Die Mischung macht's: Ganztägig rührt der Koch in seinen Töpfen. Essen, lesen, Musik hören und fernsehen gleichzeitig wird hier zur leichten Übung. Übrigens: Der Zeitungsjunge war doch schon mal da. Während des Golfkrieges verteilte er hier das Extrablatt der Münsterschen Tageszeitung – allerdings umsonst. *wli*

🍺	Bier	Iserlohner, Schlösser, Valentins Weizen (3,50-5,60)
	Wein	Ein schneller Schluck (0,2l 6,20-7,50)
	Sekt	Das Extrablatt als Hausmarke (Fl 27,50-32,50)
	Cocktails	„Mix es noch mal, Sam" (5,90-8,90)
	Spirituosen	Das wischt den Staub von den Stiefeln (3,00-6,80)
	Alkoholfreie Getränke	Zwei Apfelsinen im Haar und an der Hüfte Bananen(saft) (3,00-3,50)
	Heißes	Café au lait – reinschütten und sich wohlfühlen. Keine Bange, das dunkel dampfende Süppchen ist keine Druckerschwärze, sondern Kaffee pur und ohne doppelten Boden (3,00-7,00)
🍽	Essen	Große Frühstücksauswahl, Tageskarte für jeden Hunger

🎼	Musik	It's a lovely day!
	Lektüre	MZ, taz, FAZ, WN ..., Spiegel, Stern, Wiener, Tempo ...
	Luft	Sogar noch gut, wenn's rappelvoll ist
	Hygiene	Gibt Schmuddel keine Chance
	Publikum	Lieber schön und reich als arm und häßlich
❕	Service	Ist der Laden voll, geht's ab auf die Warteschleife
	Preisniveau	Das kommt auf die Börsenkurse an

Münster — CAFE FRANZ

Kaiser Franz

CAFE FRANZ
Warendorfer Str. 98
Münster
Tel. 02 51/39 22 10

Mo-Fr 8.00 - 1.00
Sa 9.00 - 1.00
So 10.00 - 1.00
Küche dito

45 Sitzplätze
20 Stehplätze
30 Straßenplätze

Dechaneistraße:
Buslinien 2, 19, 22
Parken schwierig

Kaiser Franz, ob Libero oder Landesvater, wäre hier bestimmt nicht abgestiegen, denn gar nichts weist hin auf Plüsch und Pomp. Eher rustikal ist das Gebälk einschließlich des Mobiliars. Ein wenig bösartiger könnte man sagen, es sieht ein bißchen aus wie ein Ausstellungsraum von Ikea. Aber so wie nicht alles Gold ist, was glänzt, ist auch nicht alles trist, was ein wenig bescheidener aussieht. Und deshalb findet man statt eines anspruchsvoll ausgeknobelten Ambiente jene echte Kaffeehaus-Atmosphäre, die schon fast ausgestorben ist. Alltags um acht, wenn normale Menschen zur Arbeit schleichen, kann man sich im *Café Franz* schon zum gepflegten Frühstück setzen. Und für diejenigen, die sich erst aus dem Bett quälen, wenn die ersten schon wieder von der Arbeit zurückkommen, gibt's die Snacks zum Wachwerden auch noch am frühen Nachmittag. Zeit satt also! Wenn die Gespräche mal etwas intensiver werden, laden die exotischsten Tees, auf Stövchen serviert, dazu ein, noch ein wenig länger zu verweilen. Hätte der Franz das gewußt, wäre er vielleicht doch ein wenig länger in der Provinz geblieben, um im *Café Franz* seinem Namen alle Ehre zu machen. *rex*

Bier	Schneider und Berliner Weiße, Veltins, Diebels Alt (3,00-5,00)
Wein	Nichts Aufregendes, aber Bordeaux aus ökologischen Anbau (4,00-6,00)
Sekt und Schampus	Hoehl, Schloß Wachenheim Riesling aus dem Glas, Champagner flaschenweise (Fl. 70,00)
Spirituosen	N' paar Kurze, n' paar Aperitifs (2,00-6,00)
Alkoholfreie Getränke	Mineralwasser, alkfreies Bier, Limonaden, Säfte naturtrüb (2,50-6,00)
Heißes	Kaffee in allen Formen und Farben mit und ohne Dröhnung, ebenso die Schokolade; für Teefreaks ein echtes Paradies (2,80-7,00)
Essen	Reichlich Frühstück, handfeste Stullen und ein paar Suppen
Musik	Jazz, Klassik, Pop – frühstücksmäßig, alle paar Wochen auch eine Live-Band
Lektüre	Ein paar kostenlose Anzeigen- und Veranstaltungsblättchen
Luft	Auch Nichtraucher können noch atmen
Hygiene	Läßt nichts zu wünschen übrig
Publikum	Durchwachsen, von 8.00 Uhr morgens bis 1.00 Uhr nachts ändert sich schon mal die Klientel
Service	Nett und zuvorkommend
Preisniveau	Kein kaiserlicher Staatsschatz von Nöten

Münster — CAFE KOLK

Sonntagsidylle trotz Glockenterrors

CAFE KOLK
Kerßenbrockstr. 30
Münster
Tel. 02 51/27 96 01

Mo-Fr 11.00 - 1.00
Sa 14.00 - 1.00
So 10.00 - 1.00
Küche 11.00 - 24.00
Extras 18.30 - 23.00
Frühstücksbüffet
So 10.00 - 13.30
(möglichst
reservieren)

65 Sitzplätze
10 Stehplätze
Sommers 60 Plätze an
der Straße bis 22.00

Nordplatz:
Buslinien 3, 4, 7
Illegales Parken im
Parklizenzbereich?

Das Kreuzviertel räkelt sich im sonntäglichen Lotterbett. Einzig die Dauerbeschallung durch Münsters Glöcknerschar stört den Frieden. Zartes Morgenlicht kriecht die Fassaden der pastellenen Bürgerhäuser hinunter, verfängt sich in den Grünpflanzen des *Kolk* und perlt auf die Frühstückstische. Auftritt der Akteure: Ein paar versprengte Singles, Typ Lehrer, 68er, desillusioniert, greifen sich schnell die FR oder „Psychologie Heute" und demonstrieren Muße, während die Schnorrer, die für 16 Mark Pauschale möglichst viel mitnehmen wollen, zur Plünderung der ersten Mousse-au-Chocolat-Schüssel schreiten. Darüber können Frühstücksbüffet-Stammgäste, die den Chef mit einem freundlichen „Morgen, Raul" begrüßen, nur schmunzeln. Wird doch eh' alles wieder aufgefüllt. Rekapitulieren des Samstagabends: nein, keine Erinnerungslücken. Aber 'n großer Kaffee kann nicht schaden. Einem Paar ist deutlich anzusehen, daß es gerade erst aus den Federn gekrochen ist: „Wir hatten für 10.00 Uhr reserviert."– Raul lächelt, der Tisch ist noch frei. Selbst die ersten Plätze im Freien sind schon belegt – irgendwie muß sich der Lenz ja zwingen lassen. Drinnen kämpft Simply Red den aussichtslosen Kampf gegen die Kirchenglocken, die angegrauten Singles haben endlich den Artikel zum Darüber-Diskutieren gefunden, die Mousse-au-Chocolat-Schüssel wird zum zweiten Mal nachgefüllt. Die Tische haben reichlich Sonne aufgesogen, und da kommt auch endlich der lebende Beweis, daß das *Kolk* ein „schönes" Café ist: zwei Damen mit mindestens 40 Jahren Kaffeeplauscherfahrung. Sie holen sich erst mal 'ne Schale Müsli. *igor*

Bier	Budweiser, Guinness, Veltins, Bitburger v. F., Bock (3,00-5,00)
Wein	Gutes Preis/Leistungs-Verhältnis, bio-logisch! (3,50-5,00)
Sekt und Schampus	Schlösser: Rheinberg und Wachenheim (Fl. 20,00-32,00)
Cocktails	Vier Cocktails und ein paar mehr Longdrinks (3,50-7,00)
Spirituosen	Das erweiterte Standardrepertoire (2,00-5,00)
Alkoholfreie Getränke	Milch billiger als Bier, sommers als Shake-Basis (1,70-3,50)
Heißes	Ein warmer Traum (2,00-7,50)
Essen	Frühstücksbuffet, Pellkartoffeln, Zwiebelkuchen, Nachos ...

Musik	Der Tageszeit und dem Publikumsgeschmack angepaßt
Lektüre	Natur, Brigitte, Psychologie Heute, WN, MZ, FAZ, Spiegel ...
Luft	Ob's das viele Grün macht? Gut!
Hygiene	Ein kleines Spinnwebchen erwehrt sich des Putzteufels
Publikum	Morgens Schüler, nachmittags Kaffeetanten, abends Studis
Service	Allgemeine, echte Freundlichkeit
Preisniveau	Taschengeld oder Rente: Zu viel geht davon nicht drauf

Wohin, wohin?

Götz Alsmann, *Doktor der Musikwissenschaft, Musiker, Radio-DJ („Professor Bop") und RTL-Entertainer („Gong-Show")*
1. *Destille* – seit 20 Jahren ein Lokal, das unverdrossen allwöchentliche Live-Konzerte veranstaltet: Jazz, Rockabilly etc., außerdem sehr klein, absolute Basisgastronomie und mit dem nettesten Wirt der westlichen Hemisphäre einschließlich hochgradig duftem Team ausgestattet.
2. *Bunter Vogel* – dieses innerstädtische Lokal, gegründet 1977, war schuld daran, daß ich so manches Semester fast ausschließlich in einer Kneipe verbrachte, von der aus man zumindest die Uni sehen konnte.
3. *Odeon* – dies war in den achtziger Jahren der Musiktempel. Wer diese Woche auf dem Cover des New Musical Express stand, gastierte höchstens sechs Wochen später im *Odeon*. Ganz so heiß ist das Musikprogramm zwar nicht mehr, aber es passiert immer noch viel Gutes und auch Bestes. Das Betreiberkonsortium umfaßt eine der charmantesten Wirtinnen und einen der granteligsten Wirte Europas, was stets ein Garant für abwechslungsreiche Stimmung ist. Immer wieder schön!

Ingrid Klimke, *Military-Reiterin*
1. Ins *Blaue Haus* gehe ich sehr gern, wenn ich mit ein paar Bekannten ein Bierchen trinken möchte. Die Kneipe hat eine sehr urige und warme Ausstrahlung.
2. Das *Jovel* bietet sich geradezu an, wenn ich mal ganz doll tanzen will. Mir gefällt besonders die Musikmischung in der Diskothek.
3. Das *Café Extrablatt* ist für mich eine weitere Alternative, wenn ich abends in aller Gemütlichkeit ein Bier trinken will und Freunde treffen möchte. Da ist es richtig heimelig und man kann ganz prima auf dem Sofa relaxen.

Christina Christopoulou, *Jurastudentin aus Griechenland*
1. *Pane e Vino* – dies ist mein Lieblingsladen in Münster, weil es dort sehr italienisch aussieht, nette Kellner und leckere Panini gibt.
2. *Extrablatt 2* – nach dem Kino kann man dort angenehm sitzen und gute Musik hören. Meist trifft man dort eine Menge Bekannte – auch einige Juristen.
3. *America Latina* – hier gefallen mir das südländische Flair, die lateinamerikanische Musik und nicht zuletzt das gute Essen.

Münster — CAFE MALIK

CAfe MALiK

Je ne regrette rien

CAFE MALIK
Frauenstr. 14
Münster
Tel. 02 51/4 42 10

Mo-So 9.00 - 1.00
Küche: 9.00 - 24.00

170 Sitz-/Stehplätze

Rosenplatz: 1, 5, 6
Parkplätze: Wer sich traut, zu Fuß eine Hauptstraße zu überqueren, kann seinen ganzen Autoclub mitbringen

Auweia, der Kühlschrank ist leer, die Kaffeemaschine ist kaputt und der Bäcker von nebenan macht Urlaub. Also flott die Kumpels (von letzter Nacht) angerufen und ab ins *Café Malik*. Hier wartet nämlich schon der große (Frühstücks-)Tisch auf die ersten Gäste. Zeitungen aus aller Herren Länder liegen bereit, um die Denkmaschine langsam, aber stetig wieder in Gang zu bringen. Im Hintergrund dudeln die Rainbirds – etwas anderes würde jetzt auch gar nicht passen. Zwischendurch macht ein Lieferant, der für Kaffeenachschub sorgt, mit seiner fürchterlich guten Laune neidisch. Wie kann man nur so früh so wach sein? Die Wirtin – „das ist immer die, die das ganze Geld in der Tasche hat. Dann muß ich's ja wohl sein!" – öffnet derweil die wandhohen Schiebetüren zur Straße hin, um das fröhliche Treiben und die ersten Sonnenstrahlen (Igitt!) von draußen ein wenig hereinzulassen. Jetzt fehlt nur noch Edith Piaf, wie sie rauchend und mit Jaques Brel diskutierend in einer Ecke sitzt. Langsam stemmen sich die Sinne auf – das ist hier ja gar nicht die kleine französische Kneipe in der Seitengasse vom Montmartre! Aber sie könnte es sein. *wli*

Bier	Ritter First, Schlösser v. F., Einbecker Urbock, Valentins Weizen, Kelts (3,00-5,40)
Wein	Trocken-fruchtiger Bardolino verwirrt die Sinne (0,2l 3,90-5,60)
Sekt	Nicht lange fackeln, sondern gleich den Champagne de Meric bestellen (Fl. 25,00-80,00)
Cocktails	Morgens ein Cocktail und der Tag ist dein Freund (3,50-7,70)
Spirituosen	Dank der großen Auswahl keine Bange ums „Bäuerchen" nach dem Essen (1,50-5,00)
Alkoholfreie Getränke	Wo rohe Säfte sinnvoll walten (2,50-5,00)
Heißes	Schok-Mok, die wüsteste Mischung seit Brötchen mit Ei und Honig (2,30-6,00)
Essen	Allround-Angebot: Ein Schlaraffenland für jeden Eßfetischisten

Musik	Je vous connais, Mylord
Spiele	Schach, Backgammon, Spielesammlung
Lektüre	Pfundweise Zeitung, und zwar druckfrisch!
Luft	Kneipennamen würfeln und aus „Malik" wird prima „Klima"
Hygiene	Klein, aber rein ist's dort, wohin auch ein König zu Fuß geht
Publikum	Hallöchen, da sind ja auch die Ex-68er
Service	Selbst Morgenmuffel fühlen sich nicht dumm angemacht
Preisniveau	Vernünftige Alternative, wenn daheim die Küche kalt bleibt

Münster — CAFE PRÜTT

„Es ist offen ..."

CAFE PRÜTT
Bremer Str. 32
Münster
Tel. 02 51/66 55 88

Mo 18.00 - 1.00
Di-So 10.00 - 1.00
Kalte Küche ab 10.00
Warmes ab 12.00
bis jeweils 23.30

50 Sitzplätze
6 Stehplätze (neue Theke in Sicht)
30 Freiplätze

Hauptbahnhof:
alle Linien
Bremer Platz:
Bus 11, 13
Parken: direkt davor eher selten, im Umkreis wegen des Bahnhofs möglich

... verkündet das regenbogenbunte, handgemalte Schild an der Eingangstür. Der Platz auf dem Sofa ist wie immer besetzt, doch einer der naturbelassenen Holztische ist noch zu haben: neben der bunten Spielecke mit dem pädagogisch wertvollen Spielzeug. Kinder gibt es um diese Tageszeit hier keine mehr, dafür einen schwarzen, wolligen Hund, der um unsere Beine streicht. Daß im *Café Prütt* auch Kinder Gäste sind, ist an den Bildern zu erkennen, die sie hinterlassen haben. Professionell aufgehängt und angestrahlt: eine Ausstellung naiver Kunst. Die Bedienung: irgendwie aufmerksam und immer vollwertig. Allerdings klappt das mit der Pizza ohne Knoblauch nicht so ganz. Dafür ist sie frisch und biologisch-dynamisch (oder biologisch-organisch?). Die Sting-Kassette wird zum ersten Mal umgedreht. An den Nebentischen Gesprächsfetzen über die letzten Beziehungskisten, Tofu-Rezepte, Selbstverteidigung für Frauen ... Nach dem Essen ein Kaffee aus Nicaragua. Solidarität auf der ganzen Linie. Gäste räumen den Tisch gleich selbst ab. Jetzt wieder Sting. Auf dem Klo Infos über zahlreiche Sorgentelefone. Die Ex-Frauenkneipe kommt doch noch durch. Doch auch in einem der letzten Refugien der Alternativen Münsters wird deutlich, daß diese Spezies im Aussterben begriffen ist. Ein einziger rotbärtiger Langhaariger wird gesichtet. Das *Prütt* leert sich früh, und wir leeren unser Bier. Draußen noch ein letzter Kick: In der Nachbarschaft Hilfe für entlassene Strafgefangene und eine ökologische Vollwertbäckerei GmbH. Danach nur noch Nebel. Und im Hintergrund wieder Sting ... *ak*

Bier	Pinkus-Spezial mit Hopfen und Gerste aus biologischem Anbau, Bit v. F., Diebels, Erdinger Weizen (3,00-4,80)
Wein	Rosso da Vignano (Bioland) und Alternativen (3,50-6,00)
Sekt	Die Wahl ohne Qual: G. F. Cavalier Brut (Fl. 21,00)
Spirituosen	Für jeden Geschmack bis hin zum Kir Royal ((2,00-4,50)
Alkoholfreie Getränke	Milch, Zitrone, Rhabarbersaft, frisch Gepreßtes (1,50-5,00)
Heißes	Variationen in Kaffee, Carob, loser Tee (2,00-4,50)
Essen	Gesund und lecker: Tagesgerichte, Pizza- und Buffetservice!
Musik	S.o., vielleicht noch ein viertes, fünftes ... Mal
Spiele	Backgammon, Karten; Kinder sind gut versorgt
Luft	Ein Hauch von Knoblauch
Hygiene	Angemessen
Publikum	Nicht nur Müslifanatiker und Karottenfetischisten
Service	Zwar nicht der schnellste, aber dafür immer sehr nett
Preisniveau	Konsensfähig

Münster — CAFE SCHUCAN

Ein Fels in der Brandung

CAFE SCHUCAN
Prinzipalmarkt 24-26
Münster
Tel. 02 51/42 31 8

Mo-Fr 8.00 - 19.00
Langer Do - 21.00
Sa 7.00 - 19.00
So 9.00 - 19.00
Küche 11.00 - 18.30
Langer Do bis 20.00

260 Sitzplätze
60 Freiluftplätze von
11.00 - 19.00

Prinzipalmarkt: fast
alle Linien
Parken: aussichtslos

Wenn die schäumenden Wogen dynamisch-progressiver Veränderungen das westfälische Gemüt zu beunruhigen drohen, so macht es sich auf, um im *Café Schucan* wieder Platz zu nehmen. Wie der ersehnte Fels in der Brandung ragt das traditionsreichste Café der Stadt hervor und trotzt mit seiner betulichen Kaffeehausatmosphäre dem Jetset unserer Zeit. Als Clärchen Schucan vor einigen Jahren des schnöden Mammons wegen nach kapitalkräftigen Mietern ihrer bis dato etwas verstaubten Räumlichkeiten suchte und die Gefahr bestand, auf diese Inkarnation traditioneller Werte verzichten zu müssen, erhob sich ein zuvor nicht für möglich gehaltener, öffentlicher Widerstand. Ein kulturhistorisches Denkmal wurde gerettet und unter neuem Management ein wenig umgestaltet. Die geliebten Tische und Stühle jedoch, welche schon von längst Verblichenen beansprucht wurden, sowie die raumgreifenden Messingleuchter und die in eine heile Alpenwelt versetzenden Gemälde bewahren den antiquierten Charakter dieser Lokalität. So finden sich dort vornehmlich altersbedingt gebrechliche Mitglieder unserer Gesellschaft ein, um einander zu beteuern, daß früher ohnehin alles besser war. Gutsituierte Geschäftsmänner, die die Zeit bis zur Wiederkehr ihrer in Haute Couture gehüllten Gattinen genießen, sitzen neben Vertretern des sich über Münster ergießenden Bildungsbürgertums. Während letztere zumeist über den Feuilleton-Teil der FAZ sinnieren, vernimmt man ein leises Wispern nur von jenen Marmortischen, an denen Studenten in Begleitung zahlender Eltern sitzen. Gerade in Münster ist das Leben ein langer, ruhiger Fluß, und es gibt keinen besseren Ort als *Schucan*, um sich dieses zu vergegenwärtigen. *ak*

Bier	KöPi v. F., Westfälisch Alt, Maisel Weizen, Kelts (3,00-5,00)
Wein	Aus der Schweiz: Fendant du Valais (8,00)
Sekt und Schampus	Kessler Hochgewächs, Veuve Clicquot Brut (Fl. 45-120)
Cocktails	2 Lange, 2 Cocktails (7,50-8,50)
Spirituosen	Nur das Notwendigste (2,20-6,50)
Alkoholfreie Getränke	Heilwasser: Fachingen, Gerolsteiner, Apollinaris (2,00-4,90)
Heißes	Kaffee-Spezialitäten, mit Schuß, Ovomaltine (2,00-8,80)
Essen	Für den anspruchsvollen Hunger zwischendurch

Musik	Kaum vernehmbar und daher schwer zu identifizieren
Lektüre	Dem konservativen Umfeld entsprechend
Luft	Hervorragend, selbst im Raucherbereich
Hygiene	Den hohen Ansprüchen meiner Oma genügend
Service	Zügig, jedoch nicht hektisch, freundlich distanziert
Preisniveau	Dem Image verpflichtet

Münster — **CAMPUS**

Campus

Wirtschafts-Wissenschaft

CAMPUS
Hohenzollernring 34
Münster
Tel. 02 51/3 44 76

Mo-Sa 17.00 - 1.00
So 10.00 - 1.00
Küche
18.00 - 24.00
Ab 23.30 nur noch Pizza
So Frühstücksbuffet

70 Sitzplätze
30 Stehplätze
100 Freiplätze von 17.00 - 22.00

Hansaschule: 14
Parken vor der Tür

„Ich bin 158 Zentimeter groß. Mit Cowboystiefeln!" Recht selbstbewußt weist die Bedienung darauf hin, was im *Campus* so alles an Besonderheiten existiert. Kann mich nicht beeindrucken – meine Stiefel sind aus feinstem Ziegenleder, und ich bin 190 Zentimeter groß. Ohne Stiefel. Außer der kleinen schwarzhaarigen Powerfrau hat die Kneipe allerdings noch einiges mehr zu bieten. Jazzsessions und Kabarett-Meetings haben sich längst in der Szene herumgesprochen. Soviel Action macht hungrig – die Küche ist auf türkische Spezialitäten fixiert. Sonntags bietet sich das Frühstücksbuffet an, vor allem, wenn man in der Nachbarschaft wohnt und nur mal eben in Pantoffeln rüberschlurfen muß. Wenigstens ist damit einmal Abwaschen eingespart! Im Winter eine Alternative zum Flaschbier vorm Fernseher, mausert sich das *Campus* im Sommer zum einladenden Freiluftspektakel. Knapp 100 Plätze sind auf dem Bürgersteig zwischen Pinte und Hauptstraße verteilt. Bei schönem Wetter wird der Abend zum großen Schauspiel unter noch größeren Bäumen – der Hohenzollernring ist eine der grünsten Straßen in Münster und nicht zuletzt deshalb sehr beliebt. Genau wie das *Campus* bei den Nachwuchsprofessoren. Der Halbliterkrug KöPi vom Faß beispielsweise gilt unter den Studenten, die sich gern mit Rucksack zeigen, noch immer als Geheimtip. Aber der Jever-Humpen ist ja auch nicht schlecht ... *wli*

Bier	Jever, Krombacher, Iserlohner, Kronen, KöPi, Brinkhoff's, Warsteiner v. F., Franziskaner Weizen, Guinness, Einbecker Urbock (3,20-5,40)
Wein	7 x trocken, 1 x halbtrocken, 1 x lieblich (0,2l 3,50-5,00)
Sekt	Höhl Diplomat (Fl. 19,00)
Cocktails	Hat man einen getrunken ... (3,50-4,50)
Spirituosen	Eine ganze Latte für Kurze-Killer (1,30-4,00)
Alkoholfreie Getränke	Wer nicht entsaftet, der rostet (2,50-2,60)
Heißes	Und davor Sensodyne für empfindliche Zähne (2,00-3,80)
Essen	Lammfleisch, gut zubereitet in allen türkischen Variationen
Musik	Money for nothing zum Mitsummen
Lektüre	Münstersche Zeitung, taz
Luft	Nase an Großhirn: „Keine besonderen Vorkommnisse"
Hygiene	So normal, normaler geht's nicht
Publikum	Studenten, Normalos, Schüler, Müslis
Service	Je kleiner, desto flotter
Preisniveau	Onkel Dagobert geht hier meistens essen, die Neffen läßt er jedoch zu Hause

Münster — CAVETE

Kitsch as Kitsch can

CAVETE
Kreuzstraße 38
Münster
Tel. 02 51/4 57 00

Mo-Sa 19.00 - 1.00
So 18.00 - 1.00
Küche
19.00 - 0.30

220 Sitzplätze
35 Stehplätze
40 Freiplätze von
19.00 - 22.30

Rosenplatz: 1, 5, 6
Null Parkplatz

Indiana Jones hätte seine helle Freude. Verwinkelte Gänge, geheime Nischen, verborgene Ecken. Das kann nur die *Cavete* sein, Münsters lebende Legende unter den Kneipen. Ganze Generationen von Erstsemestern sammelten hier wirtschafts-wissenschaftliche Erfahrungen und konnten sich kaum sattsehen an dem wild durcheinandergewürfelten Refugium verschiedenster Stilepochen des kitschigen Geschmacks. Glanzbildchen tummeln sich auf handbemalten Wänden, trüb beleuchtet von urururalten Lampen und freundlich angelächelt von unzähligen Plastik- oder Porzellanpüppchen. Und eben auch einer zu groß geratenen Puppenstube gleich, ist die *Cavete* mittlerweile eine echte Touristenattraktion. Daher ist ein Besuch eher an den Wochentagen empfehlenswert, wenn mal nicht gerade irgendwelche Horden Neugieriger durchziehen, auch wenn es dermaßen versteckte Winkel gibt, daß man sie erst nach zwei Jahren intensiven Lokalbesuchs entdeckt. Immer noch ein echter Geheimtip sind die Nudelgerichte („Italienische Nudeln 2" unbedingt probieren!). Ganz im Zeitgeist hängt zwar vor jedem Menü das kleine Wörtchen „Öko", doch keine Bange, die italienischen Teigwaren haben ihren Reiz nicht verloren und schmecken noch genauso gut wie früher, als sie noch nicht biodynamisch angebaut wurden. *wli*

Bier	Germania, Schlösser Alt, Gräflinger (leichtes Pils), v. F., Weizen, Altbierbowle, Groterjahn, (2,30-5,30)
Wein	Pinot, Chianti, Soave, ausgesuchte Deutsche und Ökoweine (4,50-5,10)
Sekt und Schampus	Schummrig mit Mumm (Fl. 29,00)
Spirituosen	Schnaps zum Lebererweichen (2,20-6,00)
Alkoholfreie Getränke	Niehoffs-Säfte, Schweppes, Sangrita und Wässerchen, mal nicht aus ökologischem Anbau (2,30-3,20)
Heißes Essen	Etwas Warmes braucht Mensch schon, deshalb: „Immer an die Nudeln denken!"

Musik	Oldies but Goldies
Spiele	Würfel, Karten
Lektüre	Stadtblätter: Was brauchen Münsteraner mehr?
Luft	Durchaus erträglich, wenn kein Raucher mit am Tisch sitzt
Hygiene	Meister Proper geht spazieren
Publikum	Seit 34 Jahren 20jährige
Service	Vorbildlich aufmerksam, gibt leeren Gläsern keine Chance
Preisniveau	Wer hier pleite gehen will, muß extrem viel vertragen können – oder nur eine Mark in der Tasche haben

Münster — CHAPEAU CLAQUE

Echt dick, Mann!

CHAPEAU CLAQUE
Weseler Str. 5
Münster
Tel. 02 51/52 60 19

Mo-Fr 12.00 - 1.00
Sa, So 19.00 - 1.00
Küche dito

50 Sitzplätze
30 Stehplätze

Antoniuskirche:
4, 7, 13, 15
Bismarckallee: 10
Parken: wer sein Auto liebt, der geht besser zu Fuß

Von allen Verlockungen dieser Welt gehören Süßigkeiten mit zu den gemeinsten. „Sind die dick, Mann!" heißt es denn auch folgerichtig schon nach kurzem Blick ins *Chapeau Claque*, wo die Mini-Negerküsse den Betrachter freundlich anlächeln. Schwarz, weiß oder braun – ewig lockt das kleine Naschwerk. Nebenbei eins der Kojak-Lollis gelutscht, die natürlich sehnsüchtig zuhauf in einem Glas auf der Theke auf ihren Verzehr warten, und das Ganze kurzerhand mit einem Guinness runtergespült. Der Magen muß doch irgendwie kleinzukriegen sein. Langsam wird sogar der Wirt nervös, klappert aufgeregt mit seinem Chapeau Claque herum, während langsam die große Existenzfrage am geistigen Horizont Gestalt annimmt: „Was eigentlich ist schlimmer, als ein dreckig grinsendes Stück Schokolade mit einem unschuldig goldgelb leuchtenden Bier hinunterzuschlucken?" Aber der Magen wehrt sich – noch. Schnell einen Eierlikör und eine Bloody Mary nachgeschüttet. Passiert schon was? Nix! Jetzt hilft nur noch Vitamalz. Das kitzelt ganz heftig im Hals, zeigt aber ebenfalls weiter keine Wirkung. Na denn, auf zum nächsten Guinness, übrigens famos gezapft. Ist tatsächlich „good for you". Es lohnt sich übrigens, mit dem Genuß dieses Kaltgetränkes bis zum Samstag zu warten. Der heißt dann nämlich Guinness-Tag und da gibt's die Flüssigschale billiger. Und mit einem vollen Bierbauch wird noch lange nicht nach Hause gegangen. Ist ja auch richtig lümmelig- gemütlich. *wli*

Bier	Guinness, Rolinck (alkfrei) v. F., Erdinger Weizen (2,50-5,00)
Wein	Valpolicella Classico, Pinot, Muscadet, Rosé D'Anjou (4,50)
Sekt und Schampus	Bloß Blubberwasser, gläserweise (4,00)
Cocktails	Cocktails, die feste ins obere Gebälk donnern, stirred but not shaken (6,00)
Spirituosen	Jede Menge Hartes gegen zuviel „dicke Männer" (1,00-4,50)
Alkoholfreie Getränke	Manche trinken hier tatsächlich Säfte (2,00-2,80)
Heißes	Schokolade mit Rum, schon wieder Süßes! (1,80-6,00)
Essen	Für den Nachhunger die selbstgemachten Spinatnudeln

Musik	Feinster schwarzer Blues bei dunklem Bier
Spiele	Alles, was man auf Brettern hin und her schieben kann
Lektüre	Stern, Tagesaktuelles, Szeneblätter
Luft	Der Sauerstoff zieht ruhige Bahnen
Hygiene	Wipp Express ohne plus
Publikum	Wir sind das Volk!
Service	Hört sich auch die kleinen Sorgen an
Preisniveau	Das Scheckbuch kann getrost zu Hause bleiben

Münster — COCO LOCO

»H5«

Man nehme: Tequila, Mezcal, Pisco, eine Schilfwand und einen Ventilator und schüttele die Zutaten gut durch. Falsch, das ist nicht die Ingredienzenliste des berühmt-berüchtigten Pangalaktischen Donnergurglers, sondern die des *Coco Loco*. Nach uralter mexikanischer Tradition (Mittagszeit = Siestazeit!) werden auch morgens schon unzählige Geschäfte begossen. Das *Coco Loco* avancierte zum legendären Treffpunkt hochmotivierter BWLer und Juristen, die sich schnell noch ein paar Bierchen hinter die Binde kippen, um das anschließende Tutorium (oder Torturium!?) zu überstehen. Zu Klausurzeiten sind des öfteren Scharen von genervten Studis zu beobachten, die sich aus den angrenzenden vier H(örsaal)-gebäuden mit letzter Kraft an den Tresen schleppen und nur langsam den gehetzten Blick verlieren. Abends ist das Publikum durchmischter, dafür muß man aber mit einer Dauerberieselung in Form von Latinomucke rechnen. Diese macht allen anwesenden Hergereisten, aber auch einem Großteil der anderen Gäste, den Mund nach einheimischer Kost wässrig: Tacos und Tortillas werden gerne genommen! Wer jedoch die solide Grundlage mit einigen Tequilas abrunden möchte, stellt fest, daß für das Nationalgetränk einige Pesos mehr zu berappen sind als im guten alten Acapulco. Und so reihen sich die meisten Gäste, nachdem sie sich gut und preiswert den Bauch vollgeschlagen haben, mit einem „Adios amigos" in den allabendlichen Kneipenumzug durch die uferlose Kneipenlandschaft im Herzen Münsters ein. *gw*

COCO LOCO
Hindenburgplatz 20
Münster
Tel. 02 51/4 54 53

Mo-Fr 8.00 - 1.00
Sa, So 13.00 - 1.00
Küche 11.30 - 0.30

55 Sitzplätze
55 Stehplätze
44 Freiluftplätze bis 24.00

Freiherr vom Stein Gymnasium:
Buslinie 12, 19
Parkparadies Hindenburgplatz direkt gegenüber

Bier	Kronen, Tango v. F., Franziskaner Weizen (3,20-5,80)
Wein	Carlos Serres, Valdepenas, drei Lo Bartas (Bio!): 4,00-5,00
Sekt und Schampus	Eine Flasche auf die überstandene Klausur! Hoel und Wachenheim, B.S.S. Riesling (25,00-36,00)
Cocktails	Reichlich Auswahl für gestandene Trinker (4,00-8,50)
Spirituosen	Hier auch mal preiswerter (2,00-4,50)
Alkoholfreie Getränke	Bestens sortierte Milchmix-Angebote (2,50-6,00)
Heißes	Neben dem Üblichen alkoholische Kaffee- und Kakaovariationen (2,20-5,80)
Essen	Frühstück, Eis und relativ preiswerte Speisen

Musik	Latino, Latino, wenn man nicht morgens kommt
Lektüre	Aktuelle FAZ und Lesezirkel
Luft	Erträglich, manchmal zugig
Hygiene	Etwas mehr könnte nicht schaden
Publikum	Studis, Normalos, Latinos
Service	Sweet sixteen
Preisniveau	Man kommt mit Hunger und geht durstig

Münster — COPACABANA

COPACABANA — Exilkubaner in Rio

COPACABANA
Jüdefelderstr. 34
Münster
Tel. 02 51/4 40 21
oder 5 55 66

Tägl. 18.00 - 1.00
Warme Küche bis
Betriebsschluß

50 Sitzplätze
20 Stehplätze

Überwasserstraße:
Buslinien 1, 6
Parken:
Der Hindenburgplatz
ist nicht fern!

Weiß der Teufel, warum der Laden jahrelang ein Hit war. Es ist weder hübscher noch sehr viel häßlicher geworden. Aber das liebste Wort in einer Beschreibung des *Copacabana* ist „früher". Früher hieß es *Havana*, trotzdem sah's hier genau wie jetzt aus. Früher war die Bude an jedem Abend gerammelt voll, früher gab's das Gyros Pita für fünf Mark, früher sind wir ganz gern hergegangen, früher war das die Fortsetzung der Mensa nach Einbruch der Dunkelheit. Das *Havana* war, das *Copacabana* ist der Treff der Normalos, die auf ein besonderes Kneipenkonzept keinen Wert legen. Und die gern abends 'nen Happen essen und dabei ihr Lieblingsbier wegziehen. Früher für kleines Geld, heute nicht mehr. Das Gyros Pita kostet jetzt acht Mark, der Mehrerlös wurde sicher nicht in die Einrichtung investiert. Rahmenlose Bildhalter umhüllen verrutschte Drucke und Photos, neben dem putzigen Bärenmützensoldaten selbstverständlich der Motivschwerpunkt Jazz. Nur wird nie Jazz gespielt, auch nicht von den CDs mit den vielen Aussetzern. Ähnlich sinnig wie der immer noch überlebende „Havana Says Hello"-Spiegel sind die zerplatzten Luftballons, die von der Decke baumeln. Ein AIDS-Mahnmal? Die Karnevalsparty vor siebeneinhalb Monaten? Und was symbolisiert das Lametta?
Ich war noch nicht da, aber ungefähr so muß eine heruntergekommene Devisenkneipe im Interhotel von Varadero aussehen. Nur: Warum hat man dann den Namen geändert? *igor*

Bier	Guinness (auch als Bowle!), Jever, Veltins, Warsteiner, Hannen-Alt v. F., KöPi, Maximilian-Weizen, Torrik (3,20-5,80)
Wein	Sangria, Lambrusco, Frizzantino, braucht's mehr? (4,70)
Sekt	No Name, nur im Glas (3,30), auch als Mix (3,80-4,00)
Cocktails	Bemüht um Tropicals, doch ohne Phantasie fürs Drumherum (6,00-10,00)
Spirituosen	Havana Club, endlich mal was, das paßt (2,20-5,00)
Alkoholfreie Getränke	Sieben Säfte und so weiter (2,20-3,10)
Heißes	Kaffee-Variationen, die unter Basismangel leiden (2,20-8,00)
Essen	Immer noch eine Stärke: die Rollos (gef. Teigtaschen), Gyros

Musik	Soo schlecht kann Musik von CDs klingen!
Spiele	Im Keller eine neu entstandene Billard-Höhle
Lektüre	Viel zu schummrig zum Lesen
Luft	Angegliederte Imbißbude strahlt aus. Klamotten lüften!
Hygiene	Unterer Standard
Publikum	Die Personifizierung von „normal"
Service	Manchmal etwas unentschlossen und verwirrt
Preisniveau	Die billigen Zeiten sind vorbei, aber immer noch akzeptabel

Münster — CUBA-KNEIPE

Auf der Suche nach dem verreckten Delphin

CUBA-KNEIPE
Achtermannstr. 10-12
Münster
Tel. 02 51/5 82 17

Mo-Fr 17.00 - 1.00
Sa 18.00 - 1.00
So 10.00 - 1.00
Küche 18.00 - 24.00
Frühstücksbüffet
So 10.00 - 14.00
Kaffee und Kuchen
So 14.30 - 18.30

130 Sitzplätze
30 Stehplätze
60 Dachterrassen-
plätze bis 24.00

Hauptbahnhof:
alle Buslinien
Parken: unmöglich ist
gar kein Ausdruck!

In mancher unbequemen Sitzecke hecken die selbsternannten Che Guevaras des Münsterlandes immer noch Revolutionen aus. Doch sie haben nicht begriffen, daß die Kampfgenossen inzwischen vom Zipperlein geplagt werden und außerdem erst mal die Kinder versorgt sein wollen. Das *Cuba* steht zwar weiter für alternative Subkultur, die dazugehörige Kneipe allerdings reiht sich ein in die Schar der gepflegten Absturztempel. Das Ambiente erinnert an das weitläufige Imbißfoyer einer Jugendherberge, wo man die gefüllten Fladenbrote fast schon vom Fußboden essen könnte. Alles sehr pflegeleicht; wenn doch mal jemand kotzen muß, wird's einfach mit dem C-Rohr abgespritzt. Bei Kerzenschein über naturbelassenen Tischen läßt sich das kritische Bewußtsein trefflich pflegen, der Blick in die Speisenkarte wird nicht von Tränen um die arme Kreatur getrübt: Glückliche Hühner, artgerecht gehaltenes Viehzeug und das Fehlen delphinkillenden Thunfisches lassen unbelastetes Schmausen zu. Da kann sich ja der erbittertste Vegetarier kaum noch beherrschen ...

Nichts für ungut: Auf ein gut gezapftes Pils oder Guinness kommt jeder, der den menschlichen Lack anderer Kneipen satt hat, gern mal ins *Cuba*, erst recht zu den Feten, die zweimal im Monat das Bahnhofsviertel beben lassen. Und noch ein Insidertip: Nirgendwo sonst in Münster finden sich vergleichbare Meister des einhändigen Selbstdrehens. Achtet auf die angegrauten GEW-Veteranen an der Theke! *igor*

Bier	Veltins, Bit, Diebels, Guinness, Kilkenny, Kritzenthaler v. F., Maisels Weiße, Corona, Einbecker Urbock (2,00-6,00)
Wein	Kleine Auswahl aus Frankreich und Italien (4,50-5,50)
Sekt	Wer war der „Baron de Charmeuil"? (Fl. 21,00)
Cocktails	Kein Mixer da, also nur Longdrinks: Beschwipste Pflaume, Scarlett und Comfortable bereichern das Angebot (4,00-5,50)
Spirituosen	Für sanfte Jungs und harte Mädels (1,50-5,00)
Alkoholfreie Getränke	Biologischer Saftanbau, Schorlen gleicher Preis (2,00-2,70)
Heißes	Espresso e Capuccino originale, herrlich ungesunde Variationen (2,00-5,50)
Essen	Gratins, gefüllte Fladenbrote, Pizze und Steaks vom Lavastein

Musik	Rock und Pop, vorzugsweise aus den guten, alten Tagen
Luft	Trotz Krebsspargel-Dauerbeschuß Durchatmen möglich
Hygiene	... putzt so sauber, daß man sich drin spiegeln kann
Publikum	Mehr/weniger-Intellektuelle, Berufs-Bewegte, Biertrinker
Service	Von den Besuchern kaum zu unterscheiden
Preisniveau	Mischkalkulation: günstige Getränke, teuere Speisen?

Münster	DAS BLAUE HAUS

DAS BLAUE HAUS

Solang' es Erstsemster gibt ...

DAS BLAUE HAUS
Kreuzstr. 16-17
Münster
Tel. 02 51/4 21 51

Mo-Sa 19.00 - 1.00
So 18.00 - 1.00
Warme Küche
9.00 - 0.30

160 Sitzplätze
20 Stehplätze
25 Freiluftplätze bis
22.30

Rosenplatz:
Buslinien 1, 6
Beim Parken lange
Suche einkalkulieren!

Die Erstsemster sind schon ganz „wiggelich" (münsterländische Ausdrücke zu gebrauchen ist hip). Ein Kamerateam des WDR sei angekündigt. Die wollen vor Ort den Film „Leben und Werk der Studienanfänger" drehen. Kaum eine Klischeeszenerie, die besser passen könnte. Hübsch verwinkelt, mehrere Etagen übereinander, Dämmerlicht überdeckt schamhaft das leicht schmuddelige Ambiente. Dazu Studis, die noch jung und unverbraucht aussehen. Das ist die Zukunft. Finstere Gestalten aus dem 23. Semester Sozialarbeit würden nur Zweifel an der Bildungspolitik nähren. Scheinwerfer an: „Sieh zu, daß du die dicken Holzbohlen und die Schmetterlinge mit drauf bekommst. Uuund Action!" Zuprosten mit Altbierbowle, Erdbeeren werden obszön auf der Zungenspitze balanciert, Sauereien mit Spinatnudeln. „Gut so!" Touristen winken ins Bild. Die älteren Semester drängen sich in dunkle Nischen. Bloß nicht gesehen werden. Sie sind auch nur auf einen kleinen Nudeltopf reingekommen. Alt-Münsteraner gehen eigentlich nicht ins *Blaue Haus*. Aber die Programmdirektion wird zufrieden sein. Den Film kann man häufiger zeigen. Okay, die Moden des Bildungsnachwuchses werden sich wandeln. Aber *Das Blaue Haus* wird unverändert fortbestehen. Solang es Erstsemster gibt ... *igor*

	Bier	Altbierbowle (legendär!), Germania, Iserlohner, Schlösser Alt v. F., Gräflinger, Aechtes Groterjahn (2,30-5,30)
	Wein	Zwischen Chianti und Öko-Anbau (4,50-5,10)
	Sekt	Mumm (Fl. 29,00)
	Cocktails	Langweilige Longdrinks, Campari-, Curaçao-Mixes (4,80-6,50)
	Spirituosen	Alphabetisch geordnet von Amaretto bis Wodka (2,20-5,00)
	Alkoholfreie Getränke	Niehoffs statt Granini, das einzige, was raussticht (2,30-3,20)
	Heißes	Heiß sind wir selbst
	Essen	Legendär: die Nudeltöpfe, außerdem leckere Pfannkuchen

	Musik	Die Beats der frühen 20er unseres Zeitalters
	Spiele	Studi-like
	Lektüre	Was halt so rumliegt
	Luft	Aufwärts zieht der Mief
	Hygiene	Der Chef: „Früher galten wir als zu sauber." – Heute nicht mehr!
	Publikum	Erstsemsternde, Spinatnudel-Fans und faszinierte Touristen
	Service	Treffauf, treppab – da wirkt so manches Lächeln abgerungen
	Preisniveau	Bei DM 8,90 für Nudeltopf 3 zahlt jeder gern 20 Pfennig mehr fürs Bier

Münster — DEPOT

DEPOT Tekk? No!

DEPOT
An der
Kleimannbrücke 5
Münster
Tel. 02 51/32 95 56

Fr-Mo 21.00 - 5.00
Mi, Do 21.00 - 3.00
Küche 21.30 - 3.30

350 Sitzplätze
1.500 Steh- und
Tanzplätze
500 Sitzplätze im
Sommergarten

Kleimannbrücke:
Buslinie 15
Parkplatz vorm Haus,
großes Gewerbegebiet
drumherum

Erst denke ich, ich bin auf einer Oberstufenparty gelandet, verdrücke mich in eine dunkle Ecke und suche meine Tester-Objektivität. Kein Neid auf die faltenlosen Antlitze! Und 'nen Schnäuzer hatte ich damals immerhin auch. Tief drinnen sind mir die Kids sogar richtig sympathisch, denn hierher kommen diejenigen, die sich nicht dem sonst allgegenwärtigen Tekknostorm aussetzen, sondern einfach abhotten wollen; am Montag noch dazu zu Klängen aus meiner guten, alten Zeit. Um die Glimmerwelt der hervorragend beschallten Tanzfläche herum gibt's genug schwarze Löcher. Für die, die mit der Clique gekommen sind und nicht mal einen Rücksitz zur Verfügung haben. Das *Depot* ist in Münster in den letzten Jahren imagemäßig immer weiter abgefallen. Nicht nur wegen der vielen ST- und WAF-Kennzeichen auf dem Parkplatz, auch wegen jahrelangen Mißmanagements, das den Wintergarten im OBI-Ausstellungsraum-Stil, die Daddelecke und den abblätternden Wandbehang zu verantworten hat. Der neue Chef ist erst 25 und zumindest ambitioniert. Der 20-Jahres-Vertrag mit der „Knallt am tollsten"-Brauerei beruhigt ungemein. Seine Zielgruppe definiert er ohne Scham und Angst vor sinkenden Geburtenzahlen mit 17 bis 25. Für die mag die Wahl der „Miss Münster" (natürlich die „originale") und ein Karaoke-Contest einiges hergeben. Ob damit allerdings das Imageloch zu füllen ist, ist 'ne andere Frage. *igor*

Bier	Holsten, Gatzweiler Alt v. F., Erdinger, Jever (auch light), Clausthaler (3,00-5,50)
Wein	Weiß, rot oder rosé? (4,50)
Sekt und Schampus	Sir Eminenz(?), Asti Spumante, Mumm und Schampus (Fl. 25,00-80,00)
Cocktails	Neuerdings 15 Cocktail-Klassiker (6,00-9,00)
Spirituosen	Mageres Angebot: Jugendschutz? (3,00-7,50)
Alkoholfreie Getränke	Einiges gequetschtes Obst, auch als Cocktail zu haben (2,50-9,00)
Heißes	Tee oder Kaffee? (2,50)
Essen	Pizza, Baguettes, Aufläufe, Pasta und im Sommer Eis

Musik	Dancefloor der 70er, 80er und 90er, aber: siehe Überschrift
Spiele	Schach, Backgammon, Spielesammlung, Flipper
Luft	Mäßig im dunklen Innenraum, Aufatmen im Wintergarten
Hygiene	Die (Staubflocken) im Dunkeln sieht man nicht
Publikum	Münsterland, deine Jugend!
Service	Erst spülen, dann bedienen; im Wintergarten freundlicher als im Düstern
Preisniveau	Auf den erweiterten Taschengeldbeutel zugeschnitten

Münster — DER BUNTE VOGEL

Ein Vogel in schillerndem Gefieder

ŸŸŸŸŸ

DER BUNTE VOGEL
Alter Steinweg 41
Münster
Tel. 02 51/5 62 24

Mo-Sa 11.00 - 1.00
So 13.00 - 1.00
Küche 11.00 - 23.00

90 Sitzplätze
Stehplätze
Freiplätze bis 22.00

Prinzipalmarkt: fast
alle Buslinien
Parken: tagsüber
PH Karstadt, danach
der große Parkplatz
davor

Eigentlich wird in Münsters Kneipen am liebsten gesessen. Im *Bunten Vogel* (kurz *Buvo* oder *Vogel*) ist das anders. Da wird gestanden, oft dicht an dicht, und das nicht nur, weil die Sitzplätze schon zu Beginn des Abends besetzt sind, sondern weil man stehend, speziell im besonders beliebten Thekenbereich, dem Sehen und Gesehenwerden so herrlich frönen kann. Wer die Ruhe sucht und die Großwildjagd nicht gerade haßt, ist im ersten Stock besser aufgehoben, wo ausgestopfte Keiler- und Steinbockköpfe von der Wand runterglotzen. Wer lieber selbst auf die Hatz geht, ist im Parterre der Selbstverliebten richtig. Die Tendenz geht klar zu „beautiful people", und solchen, die sich fälschlicherweise dafür halten. Schwer zu sagen, was den Reiz des *Buvo* ausmacht. Sicher nicht die Wanddekoration, eine Mischung aus Blechschildern und alten Plakaten. Die Qualität des Bieres kann's auch nicht sein. Wahrscheinlich macht's die Sogwirkung, die von der Klientel ausgeht. Die eine BWLerin sagt's der andern; der erstsemestrige Jurist war schon mal da, kurz nach dem Abi, die Lage sondieren. Wer dann irgendwann die überraschend freundliche Bedienung quer durch das Gedränge mit ihrem Namen anrufen darf, hat's geschafft, gehört dazu. Und im Sommer verlagert sich das Ganze ins Freilufttheater, auf den Vorplatz in der Fußgängerzone, bis der erste Anwohner durch Polizeiandrohung dem Abend ein viel zu frühes Ende bereitet. *igor*

Bier	DAB Pilsener und Alt, Guinness, Stade's leicht v. F., Hefeweizen, Berliner Weiße (3,30-5,50)
Wein	Schmale, schale Auswahl (5,00-5,50)
Sekt und Schampus	Vino spumante und Veuve Clicquot (Fl. 35,00-95,00)
Spirituosen	Viel Bols, reichlich Whisk(e)y und ordentliche Standards (1,50-5,50)
Alkoholfreie Getränke	Mirinda und Pepsi statt Fanta und Cola (2,50-3,50)
Heißes	Das Übliche zum Fingerchen-Abspreizen
Essen	Pfannkuchen, Pasta, Fleisch und einiges Grünzeug

Musik	Juwiwis Lieblinge und gar ein bissel Soul
Spiele	Backgammon, Karten und mehr
Lektüre	FR, SZ, taz, WN, MZ
Luft	Weiß jemand, wofür die Ventilatoren gut sind?
Hygiene	Boden? Welcher Boden? Ist viel zu voll hier!
Publikum	Beautiful Juristen, Wiwis, Medi und Zini
Service	So schon nett, aber erst als Stammgast ...
Preisniveau	Bleibt im Rahmen des Möglichen

Münster — DESTILLE

DESTILLE
Still got the Jazz

DESTILLE
Kuhstr. 10
Münster
Tel. 02 51/4 37 26

Mo-So 20.00 - 1.00

40 Sitzplätze
(Hocker und Bänke)
50 Stehplätze

Überwasserstraße:
Buslinien 1, 6
Parken: auf dem
nahegelegenen
Hindenburgplatz,
ansonsten fast
aussichtslos

Direkt im Zentrum der Stadt, im alten Kuhviertel, aber immer noch weit genug weg von der Ecke, wo sich grundsätzlich und vor allem am Wochenende die Touristen herumtreiben, steht Münsters älteste studentische Jazzkneipe: die *Destille*. Mainstream bis Modern, aber auch mal Blues und Folk dringen hier meistens dienstags schon seit Urzeiten (oder zumindest, solange ich mich in Münsters Kneipen herumtreibe) durch die Fenster auf die Straße und sorgen dafür, daß man sein Ziel nicht verfehlt. Überall an den Wänden hängen Bilder der Größen, die in der *Destille* schon aufgetreten sind, und regelmäßig kommen auch die Lokalmatadoren zu Wort bzw. zu Ton. Gibt's mal keine Band, sondern – wie häufig – auch poppige Sachen aus der Konserve zu hören, verleitet das rustikale Ambiente von alleine dazu, zwei bis acht Bierchen zu trinken, die es übrigens nur in den handlichen großen Gläsern gibt. So manche(r) Alleinstehende soll schon mal jemanden für kalte Winter- oder laue Sommernächte gefunden haben. Wer hochgeistig-abgehobene Gespräche über die Beziehung zwischen Jazz und Esoterik führen will, steht schnell alleine und merkt, wie bodenständig der ganze Laden geblieben ist – und das seit nunmehr schon 20 Jahren! Über allem und hinter dem Tresen steht Klaus, mit unverwechselbarer Silhouette, zapft Bier ohne Ende und klatscht Beifall bei jedem schönen Solo. *rex*

Bier	Dortmunder Union, Schlösser Alt und Guinness v. F., alles nur in großen Gläsern (3,90-5,00)
Wein	Franz. Landwein, Marke einfach, weiß und rot (4,00)
Sekt	Nur für Stammgäste; oder wer sonst weiß, wann Klaus Geburtstag feiert?
Spirituosen	Viele Sorten für viele Leute, der „Saure" war zuletzt der Renner, Tequila; alles andere gibt's auch (1,20-4,00)
Alkoholfreie Getränke	Cola, diverse Säfte und Wasser für die, die sich waschen wollen (2,50-3,00)
Heißes	Viel zu viel Aufwand
Essen	Gibt's gegenüber beim Türken
Musik	Wenn nicht live, dann eher poppig
Lektüre	Es gibt immer das Programm für die nächsten Monate, ansonsten kann man besser zu Hause lesen
Luft	Musik liegt in der Luft ...
Hygiene	Nichts für Pingelige, eben rustikal
Publikum	Zum Tresen drängt, am Tresen hängt doch alles
Service	Heizt an
Preisniveau	Völlig in Ordnung

| Münster | DIE GLOCKE |

Deutschstunde

DIE GLOCKE
Hoyastr. 4
Münster
Tel. 02 51/2 27 66

Mo-So 18.00 - 1.00
Küche 18.30 - 23.00

50 Sitzplätze
30 Stehplätze
50 Freiluftplätze an der Straße

Hoyastraße: Buslinie 7
Parken so gut wie unmöglich, besser radeln oder busfahren

„Goooonnnnggg!" macht's, wenn *Die Glocke* ertönt und alle gespannt in den großen Raum laufen. Was werden die heutigen Stunden wohl bringen? Ah, zunächst ist Kunst dran. Bunte Collagen und Clowns zeigen fix, welcher Art von art man hier zugeneigt ist; wirkliche Toleranz läßt Werke naiv moderner Kunst zwanglos neben einem Zigarettenautomaten hängen. Unübersehbar, in der Mitte der Ausstellung, ein Jugendschutzgesetz, schön gerahmt, damit ein jedes Kind weiß, wie lange es hier der Dinge harren darf, die da noch kommen mögen. Die nächste Stunde ist dem Musikunterricht gewidmet, der ganz nach dem Geschmack der Schüler von heute ist; gar nicht klassisch, sondern Pop und Rock. Auch das Fach Architektur wird im Lehrplan berücksichtigt. Direkt vor der Tür können Studien des barocken (oder gotischen?) Baustils an der Kreuzkirche betrieben werden. Ist das Wetter gut, findet der Unterricht draußen statt. Dort sind die Bänke zwar etwas hart und rustikal, aber fröhliches Stimmengewirr und die schon erwähnte, über allem stehende Kreuzkirche läßt den Unterricht etwas ganz Besonderes werden. Ach ja, Hauptfach ist natürlich die Chemie, insbesondere die alkoholische Gärung, und wenn der Dozent guter Dinge ist, kann man sich ganz wunderbar und gepflegt einen auf *Die Glocke* gießen. Also Schule, wie überall? Nein, denn hier ist die einzige Schule der Welt, wo sich mehr Lehrer (und solche, die es noch werden wollen) herumtreiben als Schüler. Viel mehr ... *rex*

Bier	Kufü-Kölsch, Schlösser, Iserlohner Pils v. F. (3,30-5,50)
Wein	Pinot Grigio, Chardonnay, Muscadet, Bardolino, Bordeaux A.C., Riesling, Kerner und Silvaner aus Rheinpfalz (5,00-6,80)
Sekt und Schampus	Flasche Pinot brut (39,00)
Spirituosen	Liköre, Schnäpse und Whisk(e)ys (1,50-4,00), mit Cola – etwas liebloser – als Longdrink (+2,00)
Alkoholfreie Getränke	S. Pellegrino, Apollinaris, Schweppes u. Granini (3,00-3,50)
Heißes	Für die große Pause von Kaffee bis Grog (2,50-5,00)
Essen	Vorspeisen, Salate, viele Fleischgerichte und Nachspeisen

Musik	Rock und Pop und so
Spiele	Schulgemäß: Karten und Würfel
Lektüre	Nur FR und WN – steckt unser Bildungssystem in der Krise?
Luft	Gut
Hygiene	Auf saubere Klos geht man eben lieber
Publikum	Alle Lehrer einmal aufzeigen
Service	Muster(schüler)gültig
Preisniveau	Ein kleineres Referendarssalär ist schon angesagt

Münster — DIESEL

Jedem seinen Sonnenaufgang

DIESEL
Harsewinkelgasse 1-4
Münster
Tel. 02 51/5 79 67

Mo-So 11.00 - 1.00
11.00 - 16.00
Frühstück

70 Sitzplätze
50 Stehplätze
100 Freiluftplätze von
11.00 - 22.00

Windthorststraße:
1, 5, 6, 7, 9, 15, 17,
19, 22
Parkraum satt

„Hattest du den Tequila Sunrise bestellt?" fragt die Bedienung mit einem Blick irgendwo zwischen abwartender Unsicherheit und kesser Selbstverständlichkeit. „Dann sag mir doch auch mal, was da in welcher Reihenfolge rein muß. Ich hab' den nämlich noch nie gemacht." Das Mädel gefällt mir besser als jeder perfekt gemischte Drink, und so mixen wir im *Diesel* eine Tankfüllung nach Pi-mal-Daumen: Grenadine, O-Saft und ein Schuß Wasunseinfällt. Noch so ein pangalaktischer Donnergurgler, und die Lämpchen im Grünzeug werden zu schwirrenden Glühwürmchen. Und schon geht die blöde Suche nach der „Frage" auf die noch blödere Antwort „42?" wieder los. Der melancholische Marvin hat wieder seinen Träumerle-Anfall und weigert sich strikt, anständige Antworten zu geben. Genau wie sein Herrchen Douglas Adams. Aber der will ja auch seine Bücher, die sich mit der Suche nach der Frage beschäftigen, verkaufen. Schnell hin, bevor dieses ehrliche Klassemädchen den Tequila Sunrise-Zauberspruch gelernt hat. Was allerdings noch seine Zeit braucht, ist die „Tanke" selbst. Locker-flockig angeordnete Holztischchen, aufgepeppt mit ein paar Neonlämpchen machen noch lange keinen Geheimtip in der münsterschen Thekenszene. Da gibt sich das *Diesel* eher so, wie der Name schon sagt: Mit lautem Brummen springt der Motor langsam an, dann pufft's eine große Qualmwolke raus und langsam setzt sich das Ganze in Bewegung. Und – Hoffnung nicht aufgeben – irgendwann wird der Kneipentruck richtig in Fahrt kommen! *wli*

Bier	Classic Alt und Pils, Guinness v. F., Franziskaner (3,30-5,20)
Wein	Ein echter Null-acht-fuffzehn (0,2l 4,50-6,00)
Sekt und Schampus	Geiling, Mumm Cordon Rouge Brut (Fl. 32,00-58,00)
Cocktails	Do it yourself!
Spirituosen	Schnaps, das war sein letztes Wort (3,00-6,00)
Alkoholfreie Getränke	Mehr als nur eine Kalorie (2,70-3,00)
Heißes	Heiße Milch – müde Männer werden munter (2,60-5,20)
Essen	Hier wird vom Spinat bis zur Nudel täglich neu aufgetafelt

Musik	Was das Hörerherz begehrt
Spiele	Wer nicht Karten kloppen will, kann kleine bunte Bälle in große dunkle Löcher stoßen
Lektüre	Die Schmöker-Auswahl ist bald größer als am Bahnhof
Luft	Gute Bedingungen für den Gesichtserker
Hygiene	Der weiße Wirbelwind
Publikum	„Man sieht sich!" Ständig.
Service	So kess, kesser geht's nicht
Preisniveau	Heute schon versackt?

Münster — DOMINO

Wo die Sehnsucht brennt

DOMINO
Alter Fischmarkt 3-5
Münster
Tel. 02 51/4 25 27

Mo, Di 9.00 - 1.00
Mi, Do 9.00 - 3.00
Fr, Sa 9.00 - 5.00
So 11.00 - 1.00
Küche durchgehend
11.30 - 14.30
erweiterte Auswahl

65 Sitzplätze
60 Stehplätze

Lambertikirche,
Prinzipalmarkt:
fast alle Linien
Parken: einige Meter
zu Fuß müssen sein

Wer chices Design mag, wird im *Domino* mit Sicherheit auf seine Kosten kommen. Tische mit eingefaßter Mamorplatte, ein Meister-Proper-Fußboden aus gleichem Material, farbig-konservative Stühle und Barhocker, eine unvergleichlich niveauvolle Zusammenstellung moderner Bilddrucke und Trockengestecke sowie eine der Milchstraße nachempfundene Anordnung kleiner Halogenstrahler lassen eine sorgenfreie Schicki-Micki-Atmosphäre entstehen, die durch das entsprechende Personal der Vollendung entgegenstrebt. Unweigerlich drängt sich Ihnen das Gefühl auf, in einer der besseren Lokalitäten Gran Canarias zu sitzen. Verträumt hängen einige Gäste, das Lamettabäumchen im Cocktailglas liebkosend, erregenden Urlaubserinnerungen nach. Und tatsächlich läßt sich das Publikum in die Schublade „Upper middle class und Sympathisanten" einordnen. Im *Domino* gibt es eben noch die Kavaliere alter Schule, die das feminine Geschlecht hofieren und verwöhnen. Ein idealer Platz also, um die Herzallerliebste aus einer Situation nagender Ungewißheit mit Hilfe eines Schwoofs auf der ganz unverbindlich scheinenden Tanzfläche dingfest zu machen. Falls sich derweil herauskristallisieren sollte, daß die zuvor Angebetete sich als menschlicher Irrtum erweist, verbleibt die Alternative, mit den Augen solange auf dem simultan ablaufenden Videoclip zu starren, bis endlich die letzten Takte von „Er gehört zu mir" verklungen sind. Tja, wer die Sehnsucht kennt ... ak

Bier	Iserlohner, Schlösser v. F., Corona, Kölsch, Valentins Weizen, Maibock, Einbecker Urbock, Gräflinger leicht (2,20-6,50)
Wein	Deutscher Standard und mediterraner Touch (6,50-7,00)
Sekt	Superb (Deutz & Geldermann), Mumm, Krimsekt, Schlumberger, Louis Roederer (Fl. 34,00-88,00)
Spirituosen	Gemäß den Urlaubsgebieten, alklose Alternativen (6,00-9,00)
Alkoholfreie Getränke	Brause, Apollinaris, Niehoffs, Limos, Sangrita (2,80-3,50)
Heißes	Standard, Espresso, Cappuccino und Schokmok (2,50-6,80)
Essen	Frühstück, Leckeres vom heißen Stein und sonstige Bistro-Snacks

Musik	Was man so aus dem Radio kennt
Lektüre	Normales
Luft	Angenehm
Hygiene	Sehr akkurat
Publikum	Provinz-Jetset
Service	Man weiß, was man den Gästen schuldig ist
Preisniveau	Akzeptabel und für Besserverdienende

Münster   **ELEPHANT**

Aktuell – charmant – gepflegt

ELEPHANT
Roggenmarkt 15-16
Münster
Tel. 02 51/4 32 00

Mi, Do 20.00 - 2.00
Fr, Sa 20.00 - 5.00
Snacks bis
Ladenschluß

170 Sitzplätze
230 Stehplätze

Prinzipalmarkt:
fast alle Linien
Parken: am späteren
Abend recht
schwierig, es bleibt
der Parkplatz
Hörsterstraße

1. Fördert die Farbe Rot die Erotik? 2. Wieviel Make-up und Schuhcreme passen in ein charmantes Abendlokal? 3. Warum sind wir eigentlich hier? Das sind die wesentlichen Fragen, die sich im *Elephant* stellen. Zu 1.: Der Tester sieht einen Zusammenhang. Nach mindestens 15 Minuten Aufenthalt inmitten Dutzender roter Lampenschirme, roter Tischdecken und robuster roter Holzstühle stellt sich bei den Liberos am Rande der Tanzfläche der sehnsuchtsvolle Blick ein. Es folgen zaghafte, aber gut erlernte Tanzschritte mit der Dame der Wahl, die Frage „Bist Du auch hier?" usw., bis unweigerlich der Gang zum Automaten folgt. Zu 2.: An einem durchschnittlichen Samstagabend etwa 2,76 t Schminke und 1,44 t Schuhwichse (schwarz). Zu 3.: Schwierig zu beantworten, sogar von der eingeschworenen Stammkundschaft. Zu mehr als „Meine Kolleginnen kommen auch immer her" reicht die Argumentation nicht. Die lästerliche Mehrheit Münsters meint die Wahrheit zu kennen: „Ist doch der größte Abschleppschuppen am Platze!" Mag stimmen, trifft aber noch nicht ganz den Kern. „Everybody's a star", hat Andy W. gesagt. Erst recht im *Elephant*, wo gar eine marmorne Showtreppe zu den Waschräumen herunterführt, in denen 10 m^2 große Spiegel die Vorbereitung des nächsten Auftritts erleichtern. Dazu die sichere Geborgenheit unter Gleichgesinnten, die „gepflegte" Atmosphäre, die sich in Zinnkrügen und Kupferstichen ausdrückt. Wie zu Hause. Und doch so weit weg. *igor*

Bier	Kronen, Torrik v. F., Franziskaner Weizen (4,00-6,00)
Wein	Dreimal deutsch, dreimal französisch (8,00)
Sekt und Schampus	Henkell, Asti Spumante, Mumm, Metternich, Moët & Chandon, Dom Pérignon, roter Krimsekt (Fl. 40,00-220,00)
Cocktails	Mittleres Angebot mit kleineren Einfällen (11,00-14,00)
Spirituosen	Allerlei Whiskys und Brände, sonst Standard (4,00-8,00)
Alkoholfreies	Durchsichtig, zuckerig, chininhaltig, fruchtig (5,00-9,00)
Essen	Pizza Baguette und andere „Spezialitäten"

Musik	Das Programm zum Ringelpiez mit Anfassen, ausgezeichnete Wiedergabe
Spiele	Schau mir in die Augen!
Luft	Nichts gegen zu sagen
Hygiene	„Gepflegtes Abendlokal": Der Name ist Programm
Publikum	Jäger und Gejagte, overdresste Stars der Nacht
Service	Tendenziell freundlicher zu Stammgästen als zu Sweatshirtträgern
Preisniveau	Das Star-Dasein kann kosten! Eintritt 4,00; 8,00 Mindestverzehr (Mi, Do 4,00)

Münster — FRAUENSTRASSE 24

Friede, Freude, Döner Kebab

FRAUENSTR. 24

🍷🍷🍷🍷

FRAUENSTR. 24
Frauenstr. 24
Münster
Tel. 02 51/5 12 06

Mo-Fr 9.30 - 1.00
Sa, So 12.00 - 1.00
Frühstück
Mo-Fr 9.30 - 11.30
Warme Küche
Mo-Fr 11.00 - 24.00
Sa,So ab 12.00

80 Sitzplätze
30 Stehplätze

Freiherr-vom-Stein-
Gymnasium:
Buslinien 12,19
Parken:
Hindenburgplatz,
tagsüber recht teuer,
abends frei

Geschichte verpflichtet. Zwar auf etwas andere Weise, als sonst in Münster üblich, aber trotzdem ... Ab 1972 erstes besetztes Haus auf dem „Kontinent" (westlich von Berlin), zehn Jahre Kampf, dann der Erfolg. Das Monumentalgemälde erinnert an die glorreichen Zeiten, mag sich auch mancher Grünschnabel wundern, „was die damals für komische Frisuren hatten". Die Kneipe gibt's seit 1978, der gleichnamige Verein *„Frauenstr. 24"* schmeißt seitdem solidarisch den Laden. Der jüngst erst übergreifend beschworenen Multikulti-Gesellschaft ist mensch traditionell verpflichtet. Die *Frauenstr. 24* ist Forum für ambitionierte Künstler auf dem Sprung zum Ruhm, Futterkrippe mit Pide und Döner Kebab, Verkaufsstand für Kampfblättchen von Hardcore-Lesben und Anwerbestelle für das Forschungsprojekt „Kommunikation zwischen Ost- und Westdeutschen". Nirgends sonst läßt sich bei stundenlangem Backgammon-Spielen das Klischee des Tagediebes (oder der Tagediebin) so herrlich verdichten. Zwischendurch leichte Bewegungsübungen durch das obligatorische Selbstabholen der Getränke am Tresen. Keine Macht für niemand! Wer trotzdem ein Trinkgeld geben möchte, kann sich von den drei Spendendosen (Frauen-Notruf, Kurdistan, Rote Hilfe) eine aussuchen. Die Toleranz endet nicht einmal bei der Beschallung. Wer will, kann eigene Cassetten mitbringen, von den Böhsen Onkelz mal abgesehen. Aber Grenzen gibt's schon: In dem schwarzen Jahr, als der „rechte" AStA das Zepter schwang, wagte sich der Vorsitzende mitsamt Hofstaat in die Höhle des Löwen. Und flog raus! *igor*

Bier	DAB, Guinness v. F., Bock und Weizenbier, Kelts (1,90-4,60)
Wein	Auf dem Niveau Vin de Pays (4,00-4,50)
Sekt	Gibt's auch; trocken (Fl. 18,00)
Cocktails	Fünf Longdrinks, sonst nix (4,00-6,50)
Spirituosen	Eher sorten- als markenrein (namenloser „Wodka", „Whisky"): 1,40-6,00
Alkoholfreie Getränke	Pflaumen- und Rhabarbersaft, frische Vollmilch (1,50-2,50)
Heißes	Fünf Tees und das Übliche mit Grog (1,90-5,50)
Essen	Sehr beliebte türkische Küche; einfach, aber lecker
Musik	Pop bis Hardrock, was halt an Cassetten so rumliegt
Lektüre	taz, FAZ, FR, uz, Freitag, Cumhuriyet, Stadtblatt
Luft	Der Rauch verzieht sich immer wieder irgendwo hin
Hygiene	Übertriebener Putzfimmel ist spießig!
Publikum	Viele Nationen, viele Liebes-Vorlieben, viel Engagement
Service	Nett, aber unerbittlich, was den Self-Service angeht
Preisniveau	Aus Prinzip keine Gewinnmaximierung, drum so günstig

Münster — FUNDUS

Fernweh

FUNDUS
Berliner Platz 23
Münster
Tel. 02 51 /4 63 59

Tägl. 10.00 - 1.00
Küche 10.00 - 23.45

130 Sitzplätze
50 Stehplätze
140 Sitzplätze auf dem Balkon

Direkt am Bahnhof:
Fast alle Linien
Parken schwierig

Früh hast du dich wieder 'rausgequält – es ist erst 13.00 Uhr – und was war letzte Nacht noch gewesen? Ach, vergessen wir's. Wie schon so häufig nimmst du die erste Nahrung im *Fundus* zu dir; Frühstück „Humphrey Bogart": Tasse Kaffee, eine Lucky Strike und 'nen Whiskey. Hier im hinteren Raum ist noch nicht soviel los, der Ventilator quietscht traurig vor sich hin und du siehst verträumt den Zügen nach, die langsam an den großen Fenstern vorbeifahren. Da drin sitzen und in die große weite Welt hinausfahren, nicht wie jeden Tag in dieses schummerige Office müssen und idiotische Fälle bearbeiten – das wär's. Ach Philip, reiß' dich zusammen und schau' dir die anderen Leute an, die auch nicht wegkommen aus dieser Stadt. Die Mädchen aus der Jazzdance- und Ballettschule, die im selben Gebäude untergebracht ist, oder die Schauspieler und Besucher aus dem Borchert-Theater, gleich unten, eine Etage tiefer: Ist doch auch 'ne interessante Mischung. Wenn's dunkel wird, gehst du nach vorne, vielleicht auf die Veranda, die einmal um den Laden herumführt, und schaust auf die Lichter der Westfalenmetropole, die Kneipen und Kinos oder den Bahnhof, der gleich nebenan liegt. Eigentlich doch ganz schön hier, die Stimmung hebt sich, du pfeifst ein Liedchen, dessen Noten du unter der Glasplatte des Tisches siehst, an dem du gerade sitzt, und denkst: Laß sie doch fahren, wenn sie unbedingt wollen. *rex*

Bier	Weißbier v. F., Rolinck Pils, Alt und Mischungen (3,20-5,20)
Wein	Vier rote, drei weiße, guter Durchschnitt (5,20)
Sekt und Schampus	Mumm, Deinhard und Fürst Schmettermich (Fl. 22,00-42,00), Champagner (50,00-87,00), div. Sektmixe (0,1l 6,80)
Spirituosen	Whiskies und ein paar andere (2,00-5,00)
Alkoholfreie Getränke	Süßes, Saures und viele Säfte (2,30-3,10)
Heißes	Sehr viel Tee, viele Kaffees und geniale Kaffee-Schoko-Alk-Mischungen (2,30-7,40)
Essen	Baguettes, Snacks, Suppen und Größeres

Musik	Man muß schon gut hinhören, um was mitzubekommen
Lektüre	Tageszeitungen, Illustrierte und Geo fürs Fernweh
Spiele	Würfel, Backgammon, Schach
Luft	Trotz harmloser Ventilatoren meistens gut
Hygiene	Nichts zu meckern
Publikum	Normalos, Theaterbesucher, Tänzer und Philip Marlowes
Service	Bis jetzt hat noch jeder gekriegt, was er wollte
Preisniveau	Durchaus noch im Rahmen

Münster — GAMBRINUS

Zwischen Himmel und Erde

GAMBRINUS

ẊẎẎ

GAMBRINUS
Königsstr. 34
Münster
Tel. 02 51/5 87 38

Mo-Fr 10.00 - 1.00
Sa, So 10.00 - 14.00
18.00 - 1.00
Küche bis
Betriebsschluß

60 Sitzplätze
20 Stehplätze

Ludgeriplatz/
Sternapotheke: Bus 1,
2, 3, 4, 9, 13, 15
Parken schwierig

Es gibt kaum ein Material zwischen Himmel und Erde, das in Kneipen heimeliger wirkt als Holz. Und deshalb fühlt man sich beim Betreten des *Gambrinus* auch gleich als Teil der unerklärlich schönen Natur, denn soviel verarbeitetes Holz zur Gestaltung der Räumlichkeit dürfte einzigartig sein. Neben den Stühlen und Tischen geben insbesondere die hölzerne Wandverkleidung sowie ein Beleuchtungsgerüst und selbst die zu Kerzenständern verurteilten Baumquerschnitte einen Einblick in die Variationsvielfalt von Maserungen und Jahresringen. Von diesen umrahmt, findet sich eine mit „Gediegenheit" am besten charakterisierte Mentalität von Gästen ein, welche sich zumeist am Karten- oder Knobelspiel erfreuen. Sie unterbrechen ihre Runde nur dann, wenn die überdimensionierten Speisen kredenzt werden, was vor allem viele hungrige Schüler und Studenten anlockt, auch wenn die Luft vom Pommesduft geschwängert ist. Die Theke hingegen wird vornehmlich von Stammkunden der älteren Generation belagert, die ihre Tageslast getragen haben und den Abend im Kreise ihrer Lieben ausklingen lassen. Zur Steigerung des Umsatzes dienen sowohl eine ab 20.00 Uhr geltende Pilspreisermäßigung als auch das Gemälde eines wohl mittelalterlichen Ratsherren, dem nachträglich ein erfrischend schäumendes Bier in die erhobene Hand eingefügt wurde. Ergänzt wird die Atmosphäre durch an der Wand hängende Krüge und auf alt getrimmte Wandplakate. Nur der goldene Oscar, der beharrlich auf der Zapfsäule weilt, wirkt etwas deplaziert. Und doch wird dieser Ort immer wieder aufgesucht, denn es gibt viel Unerklärliches zwischen Himmel und Erde. *ak*

Bier	Dortmunder, Schlösser, Bock- und Weizenbier (1,60-5,00)
Wein	Fünf Alternativen gleichen Niveaus (4,50)
Sekt und Schampus	Irgendeine Hausmarke (Fl. 20,00)
Cocktails	Eine sehr bescheidene Auswahl an Longdrinks (2,50-5,00)
Spirituosen	Was man halt eben alles so braucht (1,40-4,50)
Alkoholfreie Getränke	Nur Körnchen und Sangrita sind billiger als Pils (1,50-2,50)
Heißes	Kaffee, Kakao, Grog, Glühwein für kalte Winter (2,00-3,50)
Essen	Reichlich bemessene Schnitzel und deftige Gerichte

Musik	Alles, was nicht weiter stört
Lektüre	Eigentlich nicht wichtig
Luft	Kneipenmäßig, mit Hang zur Pommesbude
Hygiene	Normal
Publikum	Gediegen, mit Freude am Knobeln
Service	Ganz nett
Preisniveau	Der Preis ist heiß

Münster   GO-GO

Der Tanzboden am Ende des Universums

🍸🍸🍸🍸

GO-GO
Servatiiplatz
Münster
Tel. 0251/4 57 26

Di-So 22.00 - 5.00
Küche gibt's
demnächst auch

60 Sitzplätze
200 Stehplätze

Servatiiplatz: fast alle
Buslinien
PH Bremer Platz,
davor ein Parkplatz,
trotzdem nicht ganz
einfach

Zwei Gruppen Humanoide kreisen, vom hochstehenden Erdtrabanten beschienen, in der treppenförmigen Warteschleife. Die grauen Gesellen der Nacht, denen das Tageslicht ein Greuel ist, und jene, denen der Sandmann schon zu viele Traumbrösel in die Augen gestreut hat, die aber schlicht aus Imagegründen bis zum Ende ausharren müssen. Ein bekannter Hitchhiker's Guide warnt vor dem Strudel der dritten Dimension, die irgendwo im Vorhof der Dance-Hell dräut. „Sieh zu, daß du dir beim Sphärentaumel nicht die Nase aufschlägst, denn das würde das Passieren der Gate-Guards unmöglich machen. Der Sog ist unwiderstehlich, reißt dich in das Auge des Sturms, das auf Tanzbodengröße zusammengeschrumpfte Schwarze Loch. Die rhythmischen Klänge der Unendlichkeit umfangen dich, du gerätst in eine gigantische Spiegelfläche, wo du die letzten Krümel aus den Augen reiben und die Frisur für den Kollaps des Universums richten kannst. Riesige Kakerlaken an den Außengrenzen verwandeln sich bei genauerem Hinsehen in Paisley-Muster. Hey Pal, wir warten auf 'ne Zuschrift, was das Neon-Sign mit dem Kreis und dem Pfeil vor einem der Gateways besagt!" Noch 171 Minuten bis zum Ende des Universums. Du schüttest zwei Pan-Mexican-Gargle-Rice-Beers in dich rein, stürmst durch unzerteilbare Nebelschwaden mitten ins Zentrum des Hurrikans, dein Körper verzerrt sich, alle Sinne sind auf die Schwanengesänge der wieder mal letzten Nacht gerichtet. Auch Super-Sandman hat nun keine Chance mehr: Dir bleiben 167 Minuten. *igor*

Bier	Kronen: Classic, Alt und Mixes, Corona, Torrik (4,50-7,00)
Wein	Fünf Weine aus der hinteren Ecke des Universums (5,00)
Sekt und Schampus	Von Wachenheims bis Dom Pérignon (Fl. 36-245)
Cocktails	Orientiert am „Mixer's Guide for Beginners" (8,00-10,00)
Spirituosen	Whiskies bis zum Abwinken (3,50-8,00; Fl. 70-85)
Alkoholfreie Getränke	Wer's angesichts des Endes noch braucht ... (3,00-4,00)
Heißes	In 165 Minuten wird's heiß genug (Kaffee 3,00)
Essen	Wer kriegt jetzt noch was runter?

Musik	Quer durch die Millenien und humanoiden Geschmäcker
Spiele	Wer schafft den letzten High Score?
Lektüre	Stadtblätter für lau
Luft	Iss jetz' eh egal
Hygiene	„Noch-einmal-Danebenpinkeln" gehört dazu
Publikum	Überreste aus längst geschlossenen Kneipen und Music Halls
Service	Die geben (fast) ihr Letztes
Preisniveau	Mit zwölf, dreizehn Altarian Dollars kann man auskommen

Münster — GRAND CAFE

Pfauenvollversammlung

GRAND CAFE
Hörsterstr. 51
Münster
Tel. 02 51/ 5 75 17

Tägl. 10.00 - 2.00
Küche 17.00 - 00.00

140 Sitzplätze
in zwei Räumen mit
unterschiedlichen
Tresen
120 Stehplätze

Neubrückenstraße/
Hörsterstraße:
Buslinien 9, 10, 17
Parken direkt daneben
und hinterm Haus

Neulich hauste er noch in einem finsteren Loch irgendwo in Letmathe, doch heute macht sich der kleine Pfau schon auf den Weg in die Vollversammlung. Im *Grand Café* trifft er alle seine Artgenossen, denn unter seinesgleichen fühlt er sich einfach am wohlsten. Bei allen diesen Pfäuinnen und Pfauen – interessanterweise sind bei der hier anzutreffenden Spezies die Weibchen so prächtig wie die Männchen – ist einer schöner als der andere und aufgeputzter und natürlich wichtiger. Und den meisten ist irgendwie anzusehen, daß sie noch ein Studium abzuschließen haben; vorzugsweise eins, bei dem man später genug Geld verdient, um sich noch ein paar hübsche Federn dazukaufen zu können. Das Ambiente ist angemessen: Bunte Bilder hängen neben chinesischen Lampen; klassische Säulen, die frei im Raum stehen, verdecken Palmen, die verzweifelt nach etwas Sonne Ausschau halten. Nur an der Wand direkt neben der Eingangstür steht kläglich gekritzelt das Wörtchen „doof", das vermutlich das verzweifelte Minderwertigkeitsgefühl irgendeines häßlichen Entleins zum Ausdruck bringen sollte, das sich hierher verlaufen hatte. Das *Grand Café* ist wirklich grand, nicht nur räumlich, und trotzdem, oder vielleicht gerade deswegen, ist es häufig voll, witzigerweise aber immer nur zwischen halb elf und zwölf – jede Szene entwickelt eben ihre eigenen Gesetze. Wer Spaß daran hat, sich umzusehen und gesehen zu werden, der sollte sich hierher aufmachen, um sein Rad zu schlagen. *rex*

Bier	Jever, Herforder, Brinkhoff's, Hannen, Franziskaner Weizen, alkfreies Bier v. F. oder aus Flaschen; Guinness (2,20-5,00)
Wein	6 mal „blumig", „jugendlich" oder „markant" (3,00-3,50)
Sekt und Schampus	Nur im Glas: Wachenheim, Bleue Brut, Boulard, Veuve Clicquot (5,00-12,50)
Spirituosen	Genug, um den einen oder anderen Vogel umzuhauen, seitenweise Hartes, Liköre und Aperitifs (2,50-7,50)
Alkoholfreie Getränke	Perrier, frisch gepreßter O-Saft (2,20-4,50)
Heißes	Kennt jemand Mo? Kaffee, Tee, holländische Nutricia-Schokolade, hergestellt von gleichnamiger Firma (2,70-3,50)
Essen	Frühstück, Baguettes und „Dips" in Variationen, Tagesmenü

Musik	Charts und Disco
Lektüre	Welt, WN und diverse Illustrierte
Luft	Die großen Räume mit den hohen Wänden tun ihr Übriges
Hygiene	Nichts zu meckern
Publikum	Na eben Pfauen
Service	Wird schon mal pampig, besonders in besagten 90 Minuten
Preisniveau	Viel geringer, als es die üblichen Vorurteile zuließen

Münster   **HARDIES**

HARDIES

Flüssige Artefakte der Postmoderne

HARDIES
Mauritzstr. 30
Münster
Tel. 02 51/ 5 68 81

So-Do 18.00 - 1.00
Fr, Sa 18.00 - 4.00
Küche bis zum Schluß
(außer Mo)

55 Sitzplätze
50 Stehplätze

Mauritztor: Buslinien
2, 22, 5, 11
Parkplatz
Hörsterstraße 300 m
entfernt

Midnight-Hour. Und keine Minute früher. Oder geht in New York, Paris, Berlin jemand schon am frühen Abend in eine Bar? Okay, ein paar sind schon da, aber die wollten sich nur die besten Plätze sichern. An der Säule. Oder an der Theke. Um die besten Sitzgelegenheiten kann's nicht gegangen sein, es herrscht nämlich pures Design vor. Und in Design flegelt man sich nicht rein. Da diskutiert man höchstens über Einflüsse. De Stijl? Oder Bauhaus? Oder Yellow?
Weltstadtflair für die Westfalen, allerdings ohne die im Prinzip unvermeidlichen großen Spiegel. Dafür erinnert die Flaschenbatterie hinter der Theke ein bißchen an die Ring-Wurfbuden auf dem Send. Wer den „Captain Morgan's" richtig trifft, darf die Flasche mitnehmen ... Dilettant, ich. Natürlich sind das nur die Rohlinge, mit deren Hilfe die Meister des sanften Shake aus dem Handgelenk die 102 trinkbar gewordenen Artefakte schaffen werden. Die Augen der Maiden mit dem long blonde hair hängen an den magischen Händen Lars', der kurz vor der Vollendung eines Shark's Tooth steht. Noch ein Schwenker. Die Marzipan-Doppelkirsche und den Orangen-Schnibbel plaziert. Das Meisterwerk rinnt ins Glas. Und wieder ist ein Zehner vom überzogenen Taschengeld weg. Aber da gibt's ja noch den netten, angegrauten Herrn mit der prallen Jackett-Innentasche im Hintergrund, der letzten Samstag schon 'ne Runde geschmissen hat. „Cheerio!" *igor*

Bier	Krombacher, Budweiser, Pilsener Urquell, Küppers Kölsch, Ducksteiner, Hannen Alt v. F., Foster (aus Australien), Flensburger, Franziskaner Weizen, Fairlight, Kelts (2,00-5,00)
Wein	Alle Moderoben der letzten Jahre versammelt (6,00-7,00)
Sekt und Schampus	Drei Champagner zum Versaufen des Familienerbes: Moët & Chandon, Veuve Clicquot, Dom Pérignon (Fl. 38-280)
Cocktails	Nach der letzten Hochrechnung 79 kühle Alk-Meisterwerke (8,00-16,00)
Spirituosen	Acht Grappe und die XL-Hausbar ohne Korn (3,50-20,00)
Alkoholfreie Getränke	Acht Wässerchen weltweit, 15 Antialk-Cocktails (2,70-14,00)
Heißes	Für zu kühle Abende auch acht Hot Mixes (2,70-6,50)
Essen	Gehobene Nightlife-Snacks, statt Baguettes gibt's „Toasties"
Musik	Beats of the Night and the Charts
Lektüre	WN, MZ, Bunte, Spiegel, Stern, Autozeitung, Lesezirkel
Luft	Trotz vieler Krebsspargel-im-Mundwinkel-Menschen okay
Hygiene	Wie es Euch gefällt
Publikum	Nighthawks mit und ohne Begleitung
Service	Freundlich und aufmerksam, auch wenn Bier bestellt wird
Preisniveau	Die Kunstwerke sind preiswert, der Rest fast schon günstig

Münster — **HORA EST**

Farbenpsychologie fürs Bahnhofsviertel

HORA EST
Berliner Platz 2a
Münster
Tel. 02 51/ 5 77 47

Mo-So 11.00 - 24.00
Frühstück
11.00 - 14.00
Warme Küche
11.00 - 24.00

84 Sitzplätze
10 Stehplätze

Hauptbahnhof: alle
Buslinien
Parken: sehr, sehr
schwierig; PH Bremer
Platz

Münster hat – natürlich – keine Bahnhofsgegend im traditionellen Schmuddel-Sinne. Zum Jubiläum wurde der Bereich gar zur Visitenkarte der Stadt aufgewertet. Da werden sich die Planer über private Unterstützung in Form einer properen Kneipe schräg gegenüber vom Bahnhofseingang freuen. Auf edlen Bistrostil getrimmt, die Theke aus Edelholz, die Bedienungen adrett-einheitlich gewandet, die Sonnenuhr zählt die frohen Stunden nur. Doch mag auch alles noch so akkurat sein, jede Bahnhofsgegend hat ihre ganz besondere Klientel. Und die vermischt sich hier in einer Weise, die für jeden Verhaltensforscher eine 60seitige Studie wert wäre. Der fette Schnelltrinker im quergestreiften Plastepulli schwärmt am Tresen, wie herrlich die Tulpe (die 'nen ganzen Fuchs teurer ist als in seinem alten Stammladen) auf den Punkt gebracht ist; den traurigen Iraner neben ihm stimmt das auch nicht fröhlicher; vielleicht geht ihm ja der Rauhhaardackel der nicht mehr ganz naturblonden Dame vom Tisch nebenan mit seinem Gekläffe auf die Nerven. Der junge Mann im Hintergrund kann sich nicht auf sein Djian-Paperback konzentrieren. Mal schaut er auf die Uhr, mal zu den anderen Akteuren. Viele sitzen allein und irgendwie doch nicht. Die Wandfarbe ist sicher nach neuesten psychologischen Erkenntnissen ausgewählt worden: In Apricot kommen keine Depressionen auf.
igor

Bier	Brinkhoff's, Schlösser Alt, DUB-Export, Bartholomäus, Gräflinger v. F., Groterjan, Diätpils, Trübes Weizen, (2,90-5,50)
Wein	Die deutsch-französische 2. Bundesliga-Mannschaft (6,50-8,50)
Sekt und Schampus	Schloß Wachenheim, Boulard Champagner (Fl. 30,00-75,00)
Cocktails	Neun internationale Klassiker und Lokalpatriotismus (Aa See Spezial): 8,00-12,50
Spirituosen	Quer durch die internationale Hochgeistigkeit (2,00-9,50)
Alkoholfreie Getränke	Die Saftauswahl ist größer als sonst (3,00-4,50)
Heißes	Wässriger Kakao und nicht sonderlich viele Ideen (3,00-5,50)
Essen	Standardfrühstück mit Extras und die gute alte „bürgerliche Küche"

Musik	Leicht verdaulicher Mix aus Pop und Rock
Lektüre	MZ, WN, FAZ
Luft	Angstfreies Durchatmen
Hygiene	Alles sehr gepflegt, sogar Musik auf dem Klo
Publikum	Trinker, Studenten, Witwen, Anwohner, Touristen u.v.m.
Service	Der gepflegten Gastlichkeit verpflichtet
Preisniveau	Die Investitionen sollen sich wohl schnell amortisieren

Münster — JOVEL

Jovel, was sonst?

JOVEL
Grevener Str. 91
Münster
Tel. 02 51/20 10 70

Mi-Fr 21.00 - 5.00
Küche dito

150 Sitzplätze
1500 Stehplätze

Jahnstraße: Linie 6, 7
Parken: Es ist genug
Platz für alle da, und
keiner muß weit
laufen!

Für die einen ist es die letzte Hoffnung nach der wieder einmal gescheiterten Kontaktanzeige. Für die anderen ist die ehemalige Abfüllhalle einer Brauerei heute das Musik-Mekka schlechthin. Aber einen Grund zu kommen haben alle gemeinsam: Im *Jovel* geht die Luzie ab, und zwar voll. Teens und Twens aus Münster und Umgebung geben sich ein Stelldichein. Schüler führen die neuste Mode spazieren, Studenten rocken ihren Semesterfrust hinfort und Normalos versuchen, in flackerndem Discolicht und waberndem Trockeneisnebel ihren Bürostuhl zu vergessen. Als akustisches Sahnehäubchen obendrauf gibt's ab und an ein rassiges Live-Konzert von den Stars und Sternchen dieser Welt. Sogar ein Rockmusical namens JFK hat hier seine Wiege. Wem das immer noch nicht genug ist – Rock- und Popstars jeglicher Couleur verewigten sich mittels feuchtem Händedruck in den noch feuchteren Matsch und flottem Spruch daneben. Wem der Sinn nach anderem steht – Flipperautomaten und dunkle, etwas ruhigere Ecken finden sich genug. Im Zweifelsfall nur das Treppchen nach oben nehmen, von dort läßt sich das bunte Treiben gemütlich beobachten. Wer dort oben zufällig Scarlett O'Hara mit Snoopy und Fidel Castro im Golden Cadillac trifft, hat wahrscheinlich einen der gleichnamigen Drinks an der Cocktail-Bar zuviel getrunken und findet eh' alles nur noch *jovel*, zu deutsch: steilgeil und beinhart! *wli*

	Bier	Nur Iserlohner (4,00)
	Sekt und Schampus	Sekt – korrekt: Mumm, Metternich und Pommery (Fl. 25,00-38,00, Piccolo 7,00-8,00)
	Cocktails	Bartender's best: Klassiker, Eigenkreationen und Publikumsphantasie (8,00-14,00)
	Spirituosen	Rachenputzer bevorzugt (5,00-6,00)
	Alkoholfreie Getränke	Die üblichen Säfte (2,50)
	Essen	Pizza, aber aufpassen, die wird knallheiß aus dem Ofen serviert

	Musik	Je lauter, desto besser
	Spiele	Geldautomaten, Flipper, Video und alles feinstens in die hintersten Ecken gepackt
	Luft	Auch der heißeste Tänzer kommt kaum ins Japsen
	Hygiene	Nicht die milde Gabe für den Toilettenmann vergessen, der wird sonst stinksauer
	Publikum	Normalos, Schüler und Studenten
	Service	Am besten mit dem leeren Glas wedeln, dann wird man prompt bedient
	Preisniveau	Jeder bezahlt das, was er verdient hat

Münster — **KLING-KLANG**

Café Kling-Klang
Jesus jongliert

KLING-KLANG
Erphostr. 2
Münster
Tel. 02 51/3 45 80

Mo-Sa 17.00 - 1.00
So 10.00 - 1.00
Küche 18.00 - 24.00
So Frühstück

80 Sitzplätze
80 Stehplätze
75 Freiluftplätze
bis 22.00

Zumsandestraße:
Buslinie 2
Parken: sehr schwer!

„Wann nehmt ihr die kitschige Keramik-Küchenuhr von der Wand?" fragt Horst. „Wenn Du nicht mehr kommst", sagt Britta, die Bedienung. Wer wird schon etwas von der über Jahre gewachsenen Deko entfernen? Die Stammkunden würden es sofort bemerken und monieren. Wer dem prämodernen Jesus den Fußball zum Jonglieren aufgeklebt hat, weiß schon keiner mehr. „Ach ja", sagt der Frischling, „und der Name stammt von der Blechmusik an der Wand." Stimmt wahrscheinlich. Jedem seine Nische im *Kling-Klang*, hier ist fast alles akzeptiert. Na ja, vielleicht nicht die ganz Gelackten, aber die kommen eh' nicht. Die lange Theke, der große Raum mit den Billard-Haien der Großstadt, diese komischen Schaufensterpuppen und, der ganze Stolz, der eigene Darts-Raum. Die Mischung für einen langen, gelungenen Abend wäre perfekt, wenn's immer noch Live-Musik gäbe. Aber das haben die lokalen Schuh-Fürsten von nebenan kaputt gemacht. Und ärgern sich trotzdem weiter: über die sommerlichen All-Night-Long-Happenings auf dem Vorplatz, der was von Westfalen-Kiez hat. 75 Plätze? Daß ich nicht lache! Alles, was irgendwelche Sitzflächen bietet, wird genutzt. Ein Dutzend Leute auf jeder Beton-Tischtennisplatte, die Parkbänke ... in diesem Sommer, im nächsten, im übernächsten ... *igor*

Bier	Brinkhoff's, Gilden Kölsch, Gräflinger, Schlösser Alt, Bartholomäus v. F., Einbecker Bock, Valentin's Weizen (3,10-5,20)
Wein	Im Sommer immer wieder gern: Vinho Verde (3,00)
Sekt	Riesling extra dry (Fl. 21,00)
Cocktails	Wodka-Bowle, nicht sonderlich bemühte Longdrinks (6,00)
Spirituosen	Der lange Abend kann verdammt hart werden (1,50-4,50)
Alkoholfreie Getränke	Bio-Pflaume, Milch-Eis-Saft-Shake und die üblichen Standards (2,30-4,00)
Heißes	Kaffee-Spezial, besser als der stinknormale Rest (2,00-4,00)
Essen	Hochgelobt und billig: Vom Fladenbrot bis zum Provençalischen Eintopf

Musik	Gelobt sei, was rockt
Spiele	Daddelautomaten, Billard, Kicker, Darts, diverse Brettspiele
Lektüre	WN und alles, was die Szene so (ver)treibt
Luft	Smoke gets in your eyes
Hygiene	Supersauber isses nicht gerade, aber das Klo ist renoviert
Publikum	Erpho-Kiez und seine Freunde zwischen Leder und dem Pulli von '86
Service	Der freundliche Eifer des Gefechts im eingespielten Team
Preisniveau	Ist ein echtes Argument für viele Besucher (vor allem für die Esser unter ihnen)

Münster — **KRISTALL**

Kristallklar

KRISTALL
Kanalstr. 133
Münster
Tel. 02 51/29 66 37

Mo-Sa 18.00 - 1.00
Küche
18.00 - 23.30
So Kuchen von
14.30 - 18.00

110 Sitzplätze
20 Stehplätze
200 Freiluftplätze

Kanalstraße:
Bus 9, 11, 13
Parken: mit Glück zwei
Meter vor der Tür

Parkett und Pianos, Kristallüster, Kronleuchter, Kerzenschimmer und gedämpftes Stimmengewirr von Studenten jedweden Alters. Die Kneipe für romantische Dates, gepflegte Elternabende oder die Einlösung des zu Weihnachten (vor drei Jahren) verschenkten Gutscheins. Aber auch Ziel von Kegelclubs oder Betriebsausflüglern. Sogar in der tristen Jahreszeit. Grünpflanzen im verglasten Wintergarten vertreiben dunkle Grübeleien. Der perfiden Behauptung, der Fraß sei hier so billig, daß er nur aus Dosen stammen könne, kann der wahre „Kristallkenner" übrigens nur nachdrücklichst widersprechen. Trotzdem hat diese unqualifizierte Bemerkung den Wirt gegen alle Kneipentester dieser Welt aufgebracht. Dabei mokieren sich selbst Kritikaster höchstens über die piepsigen Bestellcomputer. Nur weil die rote Entertaste mit der Aufschrift „Do it" versehen ist, funktioniert im *Kristall* noch lange nicht alles just in time. Besonders wenn der Garten aus allen Nähten platzt, dauert es schon mal länger. Gerade an heißen Tagen wird auf diese Weise ein schneller Knock-Out langatmig vereitelt. So legt der Tatendurstige im *Kristall* höchstens die solide Grundlage für weitere Schandtaten. Nach einer längeren Radtour oder einem ausgiebigen Bad im Kanal führt jedenfalls nicht der Magen in den Kniekehlen die Beine zuverlässig hierher. Mit einem Kristallweizen hat noch keiner im Trüben gefischt. Alles kristallklar? *ak*

Bier	Rolinck v. F., Westfälisch Alt, Erdinger Weizen (3,20-5,40)
Wein	Rheingau, Pfalz, Elsaß, Italien (5,40-5,90)
Sekt und Schampus	Sekt, Kir, Kir Royal (3,60-5,90)
Spirituosen	Breite Palette (1,50-7,10)
Alkoholfreie Getränke	Wasser, Saft, Cola (2,30-3,00)
Heißes	Kaffee, Schokmok, heiße Zitrone (2,50-4,80)
Essen	Kristallsalat(!), Champignons in Bierteig und Knoblauch, Aufläufe und andere kleine Schlemmereien; sonntags guter Kuchen

Musik	Dezent
Spiele	Billard im Seitenraum, Kegelbahn, Karten und Würfel
Lektüre	Die Speisekarte ist doch die beste Lektüre
Luft	Chlorophyllgetränkt
Hygiene	Die Toiletten sind ein Traum in cacao-creme
Publikum	Grüppchen (wohl auf Betriebsausflug?), Schickis und Studis
Service	Greift bezüglich der Computer schon zu Selbstironie
Preisniveau	Teurer als aufgewärmte Dosen, preisgünstiger als Mövenpick

Abonnieren, Lesen, Genießen.

+ STADTBLATT ABO = 30,- DM

So wird's gemacht: Wer jetzt das Stadtblatt abonniert oder ein Abo verschenkt, erhält einen Einkaufsgutschein im Wert von 30,-DM. Dieser kann eingelöst werden bei: **BIO GARTEN**

Achtermannstraße 13, Überwasserstraße 22,
Hiltrup Markthalle 60, Telgte Münsterstraße 4

+ STADTBLATT ABO

Hiermit bestelle ich ein Jahresabonnement des STADTBLATT zum Preis von DM 30,00 (incl. Mehrwertsteuer und Inlandsporto).

Absender

Das ABO verlängert sich jeweils um ein Jahr, wenn es nicht 6 Wochen vor Ablauf schriftlich gekündigt wird. Diese Bestellung kann innerhalb von sieben Tagen widerrufen werden. Das habe ich zur Kenntnis genommen.

Datum, Unterschrift

Geschenk-ABO, das ABO ist für

Name, Vorname

Straße, Nr.

Postleitzahl, Wohnort
Geschenkabos sind für ein Jahr befristet, verlängern sich also nicht automatisch.

Zahlungsweise:
❏ Einen Scheck über den Betrag habe ich beigelegt.
❏ Einzugsermächtigung: Ich erkläre mich damit einverstanden, daß die ABO-Gebühren von meinem Konto abgebucht werden. Diese Ermächtigung gilt solange, bis ich sie schriftlich widerrufe.

Geldinstitut

Konto-Nr.   BLZ

Datum, Unterschrift

Münster — **KROKODIL**

Crocodile Dundee

KROKODIL
Melcherstr. 32
Münster
Tel. 02 51/29 33 23

Mo-So 18.00 - 1.00
Küche 18.00 - 23.00

65 Sitzplätze
100 Stehplätze
30 Plätze an der Straße

Görresstraße:
Buslinien 3, 4
Parken okay

Die West Side Story, Jenseits von Afrika oder Casablanca lassen die Tränen fließen, Star Wars, Indiana Jones oder auch der Highlander verstärken den Puls, und bei Cyrano, Der Weichensteller oder Die Reise nach Indien schlagen die Herzen der Intellektuellen und Kinofreaks höher. Nachdem man sich im Kino – und speziell im nahe gelegenen Schloßtheater – die audiovisuelle Packung hat geben lassen, folgt man Crocodile Dundees Spuren ins *Krokodil*. Hier geht's dann allerdings gar nicht mehr so gefährlich, romantisch, sexistisch, traumatisch oder hintersinnig, sondern eher hausbakken und grundsolide zu. Bei gepflegtem Bier und guter Küche diskutiert man grüppchenweise die herausragenden Szenen des gesehenen Filmes. Das Söckchenmuster des Hauptdarstellers ist auch das Gesprächsthema am Nachbartisch. Was hätten Regisseur, Kameramann oder Hauptdarsteller alles besser machen können? Wären die Söckchen, dezent abgerollt, nicht besser angekommen? Wieder andere begutachten nachdenklich die rumhängenden Plakate der Streifen, die sie sich noch antun möchten. Derweil drücken sich ein paar Gestalten verschüchtert und schweigsam in die Ecke: Sie können nicht mitreden; kommen nicht aus dem Kino, sondern aus den über dem *Krokodil* gelegenen Räumen einer studentischen Verbindung. Dieses *Krokodil* ist eher zahm und harmlos und vielleicht gerade deshalb der richtige Downer nach einem aufregenden Kinoabend. *rex*

Bier	Kölsch, Schlösser, Iserlohner v. F., Urbock, (3,00-4,90)
Wein	Pinot Blanc, Chardonnay, Bardolino (4,40-5,20), Federweißer, Primeur und anderes entsprechend der Jahreszeiten
Sekt und Schampus	MM und Mumm (Fl. 27,00-32,00), Moët & Chandon (70,00)
Longdrinks	Special: Krokodil, sonst wenige Klassiker (5,00-7,00)
Spirituosen	Ricard, Tequilas, Wild Turkey und die ganze Latte (1,50-7,00)
Alkoholfreie Getränke	Die Coca-, Wasser-, Schweppes-, Saftschiene (2,50-3,00)
Heißes	Falls der Film nicht heiß genug war (2,50-6,00)
Essen	Kleinigkeiten bis mittlere Festmähler, feine Tageskarte

Musik	Oldies, Rock und Pop
Lektüre	Nicht mal ein Kinoprogramm
Luft	Wenn jeder Bogart eine raucht, wird's schon mal dunstig
Hygiene	Ordentlich
Publikum	Wie im Kino
Service	Nicht gerade wie im *Café Américaine*
Preisniveau	Im Gegensatz zu manchen Filmen nichts zu meckern

Münster   **KRUSE BAIMKEN**

Leben für den Sommer

KRUSE BAIMKEN
Am Stadtgraben 52
Münster
Tel. 02 51/ 4 63 87

Mo-Sa 16.00 - 1.00
So 15.00 - 1.00
Biergarten bis 1.00

90 überdachte
Sitzplätze
20 Stehplätze
Im Biergarten 700
Sitzplätze,
300 Stehplätze

Goldene Brücke:
Buslinien 3, 4
Krummer Timpen:
Buslinien 5, 12, 14, 19
Großer Uni-Parkplatz
200 m entfernt

Nur einen kleinen Blick habe ich hineingetan, als das *Kruse Baimken* noch seinen Winterschlaf hielt. Beziehungsweise die Nase reingestreckt. Das reichte schon. Die Mischung aus Küchendunst im vorderen und Odeur de Toilette im hinteren Teil der im vertraut-westphalorustikalen Stil eingerichteten Schänke trieb mich alsbald von dannen.
Nun endlich: die Stühle draußen stehen wieder am vertrauten Platz, der Lenz ist da, das Licht noch mild und von zarter Klarheit. Verdammt, die Frühlingsgefühle gehen mit mir durch. Eigentlich ist es noch recht frostig. Die unverdrossenen ersten Gäste der Biergartensaison mummeln sich in ihre Gore-Tex-Joppen ein. Immerhin werden sie im Sommer, wenn ein weiteres Stadtjubiläumsfest hier sein Ende findet, damit angeben können: „Man konnte den Frühling fast riechen." Ein bißchen schwierig angesichts der Lage an einer Verkehrsschlagader. Doch nicht die zählt, sondern der nahe Aasee, dessen Gestade an warmen Abenden von allerlei sinistrem Volk belagert werden. Da bietet das *Kruse Baimken* doch einen gewissen Schutz. Stört uns Wiwis und Juristen nicht, dann stören wir euch auch nicht ... Die Nächte werden lau sein, Dutzende Humpen auf langen Holztischen ruhen, Blütenblättchen werden herabschweben, sich im Schaum verfangen. Es werden wieder die Vergleiche mit den anderen „Mün"-Stadt angestellt werden. Und die Biergartenatmosphäre wird dennoch so bleiben wie so vieles in dieser Stadt: provinziell. *igor*

	Bier	Kronen, Export/Alt, Guinness v. F., Weizen, Torrik (3,30-5,80)
	Wein	Pfälzer Weine von der südlichen Weinstraße (5,50-6,50)
	Sekt	Hausmarke (Fl. 30,00)
	Spirituosen	Kurze, Lange und Süße (2,00-6,50)
	Alkoholfreie Getränke	Kindgerecht billiger als Bier, abartige Wünsche werden von „Regina" bedient (3,00)
	Heißes	In den „Hot Pott" kommen Kaffee, Tee und Kakao (3,50-4,00)
	Essen	Die Geschmäcker der Massen: Salate, Fleisch, Desserts
	Musik	Stört nicht weiter
	Lektüre	Die Münstersche Zeitung
	Luft	Draußen weht ein laues Lüftchen, drinnen aber ist's miefig
	Hygiene	Abnehmende Tendenz mit zunehmendem Getümmel
	Publikum	Juristen, Wiwis, Mediziner und ihre älteren Vorbilder
	Service	Genervt, gehetzt, überarbeitet; dann der Winterschlaf
	Preisniveau	Wenn's nicht zu viele schöne Abende gibt, reicht der Monatsscheck

Münster — KUHLMANN

Ommas gute Stube

KUHLMANN
Hüfferstr. 26
Münster
Tel. 02 51/8 04 23

Mo-Fr 17.00 - 1.00
So 18.00 - 1.00
Küche
17.00 - 23.00

60 Sitzplätze
40 Stehplätze
45 Freiplätze bis
23.00

Hüfferstiftung:
Bus 3, 11, 14, 21
Aussteigen, um in die
Kneipe einzusteigen

Kein Bock auf New Age? Moderne Wohnungseinrichtung sattgesehen? Da hilft nur eins – speisen und trinken wie früher bei der Omma! Metertief zwischen Kissen versunken und neugierig auf die uralten Bilder schielend rustikale Küche genießen, das geht nur bei *Kuhlmann*. Die Zeit scheint schon im vorigen Jahrhundert stehengeblieben zu sein. Liebevoll wurden die Wände nach und nach mit den Erlebnissen einer 100 Jahre alten Erfahrung gefüllt – seit nun schon drei Generationen ist dieses Refugium tausender von Erinnerungen in Familienbesitz. Neben Deckenlampen, denen eigentlich nur noch die Spinnwebe zur Vollendung fehlt, regieren Kerzenständer aller Formen und Variationen. Der Biedermeierstil feiert fröhliche Urständ, der Gast kommt aus dem Staunen kaum heraus. Wer sich endlich an den Wänden sattgesehen hat, kann seine Aufmerksamkeit den Gästen zuwenden. Nicht gerade uninteressant. So pflegt ein gewisser ehemaliger Jürgen W.M. gerade bei *Kuhlmann* seine Studien hinsichtlich der „Wirtschafts"-Wissenschaften zu vervollkommnen. Natürlich nicht ohne seine Gattin und gänzlich ohne Einkaufswagen-Chip, dem sogenannten „Mölli". Ähnlich erstaunlich die Zuwendung der Bedienung, die auch beiläufig nach den Feinheiten fragt. Und wie das so ist bei großmütterlicher Zuwendung, verwandelt sich das Stückchen Eis im Baileys gleich in einen Eisberg, der noch nicht mal in den Mund paßt. Wenn das im Winter passiert wäre …
wli

	Bier	Bud, Pilsener Urquell, KöPi, Veltins, Jever, Kloster Andechs, Guinness v. F., Erdinger Weizen, Pikantus (3,40-6,50)
	Wein	Kurz und trocken (6,50)
	Sekt und Schampus	Is' nich'. Wozu auch? Es gibt doch prima Bier!
	Spirituosen	Die üblichen Rachenputzer zum Nachspülen (3,50-6,00)
	Alkoholfreie Getränke	Can't beat the feeling! (2,70-3,50)
	Heißes	Kakao, wer hätte das gedacht (3,00-4,50)
	Essen	Große Auswahl: Der Maître brutzelt noch persönlich
	Musik	Die Lautstärke hat bislang keinen vom Hocker gehaun
	Spiele	Schach für König Kunde, Karten für die Zocker
	Lektüre	Illustrierte, Lesezirkel, Tagesaktuelles
	Luft	Kein Japser drang von ihren Lippen
	Hygiene	Alt und gebraucht, aber porentief rein
	Publikum	Keine Frage, in Ommas guter Stube fühlen sich alle wohl
	Service	Immer da, wenn sich langsam Ebbe im Glas breitmacht
	Preisniveau	Auch Stammgäste brauchten Haus und Hof nicht zu versetzen

Münster — **KULISSE**

KULISSE
In vino Unfug

KULISSE
Jüdefelder Str. 31
Münster
Tel. 02 51/45 57 9

Mo-So 19.00 - 2.00
Küche 19.00 - 24.00

95 Sitzplätze
40 Stehplätze

Überwasserstraße:
1, 5, 6
Parken: Der
Hindenburgplatz
wartet nur so aufs
Auto

Wenn die Pfeile fröhlich fliegen – dann hat die *Kulisse* wohl schon geöffnet. Aber Vorsicht! Die Dartsscheibe hängt nämlich neben der Eingangstür. Praktisch, falls mal jemand reinkommt und sich über die Toiletten beschweren will. Die erwecken höchstens noch den Eindruck von „alt, aber bezahlt". Ganz anders sieht es da in der Pinte selbst aus. Der Zahn der Zeit nagt nur an denen, die sich über längere Perioden hinweg hineintrauen. Bei den Gästen, die gerne mal am Wochenende vorbeischauen, hat sich lediglich die Mode und der Haarschnitt geändert. Die *Kulisse* jedoch ist ständig dabei, in Ehren zu altern, wie guter Wein, der erst im Laufe der Zeit sein volles Bouquet entwickelt. Bitte keinen Neid, denn eins kann selbst der Zahn der Zeit nicht annagen – ein kühles, frischgezapftes Pils ist unsterblich und immer jung! Und für den, der das gelbe Gebräu nicht mag, hält die *Kulisse* noch mehr bereit: Sogar der Herr Kunstpapst kommt, erklärt dem gelehrigen Studiosus, genüßlich Wein süppelnd, was uns der Künstler schon immer mit dem Bild sagen wollte, wonach aber niemand zu fragen traute. Indes, so ganz sicher ist sich unsere Koryphäe mit zunehmendem Weinkonsum da auch nicht mehr. Egal, Hauptsache, der Jünger glaubt das Zeugs. Der jedoch hört schon gar nicht mehr zu, trichtert der gerade unauffälligen Blondine das eben Gesagte ein. Die ist von dem Unfug schwer beeindruckt, und so wird's ein kurzer Abend für unseren Studenten. Danke, Herr Professor! *wli*

Bier	Gräflinger (leicht), Schlösser Alt, Kölsch, Iserlohner v. F., Valentins Weizen, Altbierbowle, Berliner Weiße (2,90-4,70)
Wein	Frisch vom Land, haut nicht vom Hocker (2,50-5,00)
Sekt und Schampus	Sekt – sehr trocken und nur gläschenweise (3,50)
Spirituosen	Harte Drinks für harte Männer (2,50-4,00)
Alkoholfreie Getränke	Na bitte, Niehoffs reine Fruchtsäfte! (2,30-2,80)
Heißes	Schümli-Kaffe für den Kreislauf, schmeckt besser, als es klingt (2,50-4,50)
Essen	Reinschaufeln und sich wohlfühlen!

Musik	Poppige Berieselung aus dem Hintergrund
Spiele	Darts, Billard, jede Menge Brettspiele
Luft	Ab und zu die Nase aus dem Fenster hängen, man gönnt sich ja sonst nichts!
Hygiene	Hier wird das Bedürfnis zur Not-durft
Publikum	Studenten aller Art, gelegentlich mit ihren Profs
Service	Nett und unverbindlich
Preisniveau	Herd kaputt und wenig Knete? Ab in die *Kulisse*!

Münster — LA BODEGA

Nach einem langen, schweren Tag

LA BODEGA

LA BODEGA
Sonnenstr. 42
Münster
Tel. 02 51/4 42 66

Mo-Sa 18.00 - 1.00
Küche bis 23.30

50 Sitzplätze
20 Stehplätze

Hörsterstraße: Bus 15
Mauritztor: Bus 11, 12, 14, 22
Parken: abends kein Problem

Der Abend eines heißen Augusttages irgendwo in Spanien: Noch lastet die Schwüle auf der Stadt, selbst in der Dämmerung fühlt man sich der seit Wochen brütenden Sonne ausgeliefert. Der große Ventilator in der *Bodega* schafft kaum Linderung. Zahllose Cervezas sorgen lediglich für Schweißnachschub, Wassergläser voller Brandy geben dem müden Hirn den Rest, es gibt kein Entrinnen. Trotzdem hält es niemanden zu Hause. Nach Sonnenuntergang erwacht das Leben wieder ...

Ein kalter Februartag irgendwo in Münster: Regengefahr, kaum traut man sich vor die Türe. Trotzdem treffen wir uns in der anvisierten Kneipe, trinken Altbierbowle und Cola. Don't cry for me, Argentina, Anke ist müde. Vielleicht liegt es an der schmusigen Musik, vielleicht auch am Kerzenschein. Indirekte Beleuchtung beruhigt ungemein. Nur wenige Gäste stören unsere Dreisamkeit. Hektik scheint hier ein Fremdwort zu sein. Nicht einmal der Ventilator dreht sich. Ein Haselnußzweig an der Decke kommt mir spanisch vor. Er vermittelt trotzdem ein Gefühl von münsterländischer Heimat. Ebenso die Tapas, die mir heute für eine kleine Zwischenmahlzeit schon zu groß erscheinen. Für eine Portion Oliven hätte der Hunger gerade noch gereicht. Auf der Straße machen wir nur wenige verirrte Nachteulen aus. Diverse Tequilas betäuben unsere letzten Zweifel: Münster liegt halt doch nicht in Spanien. *ak*

Bier	Iserlohner, Schlösser Alt v. F., Valentins Hefeweizen (3,20-5,70)
Wein	Hauswein, Rioja (4,80-6,00)
Sekt und Schampus	Nach Empfehlung des Hauses (gilt auch für den Preis)
Spirituosen	Für Hispanisten, Slawisten, Hellenisten und Italianisten (3,50-5,00)
Alkoholfreie Getränke	Solide Grundausstattung: Schweppes, Apollinaris, Niehoff's (2,50-3,00)
Heißes	Kaffee, Tee, Zitrone und Carajillo (2,50-5,50)
Essen	Spanisch für deutsche Geschmäcker

Musik	Unaufdringlicher Background-Sound
Lektüre	Kommunikation ohne Hilfsmittel
Luft	Münsteraner Zusammensetzung
Hygiene	Kann man nicht meckern
Publikum	Zivil
Service	Einfach angenehm
Preisniveau	Etwas überdurchschnittlich

Münster   **LE CLUB**

Schwoof auf dem Vulkan

LE CLUB
Roggenmarkt 11-12
Münster
Tel. 02 51/51 16 15/17

Mi, Do 22.00 - 5.00
Fr, Sa 21.00 - 5.00
Warme Küche bis
23.45

100 Sitzplätze
100 Steh- und
Tanzplätze

Prinzipalmarkt: fast
alle Buslinien
Parken: mit etwas
Glück auf dem
Parkplatz
Hörsterstraße

Fünf vor halb zwei. Ich habe den hochgeklappten Bürgersteig überwunden, den Torwächter auch. Nachdem ich für meine beiden Begleiter den Eintritt übernommen habe, bleiben mir noch genau 30 Pfennig zum Telefonieren im Portemonnaie. Bloß nichts anmerken lassen! Wir erwarten den Tanz der Münsteraner Schickeria auf dem Vulkan. Doch ... ein Großteil muß schon in den Krater gefallen sein. Neun creatures of the night stützen die Theke ab, anstelle des gepflegten Blondhaars spiegeln sich vereinsamte Ledersofas in den Seitenkulissen. Dem Clubchef ist's fast ein bißchen peinlich. „Der Freitag ist wie verhext ..." Gut, kommen wir morgen wieder. Gleiche Zeit. Schon die Schlange vor der Gesichtskontrolle verheißt Besserung. Im denkmalgeschützten (ernsthaft!) Keller hat die hohlwangige Dekadenz ihre Jünger versammelt. Gesamtkunstwerke beiderlei Geschlechts stehen, tanzen, parlieren dicht an dicht, erschweren das ersehnte Sehen und Gesehenwerden. Der OB ist heute nicht da, der Karnevalsprinz auch nicht. Aber hinten im Eck wird eine Flasche Schampus nach der anderen geschmissen. So feiert der westfälische Geldadel, wohl abgeschirmt von den Prols, die eh' nur auf Schlägereien aus sind, weiß man doch. Mit zerrissenen Jeans kommen nicht mal Stammgäste rein, da hilft kein noch so bitterliches Flehen. Einen Ehrenkelch verleiht das Testerkollektiv den Mixern, die im Club wirken, behind the wheels of steel (Thierry, du bist der Größte!) wie auch im Reich der High Spirits (Markus und Daniel). Darauf noch einen „Sex On The Beach"... *igor*

Bier	Brinkhoff's v. F., Corona (5,00-10,00)
Wein	Blanc de Blancs bis Pinot Noir (9,00-12,00)
Sekt und Schampus	10 x Sekt, 17 Champagner (8 Jahrgangs-) (Fl. 75,00-350,00)
Cocktails	72 Fizzes, Collinses, Flips & Eggnoggs, Specials (13,00-18,00)
Spirituosen	Extremely Old Hennessy, Lepanto Solera Gran Reserva und 20 Whiskies (9,00-28,00, Fl. 120,00-358,00)
Alkoholfreie Getränke	10 Cocktails von Jogging Flip bis Lucky Driver (6,00-12,00)
Heißes	Kännchen Mocca, das war's (10,00)
Essen	Canapees nur zum Schampus, Steaks liefert *Churrasco* von nebenan

Musik	Aktueller Dancefloor mit Klassikern, geniale Mixes
Luft	Überraschend frische Luft im dunklen Kellergewölbe
Hygiene	Ein Ausstellungsraum der Putzfraueninnung?
Publikum	Abgegriffen, aber wahr: die Schickeria
Service	Behende, aber nicht weiter störend
Preisniveau	„Wir versaufen unser Oma ihr klein' Häuschen ..."

Münster — **LE DIFFERENT**

Le Différent

Männer und Madonnen

ΨΨΨΨ

LE DIFFÉRENT
Hörster Str. 10
Münster
Tel. 02 51/51 12 39

So-Di, Do 22.00 - 1.00
Mi, Fr, Sa 22.00 - 5.00
Küche bis
Betriebsschluß

30 Sitzplätze
320 Steh- und
Tanzplätze

Neubrückenstraße:
Hörsterstraße:
Buslinien 9, 10, 17
Auf dem Parkplatz
Hörsterstraße ist
meistens was zu
finden

Das Beauty-case ist streng bewacht. Zwar strahlen die beiden Türwächter nicht die sonst gewohnte Vierschrötigkeit aus, doch ihre Absage klingt bestimmt: Rein kommt Mann nur mit Clubkarte. Nicht nur, weil der Glitzerkeller brechend voll ist. Mit dem Mitgliedschaftstrick hält man sich auch die vom Leibe, die schon kichernd anstehen und den imaginären Ringelpiez der Ledermänner und Stöckelschuhtunten, möglichst noch begleitet von Marianne Rosenberg, besichtigen wollen. Unnötig zu betonen, daß es anders kommt. Den Gang durch die schmucke Bar und den Abstieg in den Keller begleiten wehende Satinstoffe und Chrom. Im Untergeschoß findet Mann, hetero oder nicht, schnell den mitfühlenden Zugang zur Bewußtseinswelt des häßlichen Entleins: Umwerfend schöne Männer, so weit das Auge reicht, wohlrasiert in richtig gut gebügelten Klamotten nach dem neuesten Chic. „Da könntest du dir mal 'n Scheibchen von abschneiden", sagt meine Gefährtin. Ich verhülle die Augen vor den allgegenwärtigen Spiegeln und konzentriere mich zur inneren Einkehr auf das beeindruckende Lichterspiel überm Dancefloor und das Madonna-Potpourri, mit dem der DJ seit geraumer Zeit nervt. Wenn schon nicht zu den Beaus, so darf der Blick auch nicht zu den zahlreich vertretenen Belles de nuit wandern. So was könnte als plumpes Balzgehabe ausgelegt werden, und gerade das suchen die Schönen hier nicht. Sie wollen einfach die Zeit bis zum frühen Morgen angenehm überbrücken. Was im *Différent* durchaus gelingen kann. *igor*

	Bier	Ritter First, Iserlohner, Schlösser Alt v. F., Corona, Weizen, Issumer und Kelts alkfrei (3,50-7,00)
	Wein	Minimalauswahl: 2x weiß, 1x rot, 1x rosé, (7,00)
	Sekt und Schampus	Moët & Chandon, Pommery, Dom Pérignon (Fl. 45-270)
	Cocktails	Kaum zu glauben, aber es gibt nur Longdrinks (7,50-9,00)
	Spirituosen	Asbach ABC oder gespritzt, Kuemmerling u. a. (3,50-8,50)
	Alkoholfreie Getränke	Light und saftig (3,50-5,00)
	Heißes	Nur an der oberen Theke: Eduscho-Angebote (3,00-7,50)
	Essen	Auch nur oben: English Toast, Frikadellen und andere Snacks

	Musik	Professioneller Mix aus teuren Boxen
	Luft	Eine der besten Klimaanlagen unseres Zeitalters
	Hygiene	Auf den Toiletten bleibt Mann dem Gesamtstil nicht ganz treu
	Publikum	Schöne Männer, schwule Männer, akzeptiertes Hetero-Publikum
	Service	Türsteher unter Verfolgungswahn, ansonsten nett und aufmerksam
	Preisniveau	Statt Eintritt Mindestverzehr: in Disco-Nights 10,00

Münster — LEEZE

Jovel oder schofel?

LEEZE
Grevener Str. 91
Münster
Tel. 02 51/2 23 73

So-Do 18.00 - 2.00
Fr, Sa 18.00 - 3.00
Küche
19.00 - 24.00
Fr, Sa 18.00 - 1.00

120 Sitzplätze
30 Stehplätze
ab 100 braucht der
Saxophonist ein
Sauerstoffgerät
80 Plätze draußen, bis
es zu kalt wird

Dreifaltigkeitskirche:
Linie 6, 151
Paradies für Parker

Mit dem urmünsterschen Masemattedialekt hat die *Leeze* nicht viel gemein, abgesehen davon, daß eine Leeze ins Hochdeutsche meist mit dem Terminus „Fahrrad" übersetzt wird. Von diesen Gefährten schweben in der *Leeze* gleich mehrere unter der Decke. Allerdings nicht vom Straßenstaub gezeichnete Schrottkisten, sondern stilvoll in Rauchschwaden ergraute Exemplare. Ein Cello an der Wand erlitt das gleiche Schicksal; wer geigt hier wem was? Ob Beethoven, der etwas verloren, aber dennoch skeptisch auf seine Epigonen heruntergrinst, seine Bleibe im Halbschatten des Thekenregals jovel findet? (Jovel? Diese Wortschöpfung ist in Masematte der Ausdruck für „prima, klasse, toll", und gleichzeitig Name der benachbarten Disco.) Ludwigs Musikgeschmack werden die auftretenden Bands kaum treffen. Rock mag ihm vielleicht zusagen, doch Bluesmusik oder Jazzauftritte ...? „New names" haben hier regelmäßig die Gelegenheit, ins Geschäft zu kommen. *Jovel*! Wenn die kleinen Talente dann groß sind, dürfen sie vielleicht auch mal DORT auftreten. Kommen wir zu „schofel". (Auch dieser Terminus ist eine Vokabel aus dem Masematte, zu übersetzen mit „bescheuert, unfair, gemein".) Irgendwie ist es schofel, daß nach der endgültigen Schließung der Münsteraner Germania-Brauerei die *Leeze* ausgerechnet Iserlohner ins Programm nehmen mußte. Bei dieser Alternative wäre es sogar jovel gewesen, den schoflen Verein zur Rettung des Germania-Bieres zu unterstützen. Keine Frage! *ak*

Bier	Germania (außerhalb von Münster zusammengebraut), Schlösser, Iserlohner v. F., Weizen, Grotejahn (3,30-5,00)
Wein	Trinkt hier wohl keiner (Gl. 2,50-3,00)
Sekt und Schampus	Baron de Charmenel (Gl. 3,50)
Spirituosen	Lt. Karte alles mit Saft oder Limonade mixbar (3,00-5,00)
Alkoholfreie Getränke	Für durstige Drummer und Saftophonisten (2,00-2,50)
Heißes	Kaffee, Tee, Kakao, Grog (2,00-4,50)
Essen	Pizze zum Selbstkombinieren, Häppchen und Happen

Musik	So, manchmal Di Rock, Blues oder Jazz live, einmal im Monat New Names-Konzerte
Lektüre	Jovel-News!
Luft	Nicht gerade Radtourniveau
Hygiene	Entspricht in etwa den Erwartungen
Publikum	Münsteraner Musikszene und Leute, die auf die Öffnung des *Jovel* warten
Service	Sympathisch bis schnippisch
Preisniveau	Weder jovel noch schofel

Münster — LIMERICKS

Full glasses instead of empty words

LIMERICKS

🍷🍷🍷

LIMERICKS
Am Stadtgraben 3
Münster
Tel. 02 51/51 89 89

Mo-Do 18.00 - 1.00
Fr, Sa 18.00 - 3.00
So 18.00 - 1.00
Baguettes gibt's immer!

75 Sitzplätze
75 Stehplätze

Landgericht: Buslinie 5, 21
Parkparadies Hindenburgplatz

There were once two young people of taste,
Who were beautiful down to the waist;
So they limited love
To the regions above,
And so remained perfectly chaste. (Monica Curtis)
When they came in here,
In order to drink lots of beer,
They discovered their beautiful legs and knees,
And under the table they started to tease,
But suddenly ran out in fear.
You see in these few empty lines,
It's possible to enjoy better times;
After six, seven Guinness,
You'll see what the right thing is,
But now I'm in a lack of rhymes! (frei nach gw)
Braucht's noch mehr Worte? Also: Genau richtig für Pfeilwurf-Spielsüchtige, Folk-Freaks, Regenwetter-Melancholiker, sehnsuchtsverzehrte Inselromantiker, unauffällig-verliebt unterm Tisch füßelnde, dem Zauber des bitteren Bieres frönende, die reizvolle, irische Luft inhalierende, sich über's Wetter unterhaltende Menschen, auch ohne Tweed-Kappe!
gw

🍺	**Bier**	Guinness, Kilkenny, Bitburger, Diebels Alt v. F., Newcastle Brown Ale, Hefeweizen, Kritzenthaler (3,00-8,00)
	Wein	Keine Qual der Wahl: Nur eine Sorte Weiß- bzw. Rotwein (3,00)
	Sekt und Schampus	Hausmarke (nur zu bekommen in 0,15-Gläsern zu 3,00)
	Spirituosen	Natürlich Irish Mist, Black Bush, Paddy, Glenfiddich (3,50-6,00)
	Alkoholfreie Getränke	Cola, Fanta, Sprite und Wasser, immerhin billiger als Bier (2,80-3,50)
	Heißes	Heiße Schoko wird gern genommen, Irish und Baileys Coffee darf nicht fehlen (2,50-6,00)
🍽	**Essen**	Baguettes, wem das nicht reicht, der ißt Crisps

🎵	**Musik**	Flott irisch angehaucht
	Spiele	Darts, Kniffel, Domino, 4 Gewinnt, Mühle, Schach, Backgammon, Karten ...
	Lektüre	Tagtäglich die WN
	Luft	Kann schon mal dicker werden
	Hygiene	Schreckt nicht ab
	Publikum	Do you speak English?
	Service	Nett, rothaarig, sommersprossig
❗	**Preisniveau**	Die Preise ziehen keinen hierher

Münster — MIKE'S IN MÜNSTER

Traumschiff im Dauerwellen-Sturm

MIKE'S IN MÜNSTER
Windthorststr. 67
Münster
Tel. 02 51/4 61 41

Do 21.00 - 3.00
Fr, Sa 21.00 - 5.00
Snacks gibt's die
ganze Nacht

260 Sitzplätze
350 Plätze zum Sehen,
Staunen, Tanzen

Windthorststraße oder
Klemensstraße: Busse
Richtung
Prinzipalmarkt
Großer, doch bisweilen
voller Parkplatz in der
Nähe

0.41 Uhr Greenwich-Nullzeit. Ich betrete einen Raum, den nie zuvor ein Student gesehen hat (oder gesehen haben will): Das Tanzdeck des Traumschiffes, das seit nunmehr fünf Jahren auf den seichten Ozeanen kreuzt und seither keinen Hafen des Zeitgeistes angelaufen hat. Ich bin entzückt: Die authentische Atmosphäre eines Bumsbomberdampfers haben die Einrichter voll getroffen. Schiffslaternen, unterarmdicke Taue, weißlackierte Steuerräder als Raumteiler. Naive Wandmalereien künden von Palmen und weißen Traumständen. Höre ich dort nicht ein fernes Akkordeon hinter dem Rumtata aus den dumpf dröhnenden Boxen? In den Nischen rotes Kunstleder (pflegeleicht) und zuviel süßlicher Rosenduft. Hier halt ich's nicht aus. Also zwischen all den Lederjacken den Weg gebahnt zur Tanzfläche. Dauerwellen branden, Links-Platz-Wechselschritt, gegen die Bordwand. Achtundvierziger Schlag, Rammgeschwindigkeit, der holländische DJ (immerhin eine alte Seefahrernation!) gibt den Takt vor. Doch die Herren stehen wie 'ne Eins, mit Goldkettchen an die Reling des Aussichtsdecks gezurrt. Plötzlich beruhigt sich die See, auf daß Entertainer Berry (kein kariertes Jackett!) festen Schrittes die Showbühne erreiche. Bingo! Wo sonst ist sowas außerhalb von Kreuzfahrten und britischen Naafi-Clubs zu erleben? Die glückliche Gewinnerin setzt einen Teil des 300-DM-Gewinns gleich in Cocktails um, die wahrhaftig mit den Original Captain's Dinner-Wunderkerzen aus dem ZDF-Dauerbrenner serviert werden. Wer funkt SOS für mich? *igor*

Bier	Iserlohner, Schlösser v. F., Kölsch, Bock, Weizen, (4,00-6,50)
Wein	Die Massengeschmäcker mit Massenware bedient (5,50-6,50)
Sekt und Schampus	Für spritzige Kreuzfahrer Piccoli (10,00-12,00), sechs unvermeidliche Champagner (Fl. 45,00-250,00)
Cocktails	Einfallslos, mit Mineralwasser versetzt, Specials (9,50-16,00)
Spirituosen	Zwischen dem Gängigen: Stichpimpulibocforcelorum (3,00-10,00, Fl. 50,00-120,00)
Alkoholfreie Getränke	Sag' „Prost" auch ohne Alkohol (4,00-4,50)
Heißes	Kaffee, für's kühle Oberdeck Glühwein und Grog (3,00-6,00)
Essen	Kleinigkeiten frisch aus der Mikrowelle
Musik	Mainstream-Rumtata der 70er und 90er, keine deutschen Live-Schlager mehr
Luft	Eine doch recht frische Brise
Hygiene	Ein Lob der Putzkolonne!
Publikum	Rausgeputzte Nicht-Akademikerschar in Amüsierlaune
Service	Mit guten Cocktail-Tips (die daneben gehen) schnell zur Hand
Preisniveau	Billiger als auf der MS Astor, mittleres Disconiveau

Münster — MUTTER BIRKEN

Ein Pils für den Kaiser!

MUTTER BIRKEN
Schulstr. 16
Münster
Tel. 02 51/29 34 96

Mo-Fr 18.00 - 1.00
Sa 20.00 - 1.00

50 Sitzplätze
20 Stehplätze
20 Freiluftplätze bis 22.30

Schloßtheater: 3, 4
Parken: normal ja, aber wehe, es ist Send

Der blonde Hans sitzt an der Theke, trinkt ein Pils und bestaunt die Tellersammlung von *Mutter Birken*. Langsam füllt sich der rustikal ausgestattete Raum, die ersten Gäste auch. Hier weht der wahre Hauch der Geschichte. Wen wundert's – bei *Mutter Birken* wird seit über 110 Jahren ausgeschenkt. Und darauf ist der Wirt mit Recht besonders stolz: „Die Mutter Birken war meine Oma. Die hat hier noch im letzten Jahrhundert das Pils für die Münsteraner ausgeschenkt. Da gab's noch 'n echten Kaiser in Deutschland. Kann man sich heute gar nicht mehr vorstellen!" Doch, nämlich genau in dieser Kneipe. Gemächlich legt Hans nun sein Schifferklavier zur Seite und wendet sich dem würfelnden Trio zu. „Kann man denn hier noch mitzocken?" Na klar, wenn er „Jan" beherrscht – ein ganz eigentümliches Würfelspiel, dessen Regeln wohl nur die Stammgäste in der uralten *Mutter Birken* verstehen. Ein wenig erinnert das Spielchen an Kniffeln, aber den Kniffel gibt's auch nun wieder nicht. Gäb's ihn doch, gäb's ja keinen Jan. Oder so. „Laß sein. Je mehr du kannst, desto mehr mußt du auch tun", weiß der philosophierende Wirt, der gründlichst, sprich in genau sieben Minuten, zapft. Wie es sich gehört. Daß sieben Grad kalt ist es natürlich ebenfalls. „Man" duzt sich. Da geht's denn schon mal familiärer zu – „Helmut, geh mal nach oben und wechsle bitte die kaputte Birne aus. Und bei der Gelegenheit kannste gleich noch nach Toaster und Kaffeemaschine kucken." Alles Ehrensache, dafür gibt's nach getaner Arbeit ein Bierchen auf lau. Genau wie die Lebenshilfe. Die ist hier eben auch umsonst. Egal ob der Computer kaputt ist oder der 968er Porsche „'ne echte Mistkarre ist". Erst mal einen haben! *wli*

	Bier	Bit, Veltins, Jever, Becks, Diebels, Pinkus Alt v. F., Pilsener Urquell, Guinness, Kilkenny (3,10-5,50)
	Spirituosen	Nur, damit die Magenwände nicht quietschen (1,60-3,00)
	Alkoholfreie Getränke	Wer hier Wasser trinkt, hat wirklich Kummer (2,40-3,60)
	Essen	Die Frikadelle auf dem Untersetzer und das Mettendchen auf die Hand

	Musik	„Auf der Reeperbahn nachts um halb eins"
	Spiele	Spätere Würfeleien nicht ausgeschlossen
	Lektüre	Hier wird nicht gelesen, hier wird geredet!
	Luft	Luis Trenker wäre auch nicht gegangen
	Hygiene	110 Jahre Zeit zum Blankwienern
	Publikum	Normalos, Studenten
	Service	Welch' Wohltat: Völlig normal
	Preisniveau	Selbst Geld fürs Taxi bleibt übrig

Münster — NA UND ... ?

„Na und...?"

Oh happy gay

🍸🍸🍸🍸🍸

NA UND ...?
Sonnenstr. 43
Münster
Tel. 02 51/4 30 13

Di-So
20.00 - open end
40 Sitzplätze
150 Stehplätze

Mauritztor:
11, 12, 14, 22
Parkplätze: Nicht lang
fackeln – parken!

Die Unterhaltung der beiden Herren, die man nur schemenhaft-unwirklich durch den Rauch parfümierter Zigaretten wahrnimmt, ist gedämpft. Offensichtlich sind sie angetan von der wohltuenden Atmosphäre hier im *Na und*. Oscar beugt sich zu Dorian hinüber: „Bei White ist jemand, der Sie unbedingt kennenlernen möchte – der junge Lord Poole." Unbeeindruckt und gedankenverloren nippt Dorian am Champagnerglas. Wen wird dieser Narziß heute nacht mit Blicken umwerben, welchen schönen Fremden schließlich zum Freunde küssen? Die Blicke gleiten so angenehm leicht über die matt glänzende Theke – ist das Graphit? Weich fließt das Licht nur so ganz eben ins Dunkel des Raumes, läßt stilvolles Mobiliar aufschimmern. Während Oscar noch fasziniert ist vom Widerschein der flackernden Kerzenflamme in den Augen des so begehrten Freundes, hat dieser längst den riesigen Wandspiegel entdeckt und versinkt in der Schönheit seines Ebenbildes. Wer hat die beiden hierhergeträumt unter das funkendurchtanzte Grün? Wessen Phantasie hat sie herausmodelliert aus den rings an der Wand hängenden Bildern makelloser Männerkörper? Niemand anderes war es als die (heute bislang) einzige Frau an der Bar. Der freundliche Mann hinter der Theke stellt ihr lächelnd ein Bier hin. *Na und...?*
wli

🍺	**Bier**	Iserlohner, Schlösser, dunkles Weizenbier (3,00-6,50)
	Wein	So trocken, wie Martini nie sein kann (0,2l 6,00)
	Sekt und Schampus	Wer trinkt noch Sekt, wenn er Dom Pérignon bekommen kann? (Fl. 35,00-270,00)
	Cocktails	Lange Drinks für noch längere Nächte (6,50)
	Spirituosen	Volles Programm, John Wayne hätte seine helle Freude gehabt (2,50-7,50)
	Alkoholfreie Getränke	Jede Menge Kohlensäure (3,00-4,00)
🍽	**Heißes**	Da kommt der Kreislauf wieder in Schwung (3,00-7,50)
	Essen	Wohl einmalig: Die Bifi-Wurst wird meterweise (!) angeboten

𝄞	**Musik**	Angenehme Hintergrundberieselung
	Lektüre	First, Die Zauberflöte
	Luft	Ein erfrischender Wind vom anderen Ufer
	Hygiene	Hier wird jeder Putzsüchtige noch neidisch
	Publikum	Viele Männer hat das Land
❗	**Service**	Der Beginn einer wunderbaren Freundschaft?
	Preisniveau	Der Mensch lebt nicht von der Bifi allein

Münster — NEWTON

Ein Nachruf: Quod erat demonstrandum

NEWTON
Jüdefelderstr. 41
Münster
Tel. 02 51/4 60 11

Mo-So 18.00 - 1.00
Küche 18.00 - 24.00
Ab 24.00
eingeschränkte
Auswahl

50 Sitzplätze
15 Stehplätze

Überwasserstraße:
Bus 1, 6
Parken: vom
Hindenburgparkplatz
schnell zu erreichen

Auf unserem Planeten ist das Wirken des Naturwissenschaftlers Sir Isaac Newton zur Legende geworden. Beiträge über wirtschaftliche Phänomene sind von ihm jedoch nicht überliefert, und so gilt es zu hinterfragen, worin der thematische Zusammenhang zwischen dem *Newton* und seinem Namenspatron besteht. Ist es vielleicht der Versuch, die Erkenntnisse des Engländers zu einem ganzheitlichen Erklärungsansatz auszuweiten? Ist demnach gar die Gastronomie unter metaphysischen Gesichtspunkten nur der deduzierte Mikrokosmos einer allumfassenden Astronomie? Newton versuchte Licht in das Dunkel der Unkenntnis zu bringen. Dieser Weg wurde jedoch nicht im *Newton* unserer Tage nachvollzogen, denn dort begnügt man sich mit Grauschattierungen des Dekors und einem bleichen Wandanstrich. Selbst die in Grün gehaltene Neonreklame, die den Blick der umherirrenden Zeitgenossen einfangen will, dringt nicht in das Innere des Raumes vor. An Ausleuchtung und Einrichtung dieser Lokalität wurde derart gespart, daß die auf Schlafzimmerblick halb heruntergelassenen Rollos eine mystische Atmosphäre entstehen lassen, ganz im Gegensatz zur mathematischen Nüchternheit des Vorbilds. Oder ist das eine Interpretation der Unendlichkeit, mit der sich – wie einst Newton – auch viele Gäste auseinandersetzen? Herausragend ist die Präzision, mit der das Gesetz der Trägheit befolgt wird. Ebenso erhielt die Definition „Kraft ist Masse mal Beschleunigung" eine bemerkenswerte Bestätigung, als der Inhaber des *Newton* den für die Kategorisierung notwendigen Bewertungsbogen dem Autor entriß und in Sekundenschnelle zerfetzte. Der berühmte Apfel, dessen Abbild auf der Zapfsäule ruht, scheint noch lange nicht seinen Erkenntnis bringenden Fall anzutreten. *igor/ak*

Bier	Pils, Kölsch, Alt v. F., Einbecker Urbock etc. (2,00-4,00)
Wein	Gängiges (4,00)
Sekt und Schampus	Rheinberg, Feist Riesling (Fl. 19,00-25,00)
Cocktails	Variationen mit Sekt (5,00-5,50)
Spirituosen	Was man so braucht (2,00-4,00)
Alkoholfreie Getränke	Verschiedene Säftchen und dergleichen (2,50-2,70)
Heißes	Loser Tee, riesiger Milchkaffee, Heißes mit Grog (2,00-4,50)
Essen	Suppe, Salate, Lasagne, Chili con Carne usw.

Musik	Kein Gedudel der Top Ten
Lektüre	GiG, Intro, Jovel-News, künstlerische Veranstaltungsofferten
Luft	Es darf noch überall geraucht werden
Publikum	Bescheidenheit ist keine Zierde
Preisniveau	An den Studentenbudgets orientiert

Münster   NORDSTERN

Chicken flies bleifrei

△△△▽▽▽

NORDSTERN
Hoyastr. 3
Münster
Tel. 02 51/2 21 41
oder 2 06 23

Mo-Fr 16.00 - 3.00
Sa, So 11.00 - 3.00
Küche bis 2.30

100 Sitzplätze
20 Stehplätze
60 Freiluftplätze von
16.00 - 22.00

Nordstraße: 3, 4, 7
Parken: Wer gut fahren kann, kann auch gut parken

Um dieses Lokal machen alle eßbaren Vögel einen riesigen Bogen: Der *Nordstern* ist der absolute Supertip, wenn es um halbe Hähnchen geht. Hier bestellt die ganze Stadt, kommt persönlich oder läßt – ganz vornehm – den gegrillten Gockel auch schon mal per Taxi abholen. Und bei Bestellungen können Sie optimal Ihre Uhr testen: Egal wann, warum und gegen wen, es dauert grundsätzlich genau 20 Minuten, bis das Federvieh serviert wird. Wer das nicht essen mag, ist selber schuld, denn im *Nordstern* wird noch mit Geheimrezept gearbeitet. Also gar nicht erst grübeln, die Köchin läßt eh' nur ein mitleidiges Lächeln angesichts der Spekulationen über ihr Gesicht huschen. Für die Flattermänner ist der Begriff „Salmonelle" bestimmt ein Fremdwort – gibt sich doch auch ein gewisser Umweltminister Töpfer im *Nordstern* regelmäßig der Geflügellust in vollen Zügen hin. Na, wenn das keine Empfehlung ist. Und wer sich nicht beherrschen kann, bekommt auch das Extratütchen Zitronentücher für die fettigen Finger. Empfehlenswert ist anständiges Benehmen, denn die Bedienung ist eine Art Institution, die peinlich genau Wert auf Anstand legt. Es sei denn, jemand hat sich mal ganz ausrutscherlich ein Bierchen zuviel genehmigt. Das passiert besonders gern, wenn im Sommer die Tische vor die Tür geräumt werden. Angesichts des ständigen „Wie geht's dir denn?" und „Wir müssen jetzt einen zusammen trinken!" ist der Promillespiegel schnell vergessen. *wli*

🍺	**Bier**	Ein wahres Trinkerparadies mit 17 Sorten, das Wort Bierquälerei ist hier gänzlich unbekannt (2,10-7,50)
	Wein	Ein halber Weinkeller, 88er Labottière-Bordeaux, Niersteiner, Pommerner Rosenberg (nur in Flaschen 18,50-21,50)
	Alkoholfreie Getränke	Das reinste schweppende Limowerk (1,50-2,80)
	Heißes	Kakao für Kleine, Glühwein für Große (2,20-4,40)
🍽️	**Essen**	Die Hähnchen sind sakrosankt, aber der Rest auf der Karte ist auch nicht gerade von schlechten Eltern

𝄞	**Musik**	Dezent und unaufdringlich
	Spiele	Gedaddelt wird an zwei Geldautomaten, aber die Masse zieht's auf die Kegelbahn
	Lektüre	Tagesaktuelles (Münstersche Zeitung), Szeneblätter
	Luft	Selbst Raucher werden nicht angemeckert
	Hygiene	Eine Toilette, so sauber, daß man sich drin spiegeln kann
	Publikum	Echte Münsteraner, die wissen, wie die Hähnchen schmecken müssen
👍	**Service**	Echt lieb und flott – und ein freundlicher Zeigefinger
	Preisniveau	Das Angebot ist fast schon günstig

Münster — OBINA

De metamorphosis

OBINA
Hüfferstr. 73
Münster
Tel. 02 51/8 27 36

Mo-Do 9.00 - 1.00
Fr 9.00 - 3.00
Sa 18.00 - 3.00
So 10.00 - 1.00
Küche
18.00 - 24.00
Mo-Fr
auch 12.00 - 15.00

90 Sitzplätze
150 Stehplätze

Jungeblodtplatz:
Buslinien 11, 21
Parken: Für Kenner
hinter dem Gebäude

Tagsüber ist es eine fast normale Kneipe. Man sitzt nett, ißt gut und trinkt gemütlich sein Bier. Nur die Lage ist etwas ungewöhnlich. Das *Obina* liegt nämlich inmitten eines Bürogebäudes im Innenhof. Drumherum ein paar Kanzleien, ein Laden mit medizinischen Fachbüchern (der entsprechende Fachbereich ist nicht weit), etliche andere Einrichtungen und eine Eisdiele. Zwei gläserne Fahrstühle führen an den beiden Stirnseiten des Hofes in höhere Gefilde hinauf, und durch das gläserne Dach erweckt die ganze Szenerie den Eindruck eines antiken Atriums. Das alleine hat schon einen gewissen Reiz; doch Freitag und Samstag abend, wenn die Nachtschwärmer auch diesen geschäftigen Teil der Stadt in ihren Besitz nehmen, macht der Innenhof eine erstaunliche Verwandlung durch. Tische stehen verstreut im Raum, eine große, nach allen Seiten offene Bar übernimmt die zentrale Position, und eine großzügig abgemessene Ecke wird zur Tanzfläche umfunktioniert. Das ganze, sonst so trockene Ambiente wird auf den Kopf gestellt: Black music, Salsa und tanzbarer Jazz beherrschen die Szene; getanzt wird, was das Zeug hält, und die Bar könnte mit all ihren Früchten, exotischen Likören, den riesigen Sonnenschirmen und gewagten Cocktails irgendwo im Süden stehen – ganz weit im Süden. Schade, daß nicht auch noch andere Gebäude der Stadt so genutzt werden, nicht nur Ovid hätte seine Freude daran. *rex*

Bier	Jever, Hannen v. F., Einbecker Urbock, Berliner Weiße, Jever alkfrei, Erdinger Weizen (3,00-5,50)
Wein	Hauswein, einige exotischere Rote und Weiße (4,50-5,50)
Sekt und Schampus	Mionetto Brut (ausgezeichnet als bester Prosecco '92, Fl. 38)
Cocktails	Trocken, medium, süß, bunt, mit Sekt, manche alkoholfrei; besonders an Discoabenden kaum zu schlagen (6,50-14,50)
Spirituosen	Rapido, Southern Comfort mit Sekt (7,50-8,00) Wodkas, Tequilas, Whisk(e)ys und andere (2,00-6,50)
Alkoholfreie Getränke	O-Saft mit Vanilleeis, frische Vitaminas Tropicas (2,50-5,00)
Heißes	Grog mit Captain Morgan, Carajillo (2,50-6,00)
Essen	Steaks, Salate, Pasta, Snacks; für jeden etwas

Musik	Salsa, Black Music, Jazz; nur der Sound ist problematisch
Lektüre	Szeneblätter, Tageszeitungen und ein paar Illustrierte
Spiele	Backgammon, Würfel, Monopoly
Luft	Die 15 Meter hohe Decke schafft ihr übriges
Hygiene	Hier wird gewischt
Publikum	Hautfarbe etwas dunkler als im Durchschnitt
Service	Freundlich, flott und gut beschäftigt
Preisniveau	Angemessen

Münster — **ODEON**

Ganz doll tanzen

ODEON
Frauenstr. 51-52
Münster
Tel. 02 51/4 34 47

Mo, Mi-Fr 21.00 - 3.00
Sa 11.00 - 15.00
21.00 - 3.00
Warme Küche bis Ende

120 Sitzplätze
300 Stehplätze

Rosenplatz: 1, 5, 6
Wozu parken? Es kann eh' keiner mehr fahren

Wie die Alten einst gesungen, so swingen heut' die Jungen, aber das mit ein paar hundert Watt mehr: Im *Odeon* haben eigentlich nur die Meister der nonverbalen Kommunikation eine Chance. Aber wer kommt, um sich zu unterhalten, ist sowieso falsch. Es sei denn, er schreit gerne. Zum Beispiel nach Bier. Das wird besonders bei Live-Konzerten lustig. Da lohnt sich's eher – vor allem für ältere Semester – das Bier im vorderen Teil des *Odeon* zu konsumieren. Der Architekt hatte damals nämlich Mitleid mit den Leuten, die auch mal was sagen wollten, und somit ist der Laden heute in mehrere Bereiche aufgeteilt. Gottseidank, denn das Equipment dieses „Trendy-Musikclubs" hat rein gar nix mit den Qualitäten eines japanischen Transistorradios gemein. Im Gegenteil, wahrscheinlich wurde erst die Anlage auf die Straße gestellt und danach das Haus drumrum gebaut. Da macht jede Batterie schlapp. Wer nicht hören will, kann aber gucken – im *Odeon* zeigt die Jugend heute, was ihre Eltern morgen für modern halten. Avantgarde nennt sich im *Odeon* das, was C & A immer so nett in alte Rock-Pop-Klassiker verpackt. Nach dem Gesetz der Reihenfolge wäre jetzt Status Quo mal dran. Komm bloß nicht gar so spät heim, süße Karoline! Don Quijote wurde zwar noch nicht gesichtet, aber dennoch konnte an firmeneigener Dekoration gespart werden, die würde ja nur von den Gästen ablenken, gelle? *wli*

Bier	Iserlohner, Schlösser Alt, Gräflinger v. F., Einbecker (5,00-6,00)
Wein	So trocken, daß allein der Anblick durstig macht (4,50)
Sekt	Only Mumm, und der dann nur im Glas (6,00)
Cocktails	Tequila Sunrise, ist wohl gerade „trendy" (8,00-9,50)
Spirituosen	Nach dem Essen braucht man einen Harten gegen die heiße Hexe (3,50-5,50)
Alkoholfreie Getränke	Sangrita Picante contra jede Menge süßer Sachen (3,50)
Heißes	Kreislaufkiller und Blutdruckbomber (3,00-6,00)
Essen	Hamburger und Hot Dogs, mikrogewellt frisch auf den Tisch

Musik	Is' ja alles supergut, ne?
Spiele	Schach, Backgammon
Lektüre	Voll die Szeneblätter, hier sprich: Trend- oder Stadtteilblätter
Luft	Je später, desto mehr kommt die Lüftung ins Rotieren
Hygiene	Glas und Bürste mitbringen und das Zähneputzen nicht vergessen
Publikum	Trau keinem über 30!
Service	So unverbindlich freundlich wie in jedem Musikladen
Preisniveau	Total normal

Münster — PANE E VINO

PANE E VINO — Una notte Italiana

🍷🍷🍷🍷

PANE E VINO
Neubrückenstr. 35-37
Münster
Tel. 02 51/4 42 94

Tägl. 18.00 - 1.00
Küche ebenso

40 Sitzplätze
40 Stehplätze

Neubrückentor:
Buslinien 10, 17
Parkplatz direkt
gegenüber

Mitten im Münsteraner Bermuda-Dreieck – zumindest meinem persönlichen, da dort gleich mehrere meiner Lieblingskneipen auf einem Fleck sind – liegt das *Pane e Vino*. Mit einer Getränke- und Speisenkarte, die nur unwesentlich mehr bietet, als der Name des Lokals verspricht, und einer Einrichtung, die ähnlich einfach ist wie die einer durchschnittlichen süditalienischen Dorfkneipe, hat es eigentlich nicht viel zu bieten. Na ja, vielleicht noch die karierten Gardinen, die ein wenig aussehen wie große Geschirrspültücher. Und trotzdem, trotzdem bekomme ich dort an manchen Tagen kaum ein Bein an den Tresen, geschweige denn unter einen der unsäglich niedrigen, alten Holztische, und wenn's nicht gerade regnet – kalt darf's ruhig sein –, stehen einige der Gäste sogar draußen und trinken ihr Gläschen Wein vor den großen Glastüren. Ab und zu hat eben der Minimalismus auch seinen Reiz, genauso wie die manchmal typisch italienische Gelassenheit (man könnte auch sagen: Langsamkeit), mit der ich meine Getränke und Panini gereicht bekomme. Dabei sieht das Publikum gar nicht so aus, als ob es sich nichts anderes leisten könnte. Übrigens, gleich nebenan ist eins der besten italienischen Restaurants der Stadt, und das gehört zufällig dem gleichen Besitzer: Abwechslung auf Italienisch. *rex*

Bier
Wein

Sekt und Schampus
Spirituosen

Alkoholfreie Getränke

Heißes
Essen

Frisch gezapftes Jever Pils und Hannen Alt (3,50)
Bei dem Namen erwartet man etwas mehr als roten und weißen Hauswein (4,00)
Prosecco (5,00)
Grolla de' Amicizia: Freundschaftspokal für 2 bis 8 Personen mit Espresso, Grappa, Cognac, Eis, Zimt im italienischen Holzpokal; ansonsten ein paar Grappe, Fernet und Amaretto (3,00-4,00)
Hausgemachte Säfte und nichts, was es woanders nicht auch gäbe (2,50-3,00)
Espresso und Cappuccino (2,50-3,50)
Warme italienische Brötchen mit den verschiedensten Zutaten

Musik
Lektüre
Luft
Hygiene
Publikum
Service
Preisniveau

Nicht störend beim Gespräch und Abba für die, die es mögen
Fehlanzeige
Gut, besonders wenn die großen Türen auf sind
Sieht immer so aus, als wär' gerade durchgefegt worden
Normale, Studenten und Schickere
Wenn's voll ist, bleibt man schon mal unbemerkt
Teurer wär' verwegen

Münster — PIANO

PIANO — Spiel's nochmal, Sam

PIANO
Frauenstr. 46
Münster
Tel. 02 51/4 32 46

Mo-Do 16.00 - 1.00
Fr-So 19.00 - 1.00

90 Sitzplätze
110 Stehplätze

Rosenplatz: 1, 5, 6
Parken:
Hindenburgplatz

Geben 'se dem Mann am Klavier noch 'n Bier. Doch der arme Kerl sitzt mittlerweile an der Theke. Sein geliebtes Instrument, mit dem er früher die Gäste mit atemberaubenden Boogie-Woogies unterhielt, hat schon lange seinen Geist aufgegeben. Und auch die Grande Dame am Aufgang zum „Romeo-und-Julia-Balkon" hat einiges von ihrer zartrosa Blässe verloren. Dafür sind ihre Konturen jetzt von einem kräftigen Nikotingelb geprägt. Ganze Generationen von Jung-Münsteranern tranken im *Piano* ihr erstes Bier, derweil sie andächtig dem Tastenteufel eine Etage tiefer zuhörten. Der Reiz vergangener Tage ist verblichen. Doch wer ein wenig an den oberen Schichten kratzt, bekommt von der „Zweietagenpinte" wundersame Geschichten über ihre früheren Tage erzählt, als man noch darum bitten mußte, in das dauernd überfüllte *Piano* hineingelassen zu werden. Warte nur ein Weilchen, bis der richtige Klavierstimmer kommt. Dann braucht niemand mehr vom vergangenen Ruhm glorreicher Tage zu berichten, denn der Tastenteufel persönlich wird wieder auferstehen, um den Musikbanausen Mores zu lehren. Wilde Parties werden endlich wieder fröhliche Urständ feiern. Böses Trugbild dank erbarmungsloser Alltagssonne! Allerdings, das dauert wohl noch eine Weile, wenn der Wirt keine Gnade zeigt: Die Fans pilgern noch heute in „ihre" kleine Kneipe um die Ecke, denn der diskrete Charme des *Piano* lugt verschlafen blinzelnd hinter jeder Nische hervor, und wer drauf achtet, dem drückt sie auch ein Auge zu. Play it again, Sam! *wli*

Bier	Veltins, Kölsch, Guinness v. F. (2,00-5,00)
Wein	Ein Wein geht auch noch rein! (0,2l 4,50-5,00)
Sekt	Je netter der Gast, desto billiger der Mumm (Fl. 28,00-35,00)
Cocktails	Hier wird nicht gepanscht!
Spirituosen	„Die Preise sollen abschrecken. Schnaps verkürzt den Atem!" (1,50-3,00)
Alkoholfreie Getränke	Ohne Alkohol wird hier eigentlich nichts getrunken (2,20)
Heißes	Kaffee, Tee, Schokolade
Essen	Echt westfälisches Mettendchen für den Bierhunger

Musik	Zappa trifft Jagger: „Let's go Piano"
Spiele	Schach, Backgammon, Karten und Würfel
Luft	Totale Sauerstoffpower
Hygiene	Geschirrspülmittel???
Publikum	Normal, normaler, Piano
Service	Nett, netter, Piano
Preisniveau	Wo man gut trinkt, wo man gern trinkt

Münster — PINKUS MÜLLER

Lebende Legende

ΨΨΨ

PINKUS MÜLLER
Kreuzstr. 4
Münster
Tel. 02 51/4 51 51

Mo-Sa
11.30 - 14.00
17.00 - 24.00
Küche dito

160 Sitzplätze
32 Freiluftplätze

Rosenplatz:
Bus 1, 5, 6, 7, 170
Parken in der etwas
entfernteren Nähe

Pinkus Müller ist ein Stück Stadtgeschichte. Seit fünf Generationen blickt die letzte von einst über zweihundert Brauereifamilien Münsters auf eine Tradition zurück, die so richtig dem Konservativismus dieser Region entspricht. Und deshalb fühlt sich die westfälische Seele sauwohl, wenn sie, von Eichenbohlen und Kachelwerk umzingelt, verzweifelt die plattdeutschen Weisheiten zu übersetzen sucht, die an der Decke prangen. Sicherlich ein Grund dafür, daß viele Großeltern ihre Familien hierher zum Essen einladen, denn es ist Opas große Stunde, wenn er seinen Enkeln von harten, aber herzlichen Zeiten berichtet und jeder seine Kenntnisse im Niederdeutschen bewundert. Wohin der Blick auch schweift, die gesamte Einrichtung der sogenannten Altbierküche dient der Verbreitung westfälischer Gemütlichkeit. Zinnteller, Krüge, ein alter Kaminabzug und die obligatorische Andeutung eines riesigen Bierfasses künden von der Gewichtigkeit dieser schon zu Lebzeiten wuchernden Legende. Wo sich so viel Geschichte zusammenballt, dorthin werden naturgemäß die Touristen von den Reisegruppenleitern geschickt. Selbstverständlich hat auch längst ein nach europäischen Wurzeln suchender Ami den Export des hiesigen Gebräus organisiert und trägt zu einem bedeutenden Teil die Verantwortung für deutsche Handelsbilanzüberschüsse. Wenn also die Bewohner der neuen Welt schon zu den Stammkunden zählen, ist es nur recht und billig, daß ebenso der werte Leser dem *Pinkus Müller* seine Aufwartung macht. *ak*

Bier	Natürlich alles aus eigener Brauerei: Alt, Alt mit Schuß, Pils, Spezial (Öko!), Leicht, Weizen v. F. etc, etc. (2,70-5,80)
Wein	Die Vorliebe gilt deutschen Weinen (6,80-7,80)
Sekt und Schampus	Nicht so viel von diesem Schnickschnack!
Cocktails	Wie schreibt man das?
Spirituosen	Alles, was rund ums Essen notwendig ist (2,00-5,00)
Alkoholfreie Getränke	Vermutlich die gängige Auswahl
Heißes	Verhaltene Variationsvielfalt; Grog, Glühwein (2,50-6,00)
Essen	Deftige westfälische Spezialitäten

Musik	Würde bei kulinarischen Genüssen doch eh' nur stören!
Lektüre	Die beiden Lokalblätter
Luft	Angenehm
Hygiene	In Lokal und WC ist alles okay
Publikum	Gehobene Kategorien, die das Ürsprüngliche lieben
Service	Liebenswert und in Trachtenähnliches gehüllt
Preisniveau	Nicht für jedermann, denn der Name wird mitbezahlt

Münster — RICK'S CAFÉ

As time goes by ...

RICK'S CAFE
Aegidiistr. 56
Münster
Tel. 02 51/4 29 84

Mo-Sa 10.00 - 1.00
So 16.00 - 1.00
Küche: Snacks immer,
Pizza, wenn der
benachbarte Italiener
geöffnet hat

60 Sitzplätze
20 Stehplätze
60 Stühle im Garten
(schöner Innenhof),
wegen der Nachbarn
leider nur bis 22.00

Schützenstraße:
Bus 10
Parkhaus Aegidiihof

Heutzutage hat Humphrey ohne Koteletten keine Chancen mehr beim weiblichen Geschlecht. Den Trenchcoat hat er längst an den Nagel gehängt oder auf dem Flohmarkt verscheuert. Ingrid trägt ein Haarband, wie es auch Hilary Clinton vom Club der Haarbandträgerinnen dringend ans Herz gelegt wurde. Ohne Haarband kein Wahlerfolg. Sogar Mister President schaut einer Frau mit offenen Haaren nicht mehr in die Augen. Wenn die Liaison mit Ingrid ihm Zeit läßt, sammelt Humphrey jetzt Wimpel von amerikanischen Baseballmannschaften. Vielleicht gründet er demnächst einen Münsteraner Fanclub der New York Yankees. Im Moment hat er dafür nicht mehr die Mittel, denn der Import des schicken, alten Coke-Automaten aus Casablanca war doch recht kostspielig. Ob Humphrey wirklich noch auf Marilyn Monroe, Bilder von Hockney oder die Rolling Stones steht? Die Palme erinnert ihn an alte Zeiten, die Sitzbänke an den Wartesaal auf dem Bahnhof vor seiner doch noch gelungenen Flucht. Ingrid gefällt es nicht, daß Humphrey zu Tarnzwecken geklont herumläuft, doch im Zeitalter der Reproduktion, der Kopierautomaten und In-Vitro-Fertilisation bleibt ihr keine Wahl. Sie muß sich wohl damit abfinden. Keep cool, Baby. Ist hier zumindest angesagt. Denn sie wissen nicht was sie tun. Manchmal wissen sie auch nicht, was sie tun sollen zwischen zwei Vorlesungen oder in der geschwänzten Schulstunde. Sie sollten einen doppelten Whiskey trinken. Oder einen amerikanischen Martini. Oder doch lieber einen Milchkaffee. *ak*

Bier	Ritter, Schlösser v. F., Bartholomäus, Weizen (2,20-5,00)
Wein	Quer deutsch-französisch-italienische Weinberge (4,50-5,80)
Sekt	Pinot Brut, Deutz&Geldermann, Veuve Clicquot (Fl. 32-90)
Cocktails	Nette Auswahl an Longdrinks und Klassikern (6,00-10,00)
Spirituosen	Nicht nur viele Sorten Whisk(e)y (1,50-6,00)
Alkoholfreie Getränke	Perrier, San Pellegrino, Orangensaft Natur (2,50-4,80)
Heißes	Was man mit Kaffee-, Kakaobohnen, Teeblättern und Alkohol so anstellen kann (2,70-6,50)
Essen	Der benachbarte Italiener ist für Größeres der Hoflieferant

Musik	As you like it
Spiele	Karten, Knobelbecher
Lektüre	Diverse Tageszeitungen
Luft	An der geöffneten Gartentür ganz okay
Hygiene	Keine Klagen
Publikum	Der „Spiel's noch einmal, Sam" fehlt
Service	Jung und dynamisch
Preisniveau	Bleibt noch im Rahmen

Wohin, wohin?

Josef Tumbrinck, *AStA-Vorsitzender der Uni 1992/93*
1. *Frauenstr. 24* – ist nicht nur ganz in der Nähe des AStA-Häuschens, sondern hat auch eine besondere historische Bedeutung: die zehnjährige Besetzung. Der AStA vermietet selbst Wohnungen in dem Gebäude. Man trifft in der *Frauenstr. 24* immer Leute, die im Bereich der studentischen Interessenvertretung aktiv sind.
2. *Blechtrommel* – da ist die Atmosphäre noch nicht so studentisch geprägt.
3. *Café Prütt* – da mag ich vor allem die gute Küche, übrigens zu sehr zivilen Preisen. Nett, wenn man mal eher was im kleinen Rahmen sucht.

Cinthia Perez Terceros, *Studentin aus Bolivien*
1. *Obina* – dorthin gehe ich immer freitags, und erst recht, wenn mich das große Heimweh packt. Nirgendwo sonst trifft man so viele Leute aus Lateinamerika.
2. *Fundus* – viele Freunde kommen mich mit dem Zug besuchen. Da bietet sich für einen ersten Kaffee das *Fundus* geradezu an. In Bolivien habe ich selbst Theater gespielt, deshalb mag ich die etwas künstlerische Atmosphäre, die vom benachbarten Borchert-Theater herrührt. Außerdem finde ich die Tischdekorationen immer wieder toll.
3. *Café Malik* oder *Frauenstr. 24* – in beiden Kneipen stimmt die Atmosphäre. Ich kann jederzeit alleine hingehen, irgend jemand ist immer da, den ich kenne, sei es aus dem Studium oder dem weiteren Freundeskreis.

Günther Rebel, *Tänzer, Choreograph und Inhaber einer etwas anderen Tanzschule*
1. *Fundus* – da es direkt neben meiner Schule liegt, ist es natürlich der erste Anlaufpunkt, auch für mich. Neben Tänzerinnen und Tänzern kommen auch noch die Leute vom Borchert-Theater und der Cascade hin, und die sind mir in der Regel auch sehr sympathisch.
2. *Theatercafé* – viele meinen ja, zum Theater oder Theatercafé gehört die große Robe. Für mich nicht. Und deshalb mag ich das Café. Hier ist man mit Jeans und Abendkleid gleich gut angezogen. Eine echt lockere Atmosphäre. Natürlich treffe ich hier auch immer irgendwelche Kollegen, mit denen ich mich gern unterhalte.
3. *Schoppenstecher* – die Inhaber einer Kneipe machen sehr häufig die Atmosphäre aus. So ist es auch hier, im positiven Sinne verstanden. Deshalb komme ich nicht nur zum Trinken her, sondern auch zum Essen, denn die Küche ist hervorragend, und das immer noch zu sehr zivilen Preisen.

Münster — SAM'S

SAM'S ... als die andere?

SAM'S
Neubrückenstr. 25-27
Münster
Tel. 02 51/4 57 87

Mo-Do 8.00 - 1.00
Fr-So 10.00 - 1.00
Küche 16.00 - 24.00

35 Sitzplätze
100 Stehplätze
32 Sitzplätze draußen
an der Straße bis 24.00

Neubrückentor:
Buslinie 10, 17
Parken in der Nähe möglich

Wo stehen drei Jeeps und fünf Cabrios Stoßstange an Stoßstange direkt vor großen Glastüren, so daß man gar nicht umhin kann, sie zu sehen? Richtig, vor dem *Sam's*. Wo steht man lässig-dekorativ mit dem Sektglas und betrachtet interessiert die neuen Bilder an den Wänden? Richtig, im *Sam's*. Wo muß man letztes Wochenende einfach gewesen sein, um den, die oder das gesehen zu haben? Auch richtig, im *Sam's*. Ob Samstag morgens nach dem Einkaufsbummel oder abends vor dem Gang in die Disco, hier weht noch der echte Yuppiegeist, wobei die besondere Betonung auf „Young" zu liegen scheint und weniger auf „Professionals". Nicht besonders groß und deshalb auch mit recht wenig Sitzplätzen ausgestattet, dreht im *Sam's* sich alles um den großen, fast kreisrunden Tresen, der den ganzen Raum beherrscht. Hier wird dann selbst das Bestellen des nächsten Drinks zur Performance, und das Zusammenmixen der Zutaten, die in einer Glasvitrine an der Rückwand stehen, ähnelt einer Voodoo-Messe. Sehen und gesehen werden heißt auch hier die Devise, Smalltalk ist die hohe Kunst – besonders, weil man gegen die Musik ankämpfen muß –, und wer sich weder umsehen noch -hören will, der wirft einen Blick in locker auseiegende Illustrierte wie „Madame", „Max" oder „Männer". Welch ein Glück, daß unsereins für derart dekadente Reize unempfänglich ist. Ähh, falls übrigens wieder die dunkelhäutige junge Dame hinter dem Tresen stehen sollte, dann hat sich der Weg schon gelohnt. Eine schöner ... *rex*

Bier	Jever Pils, Hannen v. F., Tuborg, Erdinger Weizen (2,20-5,00)
Wein	88er Saucerre, spanischer Sanz, 86er Pinot Noir (5,00-9,50)
Sekt und Schampus	Mumm (Fl. 36,00), Albert Etienne, Taittinger Brut Reserve (Fl. 65,00-110,00)
Cocktails	Longdrinks und Cocktails „aus der Trickkiste" (5,00-10,00)
Spirituosen	Sam und die 55 Plattmacher (3,00-8,00)
Alkoholfreie Getränke	Das übliche und viele Säfte; auch frisch gepreßt (3,00-6,00)
Heißes	„Some like it hot": Schoc Mok (2,80-4,50)
Essen	Von gegenüber aus dem *America-Latina* und nebenan vom Italiener

Musik	Tekkno und Disco – und das ziemlich laut
Lektüre	Fancy Press und Aktuelles
Luft	Gut, und im Sommer sind zudem die großen Türen weit auf
Hygiene	So sauber, wie man's hier erwartet
Publikum	Schick, schicker, am schicksten
Service	Freundlich auch bei starkem Andrang
Preisniveau	Nichts für Kleinsparer

Münster — SCHLUCKSPECHT

Dunkler, lauter, durstiger Vogel

SCHLUCKSPECHT

SCHLUCKSPECHT
Jüdefelderstr. 54
Münster
Tel. 02 51/4 30 06

Mo-So 19.30 - 1.00
Küche: Frickos gibt's jederzeit

60 Sitzplätze
40 Stehplätze

Überwasserstraße:
Buslinien 1, 6
Parken in der Nähe zwecklos, am besten auf dem Hindenburgplatz und 5 Minuten laufen

Es gibt sie noch, diese dunklen, unheimlichen Spelunken, deren Betreten uns unsere Mütter immer bei Strafandrohung untersagten. Einfach schräg: eines der letzten Reservate von Hardrock, Punk, Trash und Konsorten. Die Luft ist schon schlecht, wenn man als erster Gast kommt (da seit dem Vorabend noch nicht richtig gelüftet wurde), schrille, moderne Bilder hängen rum. Die sind aber wegen des diffusen Lichtes kaum zu erkennen. Auf die Frage, ob es auch etwas zu essen gäbe, wird man nur ungläubig angeguckt. „Ne Frikadelle kannste haben", lautet die eigentlich nicht unerwartete Antwort; und nach einer Karte zu suchen, um den Preis zu erfahren, ist ebenso sinnlos investierte Zeit, denn statt Karten hängen nur zwei verwischte Tafeln an den Wänden, „auf die eh' keiner schaut". Voll wird's dennoch, oder gerade deswegen, ganz voll am Wochenende und proppenvoll, wenn dazu noch eine Band spielt. Am besten eine von diesen Rockbands, die demonstrieren, wie es sich anfühlt, wenn einem die Haare von Frequenzen so um die fünfzig Hertz geföhnt werden. Doch auch dann hat alles noch irgendwie etwas Familiäres. Weil es keinen Quittungsblock gibt und erst recht keinen Stempel, schrieb mir die Bedienung den Betrag auf einen Zettel und malte noch einen Smilie dazu; wenn das kein Service ist ... *rex*

Bier	Einbecker Urbock, Weizen, Bier und Alt (3,00-4,50)
Wein	Nicht gerade ein Weinlokal
Sekt und Schampus	Haha
Spirituosen	Tequila und Ouzo (2,00-3,00)
Alkoholfreie Getränke	Wasser, Cola, Saft (3,00)
Heißes	Heiß wird einem auch so
Essen	Besagte Frikadellen

Musik	Hard 'n' Heavy
Lektüre	Niemand kommt zum Lesen hierhin
Luft	Ohne meinen Anwalt verweigere ich die Aussage!
Hygiene	Siehe unter Stichwort Luft
Publikum	Jung, dunkel, schwerhörig
Service	Wir sind alle eine große Familie
Preisniveau	Low budget

Münster — SCHOPPENSTECHER

Weinlokal Schoppenstecher

Die verpaßte Gelegenheit

SCHOPPENSTECHER
Hörsterstr. 18
Münster
Tel. 02 51/4 71 14

Mo-So 18.00 - 1.00
Küche 18.00 - 24.00

45 Sitzplätze
10 Stehplätze

Neubrückenstraße/
Hörsterstraße:
Buslinien 9, 10, 17
Parkplatz
Hörsterstraße direkt
gegenüber

Der Westfale an sich, so besagt das gängige Vorurteil, trinkt am liebsten Bier. Der *Schoppenstecher* bestätigt auf den ersten Blick dieses Klischee. Auf den meisten Tischen kräuseln sich letzte Schaumreste in den Tulpen, während die vereinzelten Weißweine langsam in Richtung Zimmertemperatur umschlagen. Warum aber erreichen die lokalen Weinhändler Rekordumsätze? Die Bourgeoisie genehmigt sich durchaus gern mal ein Fläschchen guten Rebensaftes. Aber halt am liebsten in den eigenen vier Wänden, sonst gäbe es sicherlich mehr als ein Weinlokal an den Hängen der Aa. Oder man müßte es einfach anders aufziehen als im *Schoppenstecher*, der eher den Reiz einer Touriabzocke schräg links von der Lorelei hat. Der wahre Weinästhet wird sich schon mit Grausen abwenden, wenn ihm beim Eintreten der geballte Küchendunst entgegenschlägt. Wie soll er das Bouquet erschnuppern, wenn selbst im inneren Kreis des Römers Bratkartoffel-Odeur dominiert? Die Auswahl der offenen Weine läßt das Herz des Johnson-Jüngers nun auch nicht gerade höher schlagen; tja, da bestellt er doch lieber gleich ein Pils. Zwar hat der Chef angeblich noch 100 bessere Buddeln im Keller, aber woher soll der bacchantisch Lüstende das erahnen? Ist die Auswahl gar nur der reichlich anwesenden Stammkundschaft vorbehalten, die „Peter" sagen darf, vorzugsweise weiblich ist, Enge mit Gemütlichkeit verbindet und Gemütlichkeit mit einem Schoppen Wein? Dann will der Weingenießer nicht weiter stören, sondern nimmt lieber die paar Kilometer zum *Böttcher-Keller* in Telgte auf sich. *igor*

	Bier Wein Spirituosen Alkoholfreie Getränke Heißes Essen	Herforder Pils v. F., Maisel Hefeweizen (3,50-5,00) 12 mäßige bis gute Deutsche, schlappe Franzosen (4,50-6,50) Eaux de Vie, Grappa, Calvados, Rémy Martin, Schluß (4,00-5,00) Zwei Wässerchen, vier Säfte und bitteres Lemon (2,50-3,00) Kaffee oder Espresso (2,50) Snacks, Schnecken, Schafkäse, Schweinesteak, scheint zu schmecken
	Musik Lektüre Luft Hygiene Publikum	Warum läuft überhaupt Musik; hört man nämlich kaum WN, Cosmopolitan, Stadtblatt, Spiegel, Stern, Zeit Wird der Küchendunst direkt ins Lokal ventiliert? Sauber Viele Stammgäste, eher weiblich, sonst quer durch den Weingarten
!	Service Preisniveau	Für Nicht-Stammgäste lahm und wenig aufmerksam Für das Gebotene durchaus akzeptabel

Münster   **STAR CLUB**

Vom Winde verweht

STAR CLUB
Königsstr. 14
(Königspassage)
Münster
Tel. 02 51/4 34 75

Mi 21.00 - 4.00
Fr, Sa 21.00 - 5.00
Snacks all night long

60 Sitzplätze
340 Steh- und
Tanzplätze

Rothenburg: Buslinien
5, 10, 11, 12
Kleinere Parkplätze in
der Umgebung

Ein vierschrötiger Geselle paßt auf, daß niemand mit schmutzigen Klamotten das gepflegte, große Wohnzimmer betritt. Glücklicherweise hatte ich gestern Waschtag. Allerdings offenbart das UV-Licht sofort ein paar Schuppen auf den breiten Jackett-Schultern. Das zieh' ich besser aus. Im Wohnzimmer sind die Sofas zur Seite geräumt, damit in der Mitte genügend Platz für rhythmische Bewegungen bleibt. Deren Verursacher sieht mit seinem Blümchenbinder aus, als sei er der Star jeder Sparkassen-Azubiparty, dem alle seine Kollegen (deren Blümchenbinder zumindest andere Farbzusammenstellungen aufweisen) hierher gefolgt sind. „Power Party" ist heute abend angesagt (im Gegensatz zu „Dance to the Rhythm" am Freitag), was bedeutet, daß ohne Rücksicht auf irgendwelche musikalischen Übergänge jeglicher Geschmack zufriedengestellt und damit die Tanzfläche niemals leer wird. Neben den einfallsreichen Wandbehängen (Jimmy Dean, Marilyn, Gable, wo ist Bogart?) und den urgemütlichen Sitzgruppen sind als weitere Highlights ein Shampoo-Altar (incl. Conditioner für die Konditionierten) und ein echter Geldausgabeautomat zu nennen. Letzterer scheint heute nur Fünfhunderter auszuspucken, denn der Hausherr kommt vor lauter Wechseln gar nicht dazu, meine Fragen zu beantworten. Möge er sich dieser glücklichen Zeiten erfreuen, bis es wieder einmal Zeit ist, das Wohnzimmer umzudekorieren, einen neuen Namen zu finden und jeder fragt: „Wie hieß der Laden in der Königspassage noch beim letzten Mal?" *igor*

Bier	Rolinck (light/free), Westfälisch Alt, Erdinger (4,00-7,50)
Wein	Landwein, Besseres in Flaschen (Gl. 9,00, Fl. 30,00-45,00)
Sekt und Schampus	Was kost' die Welt? Bis zu DM 1.800 für den 12-l-Magnum-Schampus! (für geringere Ansprüche Fl. ab 40,00)
Cocktails	Bunte Mischung in 72 Variationen (10,00-18,00)
Spirituosen	Auch in der Bottle (Gl. 3,00-16,00; Fl. 60,00-190,00)
Alkoholfreie Getränke	Großer Saft-Laden, Verarbeitung zu Cocktails (5,00-10,00)
Heißes	Da läßt der Einfallsreichtum etwas nach (4,00-14,00)
Essen	Für den ganz kleinen Hunger zwischendurch

Musik	Discobeats, die es allen recht machen wollen: konzeptlos
Lektüre	Wer will sich schon die Augen verderben?
Luft	Aufgrund von Atemnot ist noch keiner umgefallen
Hygiene	Gepflegtes Wohnzimmer mit ansprechendem Sanitärbereich
Publikum	Ordentlich gekleidet, gefönt, rasiert, geschminkt
Service	Die meisten sind mürrisch, nur Anke ist nett
Preisniveau	Mit dem Fünfhunderter kommen Sie länger aus als mit dem Zwanni (Eintritt 10,00, davon 5,00 Verzehr)

Münster — STUHLMACHER

Westfalens gute Stube

STUHLMACHER
Prinzipalmarkt 6-7
Münster
Tel. 02 51/4 48 77

Mo-Do 10.00 - 24.00
Fr, Sa 10.00 - 1.00
So 11.00 - 24.00
Warme Küche
18.00 - 21.15
Kleinigkeiten
10.00 - 12.00
14.00 - 23.00

60 Sitzplätze
120 Stehplätze
weitere Nebenräume
50 Terrassenplätze

Prinzipalmarkt: fast alle Buslinien
Parken am Tag verboten, abends mit Glück

Wo hat schon Jürgen W. Möllemann glasigen Auges über „Wirtschaftsprobleme" (vor allem seine eigenen) genuschelt und gelallt, während seine Frau Carola auf dem Tisch tanzte? Wo macht Bischof „Richie" Lettmann weiter, wenn ihm im nahegelegenen Dom der Meßwein ausgegangen ist? Wo hat sich OB Twenhöven mühsam und in langer Arbeit seine Augenringe weggeholt? Wo hat (bisher unbestätigten Gerüchten zufolge) selbst Wunderhengst Ahlerich schon vor die Kneipentür gekotzt? Die Rede ist von einem Lokal, dessen Name nicht nur die eingesessenen Münsteraner aufhorchen läßt: dem *Stuhlmacher*! Also: Von Stühlen muß die Rede sein, die im Münsteraner Ämter- und Postenkarussell, bevorzugt im *Stuhlmacher*, ausgesessen werden. Und von Machern wird die Rede sein müssen, die hier und nicht anderswo ihre Machenschaften treiben: „Wo wird in absehbarer Zeit das nächste Bauerwartungsland ausgewiesen?" „Um wieviel ist Konkurrent 005 zu unterbieten, um den begehrten Millionenbauauftrag an Land zu ziehen; na, was soll der Tip denn kosten?" „Die heiratsfähige Tochter für den Jüngsten – jaja, die Verantwortung für eine Familie kann ihm nur guttun, da haben Sie völlig recht!" „Die mit Sicherheit hundertprozentige Geschäftsidee. Pssst, leise, so kommen Sie doch schon näher ran! Wie bitte: Plastik-Chips für Einkaufswagen? Also, ich bitte Sie, wofür halten Sie mich eigentlich!" Für alle, die nur zuhören wollen, ein Erlebnis! Für alle, die dazugehören wollen: Outfit à la „Schnitzler" und „Douglas" ist angesagt. Viel Erfolg! *gw*

	Bier	Ein Bierparadies: Guinness, Budweiser, Pilsner, altbayrisches Hefeweizen, weitere regionale Biere, alles v. F. (2,00-6,40)
	Wein	Deutsch, fein und teuer (7,00-8,00)
	Sekt und Schampus	Vielleicht auf Anfrage
	Spirituosen	Korn, Wacholder, Bitter; sonstige Branntgeister (2,00-11,50)
	Alkoholfreie Getränke	Fachingen, Apollinaris, Granini-Nektare (2,80-4,00)
	Heißes	Crème de la crème (3,20-6,80)
	Essen	„Hausgemachte und regionale Spezialitäten"

	Musik	Wo kämen wir denn da hin?
	Lektüre	Alles, was das Herz begehrt – WN, MZ, Welt, FAZ, Süddeutsche, Handelsblatt, Rheinischer Merkur, Bayernkurier …
	Luft	Die ist echt vom Allerfeinsten
	Hygiene	So haben wir es gern
	Publikum	Polit-Promis und die Damen und Herren von Welt
	Service	Schwarzweiß
	Preisniveau	Wer hat, der kann – Dabeisein kostet

Münster — THEATERCAFÉ

Theatercafé

Auferstanden aus Ruinen

♀♀♀♀

THEATERCAFÉ
Neubrückenstr. 63
Münster
Tel. 02 51/51 13 29

Mo-So 9.00 - 3.00
Küche 9.30 - 1.00

150 Sitzplätze
35 Stehplätze
100 Plätze
im Innenhof bis 3.00

Stadttheater:
Buslinie 10
Parken: tagsüber
Stadttheater-
Tiefgarage, abends
geht's auch anders

Früher hieß es noch *Café Souffleur* und man flüsterte, daß es dort nicht allzuviel zu sehen und zu tun gäbe. Also mied man es und überließ es seinem Schicksal. Doch wie aus den Ruinen des alten Theaters, das leider den Attacken des zweites Weltkriegs zum Opfer fiel (und nicht, wie böse Zungen behaupten, dem schlechten Programm), ist das *Theatercafé* auferstanden. In dem großzügig angelegten Raum sitzt man an kleinen Bistrotischen, oder aber man lehnt sich möglichst lässig an Stehtische. Zwei große Fensterfronten – davon besonders die zum Innenhof gerichtete – vermitteln den Eindruck, auf einer großen Bühne zu stehen, deren Kulisse die zum Teil noch erhaltenen Mauern des alten Theaters bilden. In Form und Gestaltung erinnern diese an einen römischen Aquädukt, was dem Ganzen noch einen Touch von klassischer Dekadenz gibt. Im Sommer sitzt die feine Gesellschaft natürlich dort draußen und philosophiert über das Geschick der Welt. Diese vornehmen Gefilde füllen sich schnell mit Publikum, wenn das Bildungsbürgertum in den Pausen und nach dem Theater zur Tasse Kaffee oder dem Glas Sekt eilt. Und danach, wenn auch die Akteure des Geschehens dazustoßen, bekommt man schon mal selbst das Gefühl, auf den berühmten Brettern zu stehen, die angeblich die Welt bedeuten. *rex*

Bier	Normales und Seltenes wie Bolten Alt, Schneider Weizen oder Alt Pott's Landbier (3,00-4,80)
Wein	Separate Weinkarte mit reichlich Auswahl (2,50-6,50)
Sekt	Hausmarke (5,00)
Spirituosen	Reichlich International-Hartes: Liköre, Tequila Sanza, Bitteres, Rum, Brände (2,00-6,50)
Alkoholfreie Getränke	Tönissteiner still und lebhaft, bittere Sprudel und Niehoffs süße Säfte, auch öko (2,50-5,00)
Heißes	Kaffee, Tee, Grog und heiße Cocktails (2,50-6,50)
Essen	Reichlich Frühstück, Salate, Suppen, Gemüsiges, Fisch, Gebratenes und wöchentlich wechselnde Menüs

Musik	Nicht klassisch, sondern Rock, Pop und manchmal Irish Folk
Lektüre	Lesezirkel, Tageszeitungen und Szene-Blätter
Luft	Hier können auch Nichtraucher durchatmen
Hygiene	Nimmt's locker mit dem Klo im Theater selbst auf
Publikum	Stars und Sternchen, Gebildete und viele, die es gerne wären
Service	Sehr aufmerksam, erfüllt auch mal einen Extrawunsch
Preisniveau	Angenehm: günstige Menüs

Münster — **TINNEFF**

Tinneff — Der Dosendamm

TINNEFF
Warendorfer Str. 119
Münster-Mauritz
Tel. 02 51/39 28 64

Mo-Sa 20.00 - 1.00
Belegte Baguettes auf
die Hand

80 Sitzplätze
100 Stehplätze
30 Freiluftplätze von
20.00 - 22.00

Dechaneistraße: 3, 19
Parken: Für die ganz
Lauffaulen

Dösche für Dösche ächte Qualiteit. Wie viele verschiedene Sorten Bier fristen ihr Dasein in nichtglasiger Ummantelung und sind gerade bei münsterschen Tankstellenbesuchern äußerst beliebt? Manche fragen Arzt oder Apotheker, doch die wissen es nicht. Die Antwort auf solch schwerwiegende Frage hängt schüchtern-verschämt an einer Wand im *Tinneff*, vornehm beulend hinter Glas verewigt. Es offenbart sich die Trinkerkultur der Road Movies – James Dean steuerte gewiß die eine oder andere Dose bei. Ein weißblechernes Monument irgendwo zwischen den Spätsechzigern und den Frühnineties. Allerdings: Bislang hat es keiner geschafft, alle durchzuzählen, weil das mächtig durstig macht. Da trifft es sich doch ausgezeichnet, daß die Wirtin schön flott zapfen kann. Das Sieben-Minuten-Pils in 20 Sekunden. Und das sogar mit einer Bomben-Schaumkrone. Über eins haben sich alle „Volksdosenzähler" jedoch noch mehr gefreut: Beim Zählen ist noch niemand naß geworden – kein Wunder, die ganze Decke hängt voller Regenschirme. Außerdem hat keiner mehr Angst, ihm könnte der Himmel auf den Kopf fallen. Jedenfalls ein Wallfahrtsort für alle Sammelfetischisten. Die dürften sich nur gelegentlich mit den Freunden guter Live-Musik ein wenig ins Gehege kommen, das Rumgestaune angesichts der entfalteten Knirpse könnte doch die Rock'n'Roll-never-dies-Atmosphäre stören. *wli*

Bier	Krombacher, Gatzweiler Alt v. F., Einbecker Ur-Bock (3,10-5,00)
Wein	Schnöde vier Sorten (5,00)
Sekt	Voll die Hausmarke, ey! (Fl. 28,00)
Cocktails	Wüste Mischungen ohne Ende (4,50-5,50)
Spirituosen	Für abgebrühte Schlucker (2,50-5,00)
Alkoholfreie Getränke	Weil's Spaß macht und schmeckt (2,80-5,60)
Heißes	Grog, Grogger, Groggy (2,80-5,50)
Essen	Bier und Vitamin-C-Tablette muß reichen

Musik	Ohrwürmer in CD-Qualität
Spiele	Schach, Backgammon, Billard, Kicker, Spielesammlung
Lektüre	Nur Szeneblätter
Luft	Gutes muß nicht teuer sein
Hygiene	Handwerk hat sauberen Boden
Publikum	Mensch, Kalle, alter Kumpel!
Service	Willste noch'n Bier?
Preisniveau	Nehmt doch wenigstens das Trinkgeld!

Münster — TORHAUS

Gedämpfter Weltschmerz

TORHAUS
Mauritzstr. 27
Münster
Tel. 02 51/4 53 73

Mo-Fr 17.00 - 24.00
Sa 11.00 - 15.00
18.00 - 1.00
Küche 18.00 - 22.00

35 Sitzplätze
20 Stehplätze

Mauritztor: Buslinien
2, 22, 5, 11
Parken ziemlich
schwierig

Hier sollen einst preußische Steuerbeamte ihr garstig Spiel mit reisenden Kaufleuten getrieben haben? Woran im letzten Jahrhundert jeder – möglichst eilenden Schrittes – vorbei wollte, ist jetzt eine Zufluchtstätte. Beim Eintreten nicht zu lang in den Spiegel geschaut, wer mag schon das neueste Augenfältchen entdecken? Die Schale stimmt, nicht zu stylish, gepflegter Trinkanzug. Wohin der Blick auch wandert, Uhren. Antik. Und stehengeblieben. Putten winken dem Hängechronometer zu. Adieu der temps perdu. Wie schön, jetzt dringt der Weltschmerz durch. Wohlig, warm. Warm wie das gedämpfte Licht, das der schönsten Kneipenkunst der Stadt erst die passende Umgebung bereitet. Und nun die Stimme angepaßt! An der Theke wird schon mal laut aufgelacht, an den Tischen nicht. Da treffen Frauen im Hochsommer des Lebens die älteste Freundin. Ein Fläschchen Wein bestellt, die Kartoffelplätzchen mit Lachs dazu und noch ein Blick auf die Standuhr. Die zeigt halb sieben an. Ach ja, die guten, alten Zeiten: „Kannst du dich noch an Ulli erinnern?" Oder an Spyros? Der ist weg, „macht mir aber eigentlich nicht viel aus!" Noch ein Fläschchen. O Vergänglichkeit, ich merk's, daß wieder ein Vierteljahr rum ist, wenn die Bilder wechseln. Nur die Herren starren im Klo dauerhaft auf den blanken Barockbusen. Zwei im Frühsommer des Lebens kommen rein. Finden die Kunst schön und das Licht. Und bleiben. Irgendwann werden sie als Stammgäste kommen. *igor*

	Bier	Krombacher, Hacker Pschorr, Frankenheimer Alt v. F., Pschorr Weizen, Kelts (3,30-5,00)
	Wein	Kleine, feine Auswahl zum gepflegten Absacken (5,30-9,00, Fl. 21,00-28,00)
	Schampus	Mercier und Schloß Wachenheim (Fl. 32,00-75,00)
	Cocktails	Four tropical Drinks and eight Standards (7,50-11,00)
	Spirituosen	Welt-Schmerzmittel von soft bis hart (3,50-12,00)
	Alkoholfreie Getränke	Wie im heimischen Kühlschrank, nicht mehr (2,50-3,00)
	Heißes	Tasse Kaffee oder Espresso? (2,50-3,00)
	Essen	Auswahl klein, aber fein (alle 8 Wochen wechselt die Karte)

	Musik	Melodien für die Ewigkeit, die nicht weiter stören wollen
	Lektüre	Gibt's komischerweise nicht
	Luft	Zu „wohlig" gehört „warm"
	Hygiene	Tipptopp
	Publikum	Vorzugsweise die Drei als erste Stelle auf dem Geburtstagskuchen
	Service	Angemessene, dezente, aufmerksame Freundlichkeit
	Preisniveau	Auch für lange Plauderabende geeignet

Münster TREIBHAUS

Treibhaus
Impressionistische Flower-Power

♟♟♟♟♟

TREIBHAUS
Steinfurter Str. 66
Münster
Tel 02 51/29 80 40

Mo-So 18.00 - 1.00
Küche 18.00 - 23.00

95 Sitzplätze
(Reservierung sinnvoll)
10 Stehplätze an der Theke
80 Sitzplätze auf der Terrasse bis 1.00

Orleans-Ring:
Buslinie 1
Parkgelegenheiten in der Umgebung

Purer Impressionismus in der Zeit der Halo-Spots und Alessi-Diktion. Du befindest dich inmitten eines farbenprächtigen Blumenmeeres. Ein Festmahl, gegen das Manets „Frühstück im Freien" eine Armenspeisung ist, liegt vor dir ausgebreitet auf pastellenem Tuch. Neben dir ruht die Rose deines Herzens. Ihr meinst du imponieren zu können, indem du mit Kennermiene einen Beaujolais Villages zum Mahl wählst und von den alltäglichen Anforderungen deiner Profession berichtest. Doch dein weicher Kern ist bereits infiziert. Es umfängt euch zart-orangener Dämmerschein, den kein Aquarellfarbkasten der Welt jemals so hinkriegen wird; Kerzenschein und die Glut des nahen Feuers zaubern einen unglaublich warmen Ausdruck auf die Wangenknochen deiner Gefährtin, lassen ihr Antlitz erscheinen wie einem Gemälde Renoirs entsprungen. Deine Nase mixt den Geruch verbrennenden Holzes, milden Blütenduftes und das weiche Bouquet des Beaujolais. Das Lammfilet provençale zergeht auf der Zunge, das Kartoffelgratin ist über jede Mikrowelle erhaben. Die harte Schale zerbröselt zu Staub, den der Sommerwind davonträgt. Schweigen begleitet den versinkenden Tag. Die Nacht gehört dem Wein und der Philosophie. Essen und Trinken mögen menschliche Bedürfnisse sein: Genießen ist eine Kunst! *igor*

	Bier	Beck's, Gatzweiler, Altbierbowle v. F., Weizen, Kelts, Remmer Light (3,20-5,00)
	Wein	Oh Hasensprung übern Stein, folgest dem Pilgerpfad mit Gotteshilfe – aber nur bis Bechtheim (5,50-7,50)
	Sekt und Schampus	Schloß Wachenheim, Mumm, Moët & Chandon (Fl. 35,00-90,00)
	Cocktails	Le Kir, Kir Rojal und Grüne Wiese (5,00-6,00)
	Spirituosen	Harter Stoff gegen den weichen Kern (2,00-5,00)
	Alkoholfreie Getränke	Traubensaft aus der Erzeugerabfüllung (2,80-3,50)
	Heißes	Gegen kalte Frühjahrswinde (3,00-5,00)
	Essen	Hervorragende Küche, nicht nur im französischen Stil: Ein Grenzfall zum *Shrimps-und-Schaschlik*-Restaurantführer

	Musik	Könnte vom Stil her der Atmosphäre besser angepaßt sein
	Lektüre	Lies die Vergänglichkeit des Lebens aus Glut und Flammen
	Spiele	Holz holt der Wirt selbst
	Luft	Symbiotischer Duft von Trockenblumen und Kaminfeuer
	Hygiene	Kann ein Blumengarten schmutzig sein?
	Publikum	Manchmal Genießer sein …
	Service	Höflich, flink und unauffällig
	Preisniveau	Wer hier die Mark zweimal umdreht, ist selbst schuld

Münster — TRIBUNAL

TRIBUNAL — Come Together?

TRIBUNAL
Kampstr. 26
Münster
Tel. 02 51/27 47 00

Mo-Fr 17.00 - 1.00
Sa, So 18.00 - 1.00
Küche 18.00 - 24.00

120 Sitzplätze
30 Stehplätze
50 Freiluftplätze
bis 22.00

Hoyastraße: Buslinie 7
Wer Glück oder einen Anwohnerausweis hat, parkt

Endlich wieder ein richtiger Sommertag in Münster. Du sitzt vor dem *Tribunal*, blinzelst in die Sonne. Blauer Himmel über der Kreuzkirche. Du weißt, du hast deinen Platz gefunden im Herzen des Kreuzviertels. Einer der besten Plätze, wenn dir nach „Come Together" ist; irgend jemand Bekanntes kommt bestimmt vorbei. Aber dann: Eine drohende graue Wolke schiebt sich hinter dem Kirchendach hervor. 15 Sekunden später regnet es in Strömen. Du fliehst ins Innere. Und bist fasziniert von den hier entwickelten Formen des Zusammenkommens. Türkische Küche trifft deutsches Spießerambiente inclusive Korblampe und Fernseher, der der nächsten Fußball-WM harrt. Münsteraner Thekenbürgertum trifft Studenten. Du torkelst ins Hinterzimmer, wo dich eine herzerfrischende Erinnerung an deine Zeit im Jugendzentrum erwartet, bewunderst die Konsequenz, mit der auf die Schaffung von Atmosphäre verzichtet wurde. Hier drinnen wird nicht das Studium beim In-die-Sonne-Blinzeln verträumt, hier wird getrunken oder Skat gespielt! Dafür müssen rauhe Holztische reichen. Nicht gerade der beste Platz zum Unterstellen! Dann lieber zurück in den Regen. Du sehnst die Sonne herbei, die dich irgendwann wieder vor das *Tribunal* rufen wird. Aber niemals wieder willst du im Innern des *Tribunals* Platz nehmen. *igor*

Bier	Brinkhoff's, Schlösser Alt, Gilden Kölsch, Gräflinger, Einbekker v. F., Valentin's Hefeweizen (3,10-5,50)
Wein	Alle Lieblingsreben Europas (4,50-6,00)
Sekt	Mumm, das muß reichen (Fl. 30,00)
Spirituosen	Vom Hart-Korn bis Mild-Malt (1,40-6,00)
Alkoholfreie Getränke	Standards der deutschen Autofahrergesellschaft (2,50-5,50)
Heißes	Such dir was anderes aus! (2,00-4,50)
Essen	Die türkische Küche vor und zurück, allerdings ohne Pfiff

Musik	Musik muß sein, also: Was läuft unter Mainstream?
Spiele	Zockergerecht: Würfel oder Karten
Lektüre	Die WN fürs Aussetzen beim Kartenspielen
Luft	Der Duft der großen, weiten Zockerkneipe
Hygiene	Ein bißchen Staub und Klo-Drops-Geruch gehört dazu
Publikum	Thekensteher treffen Studenten
Service	Doppeltes Trinkgeld für doppeltes Kassieren? Muß nicht sein
Preisniveau	Wie das Getränkeprogramm: Zocker-Standard

Münster — TRIPTYCHON

TRIPTYCHON

Off Prinzipalmarkt

☥☥☥☥☥

TRIPTYCHON
Am Hawerkamp 31
Münster
Tel. 02 51/66 18 88

Fr, Sa 21.00 oder
22.00 bis in die
Puppen
Unregelmäßig an
anderen Wochentagen
(bei Live-Acts)

35 „Sitz-
gelegenheiten"
350 Stehplätze

Halle Münsterland:
Buslinien 6, 8
Parkplätze auf dem
Gelände oder in der
Umgebung

Unser Weg führt durch eine Gegend, die von der Jubiläumsputzsucht nicht viel abbekommen hat, eher aussieht wie Bitterfeld kurz vor der Maueröffnung. Farbige Irrlichter weisen den Weg. Die Stahltreppe erklommen und erst mal den Begrüßungsschluck Tequila (mit Zitrone) genommen, für zwei Mark von Trittbrettfahrern gereicht. Zwei Gestalten, denen wir früher nicht mal die Klassenkasse anvertraut hätten, erheben den Eintritt, geben auch dem Nichtverkleideten den Weg frei in das Hallenreservat des münsterschen Underground. Die Megabässe hauen mich unmittelbar aus den Latschen. Ich suche Halt, orientiere mich erst mal, soweit die dichten Nebelschwaden das überhaupt zulassen. Am besten gar nicht mehr atmen! Die letzten Tekkno-Stürme haben ein Bild der Verwüstung hinterlassen. Geblieben sind Einrichtungsgegenstände, die die Entlassenenhilfe nicht übernehmen wollte. Auch musikalisch blieb nur Trash übrig. Trutzig erheben sich die Boxen, die die Größe eines Studentenwohnheimkleiderschranks erreichen. Unmittelbar vor den Bass-Chassis bewegen sich ekstatische Wesen mit Pudelmützen, Schnürlederhosen und wehendem Haupthaar. Die notwendigen Pausen vertreibt man sich mit Flaschenbier oder Petting auf dem Schmuddelsofa. Geil, als neulich von einem echten Warendorfer Standesbeamten eine Massentrauung abgehalten wurde. An den richtig herum aufgesetzten Baseballkappen sind Neulinge leicht zu erkennen. Die überlegen jetzt schon, was sie morgen früh den Eltern erzählen, wenn die fragen: „Na, Kind, wo warst du gestern abend?" *igor*

Bier / Wein / Sekt und Schampus / Spirituosen / Alkoholfreie Getränke / Heißes	Die Partyveranstalter wechseln. Daher sind keine verbindlichen Angaben möglich. Immer gibt's reichlich Flaschenbier (2,50-3,00), dazu Spirituosen-Spezialitäten wie der oben erwähnte Tequila (2,00-2,50). Wer unbedingt will, kann meist auch Mineralwasser (günstig, 1,00-2,00), Cola, „O" und „A"-Saft bekommen (1,50-2,50). Ganz feierlich wird's, wenn die Veranstalter Sekt (Gl. um 4,00) bereithalten.
Musik	Neuerdings weniger Tekkno, mehr Trash, Heavy, Wave, ab und zu live
Spiele	Wer reißt sich die meisten Baseballkappen unter den Nagel?
Lektüre	Kein Kommentar
Luft	Die Lungen kämpfen ihr letztes Gefecht
Hygiene	Jegliche fehlenden Erwartungen werden bestätigt
Publikum	Die Kids, mit denen wir früher nie raus durften
Service	Nicht gerade die alte Hotelschule
Preisniveau	Eintritt 5,00-10,00, danach kampftrinkfreundliche Preise

Münster — TROPICANA

Paradies mit kleinen Fehlern

♀♀♀

TROPICANA
Bergstr. 30a
Münster
Tel. 02 51/51 88 77

Di-Sa 17.30 - 1.00
So 19.00 - 1.00
Küche 17.30 - 1.00

60 Sitzplätze
20 Stehplätze

Schlaunstraße:
Buslinie 7
Parken: Wochenends
unmöglich, sonst
langes Suchen

BMW und Suzuki-Jeep halten direkt am Pier. Hier legt das Luxus-Bacardi-Floß ab, Richtung Palmeninsel mit weißem Sand. BAföG-Empfänger bleiben zurück an der Felsenküste. Das *Tropicana* ist keine schmierige Strandkneipe, das ist Dominikanische Republik-Cluburlaub, fortgesetzt mit anderen Mitteln. Die lustig-bunten Vorhänge halten die verregnete Tristesse draußen. Walasse Ting-Papageien an der Wand, klar, da dringt der Dschungel fast automatisch ins Hirn vor. Selbst der Barman ist authentisch farbig. Bei so viel Atmosphäre werden Erinnerungen wach: „Weißt du noch, als du noch vor Sonnenuntergang wegen der acht Sundowner kotzen mußtest?" Nur: Wo sind die Palmen? Überall pflegeleichtes Hydro-Grün, da muß der Einrichtungsberater was übersehen haben! Und was macht das westfälische Traditions-Pils im Paradies? Aber gemach: Nur heimliche Arenal-Fans werden hier ein Bier verlangen. Die Cocktailauswahl dagegen würde der Absacker-Bar jedes Robinson-Clubs zur Ehre gereichen. Allerdings – kleiner Geschenktip fürs nächste Bar-Jubiläum – ein Buch sollte noch gelesen werden: „Cocktails – phantasievoll dekoriert". igor

	Bier	Rolinck (auch light), Westfälisch Alt v. F., Erdinger, Kelts, Guinness (2,20-6,00)
	Wein	Bessere deutsche und französische: Chardonnay, Les Perries, Côtes de Provence, Riesling und Spätburgunder (7,00)
	Sekt und Schampus	Wachenheimer Extra Cuvée (38,00), Boulard, Moët & Chandon und Veuve Clicquot (75,00-95,00)
	Cocktails	Von Sierra Leone über Acapulco zu „Partnerschaftscocktails" (Singles 9,50-11,00), Longdrinks (6,50-7,50)
	Spirituosen	Bitters, Cognac, Whiskies, Aperitifs, Digestifs (2,10-7,00)
	Alkoholfreie Getränke	San Pellegrino, „Easy Driver"-freundliche, alkfreie Cocktails und außerdem Übliches (3,20-7,50)
	Heißes	Dreierlei Schokoladen, Irish Coffee (2,50-8,00)
	Essen	Westindische und (fast echte) indische Küche; Geflügel und Meeresfrüchte haben Vorrang!
	Musik	„Tropical Hits", Vol. 1-12
	Lektüre	Lesezirkel und Stern
	Luft	Wie im Klimaanlage-Speiseraum in Santo Domingo
	Hygiene	Wie im 3-Sterne-Hotelzimmer in Santo Domingo
	Publikum	Sparkassenangestellte, städtische Angestellte ab gehobenem Dienst und die anderen
	Service	Wird erst besonders freundlich, wenn der Cocktail und nicht das Bier bestellt ist
	Preisniveau	Etwas billiger als der Flug in die Karibik

Münster — TSCHAIKA

Na denn, Na Sdorowie!

TSCHAIKA
Neubrückenstr. 73
Münster
Tel. 02 51/4 36 82

Mo-So 11.00 - 3.00
Küche 11.00 - 1.00

56 Sitzplätze
50 Stehplätze
Im Sommer ein paar
Tische vor den Türen

Stadttheater:
Buslinie 10
Parkplatz direkt
gegenüber

Als Wassily Boristschenko wieder einmal in Münster war, verspürte er nach einiger Zeit großes Heimweh nach Mütterchen Rußland. Eines Abends kam er auf seinem Weg zurück ins Hotel am *Tschaika* vorbei. „Rrrrodina" dachte er sich, was auf deutsch „Heimat" bedeutet, und trat sofort ein, doch was er zu sehen bekam, stimmte ihn ein wenig nachdenklich. Eine alte zaristische Uniform war zunächst alles, was ihn an sein weit entferntes Zuhause erinnerte. Am gegenüberliegenden Ende des Raumes ein kleiner Käfig, der einer Kajüte oder der Brücke (wegen des Steuerrades) eines Schiffes nachempfunden ist, und an anderer Stelle das große Modell eines alten Segelschiffes, vielleicht eine Fregatte der russischen Marine? Überhaupt erinnerte ihn die Einrichtung mehr an eine Mischung aus Irish Pub, Seemannsspelunke und kleiner Kneipe in unserer Straße. So setzte er sich denn an die Theke und bestellte ein Glas Krimsekt, und dann noch eins, und noch ein nächstes. Und als das alles nicht ausreichte, noch ein paar Wodkas hinterher. Gern hätte er noch einmal den Russischen Bären steppen gesehen oder Lieder aus der Heimat gehört, doch gerade liefen wieder ein paar Oldies und Sting schluchzte „I hope the Russians love their children too". Noch einen Wodka, und er schlägt mit der Stirn auf den Tresen, was aber ohne Folgen bleibt, denn der ist gut gepolstert. Waren schon ein paar Exilrussen mehr hier? *rex*

Bier	Jever Pils und Light, Schlösser Alt v. F., Guinness, Tucher Weizen und andere aus der Flasche (3,40-6,00)
Wein	Einen Russen, einen Franzosen und zwei Deutsche (6,50)
Sekt	Hausmarke, Mumm und Veuve Clicquot (Fl. 55,00-95,00), Krimsekt nur aus dem Glas (8,50)
Spirituosen	4 russische Wodkas, angelsächsischen Whiskey und anderes Internationales (3,00-5,50)
Alkoholfreie Getränke	Nichts Revolutionäres (3,00-3,50)
Heißes	Schöne Spezialkaffees mit diversen Schnäpsen (3,00-6,50)
Essen	Von „Salat Petersburg" über „Pasta Molotow" bis „Boeuf Stroganoff"

Musik	Oldies und Hits der 80er
Lektüre	Stern, Playboy, interessant ist die WN über den Pissoirs
Luft	Durchaus erträglich
Hygiene	Die berühmte Moskauer Metro soll ähnlich sauber sein
Publikum	Du und ich, etwas schickere und ab und zu mal ein Exilrusse
Service	Besticht durch russische Freundlichkeit
Preisniveau	Medium, aber bei weiter fallendem Rubelkurs wird's hart für unseren Wassily

Münster   **TÜRMCHEN**

Bierrestaurant Türmchen

Wenn der Vater mit dem Sohne ...

ΨΨΨΨ

TÜRMCHEN
Prinz-Eugen-Str. 60-62
Münster
Tel. 02 51/7 26 12

Mo, Di, Do-Sa
17.00 - 1.00
So 11.30 - 14.00
17.00 - 1.00
Küche 18.00 - 22.30

70 Sitzplätze im
Innern
100 Plätze im
Biergarten
von 17.00 - 23.00

Alter Schützenhof:
Buslinien 1, 2, 9
Sentmaringer Weg:
Buslinie 15
Parken: Wohnbezirk

Kommet alle, die ihr beladen seid von einer unbändigen Sehnsucht nach westfälischer Urgemütlichkeit! Erlebt die typische Münsterland-Kate(r)stimmung, und das nur ein paar Meter vom eigenen Hauseingang entfernt! Vergeßt die endlosen Fahrradtouren zu Wasserburgen und überteuerten Ausflugslokalen! Auf den Stühlen, die im Schloßmuseum ein „Please don't touch"-Schild krönt, dürft ihr euch hier zu einer Rast von des Tages Mühen niederlassen. Genießt die Maserung der Holzvertäfelung, die schon so manches Töttchen-Mahl gesehen hat. Bringt Oma, Opa, Eltern, Schwiegereltern und Lebensabschnittsbegleiter, alle werden sie es mögen: im Winter den mehr als authentischen Kamin, in dem ein gar lustig Feuer brennt, im Sommer den gepflegten Biergarten, in dem sich die Gäste nicht mal selbst bedienen müssen, sondern von eilfertigen Bedienungen abserviert werden. Ein Traum: die ganze Sippe sitzt um die lange Tafel versammelt, lauscht dem Toast, den der Urgroßvater ausbringt, und darf schließlich über das gemeinsame Bauernfrühstück herfallen. Vati, der zur Zeit der Abenddämmerung bereits das siebte Bit intus hat, nimmt den Stammhalter zur Seite, spricht: „Mein Sohn, höre den Rat deines Vaters. Sollte der Tag kommen, wo du eine junge Maid aus gutem Hause rumkriegen willst, dann möge dies der Platz sein, an dem du sie fragen wirst, im Dämmerschein am wärmenden Ofen." Und der Sohn wird denken: „Wenn der Alte wüßte, daß ich sie längst schon im *Triptychon* gefragt habe." *igor*

	Bier	Bitburger (auch im 1-Liter-Steinkrug), Bit Drive, Frankenheim Alt v. F., Bit Light, Pott's Landbier, Weizen (3,00-9,50)
	Wein	Viertele ohne große Ansprüche (6,00)
	Sekt und Schampus	Nicht übermäßig spritzig: Nichts als Mumm (Fl. 28,00; Piccolo 8,00)
	Spirituosen	Das Angebot aus Vatis Hausbar inkl. „Tequilla" (1,50-6,00)
	Alkoholfreie Getränke	Für die lieben Kleinen und Vatis Führerschein (2,00-4,00)
	Heißes	Schonkaffee für Oma, oder doch 'nen Irish Coffee? (2,50-5,00)
	Essen	Viel Fleisch, viel Ehr (zusätzlich wechselnde Tageskarten)

	Musik	So leise, daß sie nicht mal Opas Nickerchen stört
	Lektüre	Für jeden etwas: WN, „na dann" und Motorrad Journal
	Luft	Drinnen ist's – ob im Januar oder Juli – immer mollig warm
	Hygiene	Der Westfale an sich ist sauber
	Publikum	20- bis 92jährige, die's commod mögen
	Service	Auch Westfalen sind nicht immer und überall stur
	Preisniveau	Essen nicht gerade auf Pizzeria-Niveau (aber auch besser), Getränke machen keinen arm

Münster — TWINS

Jump!

Filigran federn die Finger übers Mischpult. Noch ein bißchen und noch ein bißchen und zack! Feinster Rocksound aus der Bon-Jovi-Schmiede ergießt sich über Rocker und Rockerinnen, Stars und Sternchen. Im *Twins* wird nicht einfach nur Sound aus der Konservendose geboten, sondern noch millimetergenau ausgesteuert. Der Rock 'n' Roll wird hier niemals sterben – dafür sorgen die Wirte Peter und Peter. Ähnlich dem Filmpärchen Arnold Schwarzenegger und Danny de Vito haben sie lediglich den Namen gemein. Wer jetzt allerdings welchem filmischen Vorbild ähnlicher ist, müssen beide schon untereinander ausknobeln ... Der lebhaften Szenerie will natürlich auch was Buntes geboten sein: Hemden im guten alten Westernschnitt zieren als Auslagen die Schaufenster in der Pinte. Rechts und links drapiert mit den Konterfeis von Sitting Bull und – nein, nicht Winnetou – dem stolzen Indianerhäuptling Red Cloud. Zwei, drei Jim Beam später: Beim „Erbarmungslos" rockenden Clint Eastwood sitzt der Colt heut' wieder locker. Also erst mal einen Coin in den Spielautomatenbanditen geschossen und ein T-Bone-Steak bestellt. So, jetzt drei Kilkennys hintergekippt, schon ist die Welt wieder gerade gerückt. Wenigstens muß ein „Light-Rocker" nicht auf seine schlanke Figur achten, denn: Hier muß halt keiner den Affen machen. Oder? *wli*

TWINS
Mauritzstr. 19
Münster
Tel. 02 51/5 59 40

Mo-Do 18.00 - 1.00
Fr 18.00 - 3.00
Sa 11.00 - 3.00
So 11.00 - 1.00
Küche bis 0.30

70 Sitzplätze
40 Stehplätze

Mauritztor:
11, 12, 14, 22
Parken: Platz genug
für die Feuerrösser

Bier	Rolinck, Westfälisch Alt, Guinness, Kilkenny v. F., Erdinger Weizen (3,30-5,50)
Wein	Hein, hau den Wein rein (0,2l 5,50)
Sekt und Schampus	Flaschenweise Blubberwasser (Fl. 25,00-90,00)
Spirituosen	Rasante Rachenputzer (3,00-5,00)
Alkoholfreie Getränke	Die reinste Saftpresse (2,50-3,00)
Heißes	Kaffee aus eimergroßen Pötten – für die ganz Süchtigen (2,80-5,50)
Essen	Frühstück, Mittagessen, Abendbrot – und alles topfrisch
Musik	Man höre und staune!
Spiele	Darts, Kicker, Schach, Backgammon, Spielesammlung und Karten (nicht gezinkt)
Lektüre	Lauter Heftchen über die „neuesten" Nachrichten aus der Studentenszene
Luft	Unglaublich, aber glasklar
Hygiene	Beckensteine sind keine Lutschpastillen
Publikum	Light-Rocker
Service	Mutti kann auch nicht schneller kochen
Preisniveau	Nicht niveaulos, sondern angemessen

Münster — WOLTERS

WOLTERS — Voulez-vous Wolters?

WOLTERS
Hammerstr. 37
Münster
Tel. 02 51/52 44 08

Mo-Sa 17.00 - 1.00
So 10.00 - 1.00
Küche 18.00 - 24.00
So 12.00 - 24.00

200 Sitz-/Stehplätze

Goebenstraße:
Bus 1, 2, 9, 22
Parkplätze: Lokal
langsam einkreisen

Für den verwöhnten Feld-, Wald- und Wiesenspanner ist das *Wolters* ein absolutes Muß. Von den Tischen aus, die dezent auf dem Bürgersteig an der münsterschen Hauptausfallstraße postiert sind, kann man prima die Mitmenschen bei ihrem täglichen Tun beobachten. Und – auch in Münster ganz besonders wichtig – man wird selbst gesehen. Mit all dem Straßenlärm, den ständig übers Trottoir wuselnden Menschen und dem ganz normalen Verkehrschaos vermittelt der Standort einen Hauch typisch pariserischer Atmosphäre. Da macht sogar das Sonntagsfrühstück Spaß, wenn Pappi seine frisch gebügelte Familie zum Spaziergang dirigiert, derweil bei *Wolters* just das dritte Glas Schampus gekippt wird. Und das vorm Mittagessen! Wem's draußen schließlich zu heftig zugeht, der kann sich's drinnen gemütlich machen, ein Bierchen schlürfen, oder etwas aus der exzellenten Küche bestellen. Ein Laden, der es schlicht jedem auch noch so abgedrehtem Geschmack recht macht – und gerade deshalb selten langweilig wird. Besonders lobenswert: Eine behindertengerechte Toilette. *wli*

Bier	Veltins, Bitburger, Diebels Alt v. F., Pinkus Spezial öko, Maisels Weizen, Andechser Doppelbock (3,10-5,50)
Wein	Volles Weinprogramm, bestens sortiert, auch ökologisch angebaut (5,00-6,50, Flaschen 22,50-60,00). Empfehlenswert ist der Medoc!
Sekt und Schampus	Mumm, MM, Albert Etienne, Veuve Clicquot (Fl. 23,00-90,00)
Cocktails	Klassiker à la Schumann's, Weiteres auf Wunsch des Gastes (7,00-9,00)
Longdrinks und Spirituosen	Longdrinks für Dr. Jekyll und 'ne Menge Hartes für Mr. Hyde (3,50-8,50)
Alkoholfreie Getränke	Milchshakes für Muttis müden Liebling, Kefir, Demeter-Säfte (2,60-5,50)
Heißes	Lumumba, hochprozentige Kaffee-Variationen und der ganze Rest (2,50-7,00)
Essen	Alles, was man auf einer Herdplatte erhitzen kann und was jeden Cowboy schwärmen läßt; Superfrühstück, vernünftiges Tagesangebot

Musik	Rock-Pop-Oldies aus der guten alten Zeit
Spiele	Schach, Backgammon, Karten, Würfel
Lektüre	Tagespresse, Illustrierte, Lesezirkel
Luft	Tief durchatmen auch noch um Mitternacht möglich
Hygiene	Einfach in den Spiegel gucken
Service	Immer da, wenn's mal in der Kehle brennt
Preisniveau	Tut nicht übermäßig weh im Portemonnaie

Münster ZIEGE

Auge um Auge

ZIEGE
Kreuzstraße 33-34
Münster
Tel. 02 51/51 90 37

Mo-So 20.00 - 1.00
20 Sitzplätze
20 Stehplätze
20 Freiluftplätze von
18.00 - 22.30

Rosenplatz: 1, 5, 6
Parken: Wer ein paar
Meter zu Fuß in Kauf
nimmt, hat keine
Probleme

„Wer will was von mir, he?" Hein Daddeldu, Käpt'n der *Ziege*, schwankt durch sein Kuriositätenkabinett, rudert wild mit den Armen und deutet verzweifelt (wie auch sonst?) auf seine schwarze Augenklappe. „Hab' ich irgendwie grad Streß mit, aber ich find' das Ding schon wieder." Wahrscheinlich hat er sein Ding beim letzten Entern verloren. Keine Bange, es ist nicht Captain Ahab, der gerade an Deck rumtobt, sondern nur der Wirt (Maat) Volker Schrey, der irgendwie Ärger mit seinem Auge hat, sich aber von seinem Bein bestimmt nicht trennen will. Macht nichts – für seine Döppen hat „uns Volker" im Zweifelsfalle noch ein prima Kassengestell auf der Nase sitzen. „Man weiß ja nie, ob und wenn ja und vielleicht wie überhaupt." Soso. Na gut, zur Not können wir uns ja auch mit nur einem Auge prächtig unterhalten. Es wird schon keiner kielgeholt werden, es sei denn, „Hook!" erscheint am Horizont und wird auf die meckernde Gall(e)one mächtig neidisch. So ein Kerl hätte vor gestandenen Trinkern höchstwahrscheinlich überhaupt keinen Respekt. Also mindestens genausowenig wie vor der *Ziege*, Münsters mit Abstand kleinster Kneipe, die auch noch Platz für ein paar tausend Miniaturflaschen und eine Eisenbahn hat, die tatsächlich kräftig stampfend über den Köpfen der Gäste vorbeirollt, gönnerhaft belächelt von einer *Ziege*, die nicht so direkt sagen will, ob sie noch lebt oder nur ausgestopft ist. Hier wird man noch freundlich begrüßt. „Toll, woher wußtet ihr, daß just ein Platz frei geworden ist?" Kleine Kneipe – winzige Toilette. Oder: Wer ist 190 Zentimeter groß, wiegt 100 Kilogramm und mußte schon mal diagonal zum Porzellan seine Pflicht erfüllen? Bestimmt nicht nur der Schreiber dieser Zeilen ... *wli*

	Bier Wein Spirituosen	Für die Ziege gibt es keine Getränkekarte, also einfach reingehen und KöPi bestellen. Alles Weitere ergibt sich irgendwann dann eh' von selbst.
	Musik Spiele Lektüre Luft Hygiene Publikum Service Preisniveau	Oldies but Goldies – und das in erstaunlich guter Qualität Würfel und Karten auf wenigen Quadratzentimetern Hier ist kein Platz zum Zeitunglesen Die Lüftung kommt aus einer Pinte, die zehnmal so groß ist Das sollte auch für die Ziege reichen. Für die natürlichen Bedürfnisse reicht's Biertrinker, die sich nicht für Getränkekarten interessieren Freut sich über jeden Gast Je durstiger, desto teurer

Münster — ZUM ALTEN PULVERTURM

Winterschlaf

ZUM ALTEN PULVERTURM
Am Breul 8-9
Münster
Tel. 02 51/4 58 30

Mo-So 16.30 - 1.00
Küche bis 23.30

115 Sitzplätze
250 im Biergarten bis 22.00

Kreuzschanze: Bus 7
Parkplätze: Wer auch seitlich-rückwärts parken kann ...

Der *Pulverturm* wurde schon vor zweihundert Jahren geschliffen. Weil Münster so selten vom eigenen Bischof belagert wurde, nachdem die Wiedertäufer zu Tode gepiesackt worden waren, mußten die Poahlbürger den Abriß eigenhändig erledigen. Davon bekamen sie so großen Durst, daß sie an gleicher Stelle ein Wirtshaus errichteten. „Gelage statt Belagerung" hieß die Devise. Da sich sture Westfalen neumodische Namen sowieso nicht merken konnten, nannten sie die Schenke der Einfachheit halber *Zum alten Pulverturm*. Die tatkräftigen Münsteraner verwandelten auch gleich den ehemaligen Festungswall in eine innerstädtische Radfahr-Schnellstraße, damit sie auf ihrem Lieblingsgefährt diesen Hort bürgerlicher Gastlichkeit gefahrlos erreichen konnten. Von nun an besuchten die tapferen Einwohner nach dem Kirchgang den *Alten Pulverturm*. Sie fanden sich an Stammtischen zusammen, um ihr Pulver nunmehr verbal zu verschießen. Nur in der Mitte des Thekenraumes gemahnt heute noch ein Mauerrest mit Schießscharten an vergangene Festungstage. Das Gasthaus ist inzwischen selbst zu einer Trutzburg der Tradition geworden. Im Winter ist auch das Publikum bejahrter, der *Alte Pulverturm* verlockt zum Einigeln und Muschelnessen. Im Sommer strömen wieder Massen radelnder, dürstender Stadtpflanzen jeden Alters über die inzwischen baumbestandene Promenade, wohl ohne daran zu denken, daß hier ehemals ein Wall den alten Stadtkern umschloß. Sie wissen nur, daß Münsters schönster Biergarten seine Pforten endlich wieder geöffnet hat: „Ein großes Pils, bitte!" *ak*

Bier	Krombacher v. F., Pinkus, Hollenbecker, Erdinger (2,00-4,60)
Wein	Baden, Mosel, Rheinpfalz, Elsaß, Languedoc (4,50-6,50)
Sekt und Schampus	Sir Eminenz, Chandon, Champagne Pommery (25,00-70,00)
Cocktails	Pulverturmcocktail, Longdrinks und Aperitifs (3,80-6,00)
Spirituosen	Westfalen grüßt den Rest der Welt! (1,50-4,80)
Alkoholfreie Getränke	Sogar Regina und Mirinda, Pulverturm-Mix (1,80-5,50)
Heißes	Kaffee, Espresso, Cappuccino, Schoko, Tee, Grog (2,80-4,00)
Essen	Für kleinen und großen Hunger, Kinderkarte zum Ausmalen

Musik	Je nach Thekendienst, angenehme Untermalung
Lektüre	Lesezirkel
Luft	In zweihundert Jahren muß man ja irgendwann mal lüften
Hygiene	Neuzeitliches Niveau
Publikum	Peppig bis bieder
Service	Kellnerin Mary geht bereits als Original durch
Preisniveau	Wenn man zum Essen viel trinkt, lohnt sich's wieder

AUSLÄNDER RAUS!

Eine Initiative von
ars vivendi verlag
und
WMS&S Kommunikation

Aktion gegen Ausländerfeindlichkeit

Münster — ZUM RAUCHFANG

Miami Vice mit Standheizung

ZUM RAUCHFANG
Warendorfer Str. 43
Münster
Tel. 02 51/3 31 21

Mo-Fr 19.00 - 1.00
Sa, So 18.00 - 1.00
Küche bis 23.00

74 Sitzplätze
80 Stehplätze
30 Freiluftplätze bis 22.00

Zumsandestraße: 2, 19, 22
Parkplatz: Irgendwo findet sich immer irgendeiner

Kein Geld für Urlaub? Florida rückt in weite Ferne? Ganz einfach: Warten, bis es dunkel ist, zur Not noch die Sonnenbrille aufsetzen und dann in den *Rauchfang* gehen. Bei zartem Neonrosa und chromgestyltem Thekenbereich, der sich durch einen dezent weißen Tresen vom Rest der schnöden Welt abtrennt, läßt sich der Drink gleich noch mal so gut schlürfen. Aus dichtem Grüngestrüpp blinzelt freundlich blinkend der Malibu-Papagei hervor. Pastelltöne im besten Miami Vice-Stil bieten dem Auge die wohlig-schläfrige Erholung nach einem langen Tag harter visueller Realitäten. Fehlt nur der lässig am Strohhalm kauende Don Johnson, der ein cooles Augenzwinkern quer über seine Sonnenbrille und die Tische hinwegschickt. Jetzt käme es wirklich schräg, die Sonnenmilch mit Lichtschutzfaktor 14 auszupacken. Wie ein lebender Anachronismus allerdings wirkt der alte mächtige Kamin, der hier als Namensspender diente. Doch der Wirt machte aus der Not eine Tugend und jetzt kann man auch im „düsteren" Schlot sitzend sein Bierchen genießen. Aber Vorsicht! Wer hier bei einem kalten Drink das Gesicht verzieht, weil die Zähne meckern, kann sich auf was gefaßt machen. Der *Rauchfang* ist ein beliebter Meeting Point der münsterschen Zahnärzte. Also, erst den Krankenschein ausfüllen und danach gemütlich weitersüppeln. Der nächste Bohrer kommt bestimmt. *wli*

	Bier	Ritter, First (Maßbier!), Schlösser, Weizen, Gräflinger leicht, Einbecker Urbock (3,20-9,50)
	Wein	Vinho Verde, Pinot, Valpolicella, Bordeaux etc. (02l 4,20-5,50)
	Sekt und Schampus	Sekt – „nur" korrekt (0,1l 4,50)
	Cocktails	Kir Royal macht die Augen schmal (4,50-6,00)
	Spirituosen	Moskovskaja meets Jack Daniels: Entspannung garantiert! (2,00-6,00)
	Alkoholfreie Getränke	Hier gibt's noch das „L"-Wort. Kalte Limo für heiße Tage (2,80-3,00)
	Heißes	Erfroren ist hier noch keiner (2,50-4,00)
	Essen	Prima Pellkartoffeln wie bei Muttern

	Musik	It's only Rock 'n' Roll ...
	Spiele	Schach, Backgammon
	Lektüre	Die üblichen Szeneblätter
	Luft	Je später der Abend, desto verschwommener die Gäste
	Hygiene	Da freute sich sogar das Ordnungsamt
	Publikum	Ein sauberes Hemd hat noch keinem geschadet
	Service	Der Service paßt zur Einrichtung
	Preisniveau	Für eine Handvoll Dollar

Osnabrück

Vorwort Osnabrück

Die Zukunft der Region liegt in der europäischen Zusammenarbeit. Klein und bescheiden nennt man das hier vor Ort Euregio, was nichts anderes ist als die grenzüberschreitende Zusammenarbeit niederländischer und deutscher Kommunen zum Nutzen aller.

In der Gastronomie findet dies nicht nur im gelegentlichen Konsum von Heineken-Gerstensaft seinen Niederschlag, sondern auch im Verkauf von unglaublich süßem und noch unglaublicher buntem Gebäck aus dem Reich Frau Antjes auf hiesigen Wochenmärkten. Auf der anderen Seite der (ehemaligen) Grenze decken sich deutsche Kunden aus Westfalen und Südniedersachsen hingegen gerne mit Kaffee, Zigaretten (und anderen „Rauchwaren") ein.

In Strukturentwicklungsplänen wird so manches Szenario für das Städtedreieck Münster-Osnabrück-Enschede ausgeheckt (Bielefeld muß leider mal wieder draußen bleiben), um die Region in eine goldene Zukunft zu führen. Auch wir haben uns einige Gedanken gemacht, die wir hier erstmals zur Diskussion stellen möchten.

Beispielsweise könnte zwischen Enschede und Osnabrück eine Pipeline gebaut werden, um den beliebten holländischen Schwabbelpudding Vla in hiesige Mägen zu pumpen. Auch eine Kette mit den unter dem Hause Oranje so geschätzten Automatenrestaurants hätte in unserer Region sicherlich Aussicht auf Erfolg. Erstens sind die Kroketten, die nach Einwurf eines Guldens aus den Fächern gezogen werden, sehr billig (was insbesondere der Osnabrücker Mentalität entgegenkommt) und zweitens erfordert der Automatenbetrieb keine verbale Kommunikation mit dem Servicepersonal, was für die Maulfaulheit der hiesigen Bevölkerung nicht unwichtig ist (in den Niederlanden nennt man eine solche Art des Gastro-Genusses übrigens „uit de muur freten"). Doch auch deutsche Produkte haben dem niederländischen Gast etwas zu bieten.

In Bielefeld böte die Aufschüttung von Backpulverbergen nicht nur eine sinnvolle Nutzung von Überkapazitäten einer ortsansässigen Firma, sondern würde auch den holländischen Wunsch nach Gebirgstouren in Heimatnähe entgegenkommen.

Münster verfügt bereits heute über einen Allwetterzoo; wie wäre es für das Jahr 2000 mit einer Allwetteruniversität? Hierzu müßte die Stadt nur einfach überdacht und die nichtstudierenden Mitbürger umgesiedelt werden. Eine Freiluft-Vorlesung auf dem Prinzipalmarkt beispielsweise würde bei schönem Wetter nicht nur die Stimmung heben, sondern wäre auch eine echte Lösung der chronischen Raumprobleme der Alma Mater. Und um Zeitgenossen ohne Abitur einen Einblick in das Leben in freier Uni-Wildbahn zu geben, könnten – ähnlich wie beim Allwetterzoo – fachkundige Führungen angeboten werden.

Osnabrück ist vorzüglich geeignet als Standort für das erste deutsche Disneyland. Das gäbe ein großes Hallo: „Disneyland – auch bei uns!!!" würde eine ortsansässige Gratis-Gazette orgiastisch titeln; wieder einmal wäre der Metropolencharakter der „Stadt am Hasestrand" unleugbar unter Beweis gestellt. Leitende Persönlichkeiten aus der rot-grünen Koalition sowie des Einzelhandelsverbandes würden sich sofort in entsprechende Kostüme werfen, um als Goofy, Kater Karlo, Franz Gans, Donald Duck und natürlich Micky Maus verkleidet für diese großartige Idee auf der Großen Straße zu paradieren. Und die holländischen Nachbarn würden in hellen Scharen hierher strömen, um ihren Spaß zu haben.

Man sieht: das Zusammenwachsen der regionalen Metropolen führt uns alle glorreichen Zeiten entgegen. Bis es soweit ist, kann man durch systematische Kneipentourneen im Städtedreieck seinen Beitrag leisten. Die Sekundärliteratur dafür halten Sie gerade in der Hand.

Martin Barkawitz

Osnabrück ACHTEINHALB

Aschenputtel

ΨΨΨ

ACHTEINHALB
Hasestr. 71
Osnabrück
Tel. 05 41/2 37 77

So-Do 19.15 - 1.00
Fr, Sa 19.15 - 2.00
Bis 23.00 italienische
Kleinigkeiten von Luigi
von nebenan

43 Sitzplätze
20 Stehplätze

Hasetor,
Angersbrücke: Linie 4
Parken in der
Nachbarschaft

Eine rührende Geschichte ist die vom grauen Entlein, das zum stolzen Schwan wird. Wird jedoch einem gastronomischen Betrieb wie dem *8 1/2* der Status des grauen Entleins zugesprochen, wandelt sich Rührung schnell in Trauer. Wie teilt man einem lieben Menschen mit, daß sein Deo versagt, die Füße muffeln, er Mundgeruch hat? Mit Vorsicht, mit blumiger Umschreibung, mit offener Direktheit? Dem *8 1/2*, der Wahrheit und der Hygiene zuliebe muß es gesagt werden: Die Toiletten riechen sehr, sehr streng – leider, leider. Und Abroller für das „Geschäftspapier" sind offenbar unerschwinglich. Doch am düsteren Himmel der sanitären Schwachstellen erstrahlt das Licht des hochgradig engagierten weiblichen Personals: Die Thekenfrauen sind flink und freundlich und ausgesprochen kooperationsbereit. Nahezu ausnahmslos machen sie auch Unmögliches wahr und sorgen durch nimmermüden Einsatz dafür, daß die Bar – trotz zäher Widerstände – langsam, langsam aus dem Korn/Asbach/Fernet-Revier hinüberwechselt in ein den Trendsettern genehmeres Angebot. Hier trifft sich regelmäßig nicht nur die Kinoszene. Paare finden sich im Hellgrau, Weiß und Gelb des *8 1/2* zu Gesprächen, größere Gruppen siedeln um kleine Tische, trinkfeste Einzelgänger belagern die Theke, einsame Filmrezensenten suchen – frei nach Busch – den Kontakt zum Personal ... Klein, fast schon oho, wartet das mir sehr liebe *8 1/2* auf den Kuß des Prinzen, sprich: die Renovierung durch die Inhaber. *gai*

Bier	Guinness, Herforder v. F., Pinkus Spezial/Hefeweizen (öko-Bier!), Maisel's Weizen, Diebels Alt, Jever Fun (3,00-5,00)
Wein	Wer mag, kann Halbtrockenen oder Milden trinken (4,00-5,50)
Sekt	Namenloser Piccolo (7,00)
Cocktails	Machen Cocktails Arbeit? Erfordern sie Wissen?
Spirituosen	Asbach, Southern Comfort, Fernet, Cointreau (1,50-4,50)
Alkoholfreie Getränke	Naturtrüber Apfelsaft (2,50), Cola und Familie (2,00-2,50)
Heißes	Spezialkaffees und -kakaos mit Sambuca etc. (2,00-5,50)
Essen	Pizza und Pasta von Nachbar Luigi

Musik	Mal so, mal so
Spiele	Schach, Backgammon, Spielarten, Spielesammlung
Lektüre	Stadtblatt Osnabrück und Münster, tip Berlin, Spiegel, NOZ
Hygiene	Die große, ungelöste Toilettenfrage
Publikum	Wir sind alle Menschen
Service	Hut ab vor diesem Engagement
Preisniveau	Kein Nepp

Osnabrück

ALTE GASTSTÄTTE HOLLING

Leben Stammgäste besser?

**ALTE GASTSTÄTTE
HOLLING**
Hasestr. 53
Osnabrück
Tel. 05 41/2 77 54

So-Mo 17.00 - 1.00
Fr, Sa 17.00 - 3.00
Sa ab 11.00
Frühschoppen
Kleine Speisen
18.00 - 23.00 bzw.
1.00 (Fr, Sa)

90 Sitzplätze
100 Stehplätze
100 Freiluftplätze bis
22.00

Hasestraße: Linie 4
Das PH ist gleich um
die Ecke

Die Wahrheit ist die Wahrheit ist die Wahrheit ... Vielleicht leben Stammgäste ja besser, vielleicht ist das Personal dem regelmäßig einfallenden Gästesturm nicht gewachsen und reagiert deswegen auf fremde Gesichter mit einfachster Routine ... Es war einmal – und das ist leider kein Märchen – ein kalter, norddeutscher, regnerischer Frühabend im Frühfrühling. Beflügelt von der Vorstellung eines Heißgetränkes, einem gewöhnlichen Tee, wird das große, allgemein sehr beliebte, traditionsreiche Lokal anvisiert, dessen Name *Alte Gaststätte Holling* auf Bestand und Dauer hinweist. Hier, so denke ich, wird die Befriedigung des drängenden Wunsches nach leiblicher Wärme bestimmt eine Kleinigkeit sein. Wie erwartet, ist es noch sehr leer an einem Freitag gegen 19.00 Uhr. Wenige Herren belagern die Theke. Wir setzen uns in das an Süddeutschland erinnernde Gästezimmer. Meine drei Begleiter ordern ihre Biere, ich das Heißgetränk. Die Biere kommen, der Tee nicht. Die Compañeros ordern die zweite Runde. Ich harre des heißen Glases ... Tatsächlich warte ich dann 45 Minuten auf das Glas heiße Wasser mit einem Beutel darin. Die neugierige Frage nach dem Grund für diese nicht unerhebliche Verzögerung wußte die Bedienung – immerhin leidlich freundlich – nur mit der Vergeßlichkeit der Köchin zu beantworten. Vielleicht wäre der Besuch erfreulicher ausgefallen, hätten unsere Namen „Jens", „Jochen", „Hugo" oder „Werner" gelautet, denn die – und andere – haben mit ihren Namen eingravierte Metallschildchen auf Stühlen befestigt. Leben Stammgäste besser? *gai*

	Bier	Osnabrücker Pils, DAB Alt v. F., Berliner Weiße, Stades Leicht, Clausthaler, Weizen, Altbierbowle (2,20-4,50)
	Wein	Nichts Außergewöhnliches (4,00-6,50)
	Sekt und Schampus	Hausmarke, Mumm, namenloser Schampus (Fl. 25,00-75,00)
	Cocktails	Nur Longdrinks, Aufschlag 1,00
	Spirituosen	Was halt so getrunken wird (2,00-4,00)
	Alkoholfreie Getränke	Fanta, Cola, Säfte (1,50-3,00)
	Heißes	In der Dauer liegt die Power (2,00-5,00)
	Essen	Das gepriesene Chili als Schonausgabe für Magenkranke

♪	Musik	Was Biertrinkers Seligkeit ausmacht
	Lektüre	Neue Osnabrücker Zeitung, Lesezirkel
	Luft	Je voller, je doller
	Hygiene	Klein, dunkel, unappetitlich
	Publikum	Hier tobt das Volk
!	Service	Muß denn Kellnern Sünde sein?
	Preisniveau	Korrekt

BALOU

Honey for the bears

BALOU
im Kolpinghaus
Seminarstr. 32
Osnabrück
Tel. 05 41/2 19 43

So-Do 18.00 - 1.00
Fr, Sa 18.00 - 2.00
Küche dito

170 Sitzplätze
50 Stehplätze

Neumarkt:
Knotenpunkt für alle
Osnabrücker Buslinien
Riesiger Parkplatz
15 m weiter an der
Großen Rosenstraße

Der Name der Straße ist Programm: Rund ums *Balou* finden in allen möglichen Gebäuden alle möglichen Seminare statt. Doch auch der langweiligste Kommilitone muß einmal verstummen; dann wird das zerrüttete Nervenkostüm quer über die Straße geschleppt, auf daß ein großes Bier und ein noch größerer Kebab den Studiosus gleichsam ganzheitlich wieder zusammenfügen. Die Studentenschaft der Neunziger ist alles andere als homogen; zwischen den Extremen „Teesocke" und „BWL-Karrierist" gibt es in den Zeiten der Neuen Unübersichtlichkeit jede Menge Zwischenstufen. Und überhaupt ist das *Balou* keine Studentenkneipe im engeren Sinn, sondern zu einem guten Teil auch Treffpunkt für junge Menschen mit sozialversicherungspflichtigen Fulltimejobs. Und während andere Lokale eine alters- und modemäßig ziemlich feste Klientel bedienen, gehört zu den *Balou*-Zielgruppen (werberhaft gesprochen) der DKP-Politfreak ebenso wie das verhuschte Lehramts-Mäuschen, das Jura-Bübchen und der Motorrad-Herzbube (mit einem ebensolchen auf dem Unterarm tätowiert), der Boutiquen-Vamp und der Veranstalter obskurer HipHop-Parties. Manche stärken sich hier mit der herzhaften Küche für eine lange Nacht, andere kommen als erste und gehen als letzte. Das gibt es auch woanders. Aber woanders ist's nicht so gemütlich. Der gutmütige Disneybär ist nämlich auch Programm. *mb*

Bier	Warsteiner, Paderborner, Alt, Weizen, Diät-Pils (3,50-5,50)
Wein	Alles, was Studenten mögen (3,50-4,00)
Sekt	Mumm und Hausmarke (Fl. 14,00-27,00)
Spirituosen	Wie es euch gefällt: die härtere Gangart bis Likör, auch als Mix (2,00-4,50)
Alkoholfreie Getränke	Viele Säfte, Sangrita, Wässer und Limonaden (3,00-5,00)
Heißes	Kaffee und Tee (auch im Becher), Zitrone, Kakao, Glühwein und Grog (3,00-4,50)
Essen	Deftiges, Herzhaftes (aber auch Desserts und Kinderteller von der bierbegleitenden Knabberei bis zum ausgewachsenen *Balou*-Teller (Grillsortiment)
Musik	An jedem 1. Montag im Monat die Happy Jazz Society (Oldtime Jazz), 2 - 3 mal im Monat Rock, Oldies, Blues live
Lektüre	FR, NOZ, Stadtblatt, Lesezirkel, Gratis-Gazetten
Luft	Gute neue Belüftungsanlage
Hygiene	Keine Klagen
Publikum	Studierende und junge bis mitteljunge Exstudenten
Service	Kommt manchmal schwer durch, wenn's voll ist
Preisniveau	Günstig und reichlich – ganz nach Osnabrücker Gusto

Osnabrück — CAFE ART

Die kleine Liebe

☆☆☆☆☆

CAFE ART
Grüner Brink 9
Osnabrück
Tel. 05 41/2 89 29

Mo-Do 9.00 - 24.00
Fr, Sa 9.00 - 1.00
So 10.00 - 14.00
Küche von
9.00 - 14.00
und ab 18.00

45 Sitzplätze
5 Stehplätze

Neumarkt:
Verkehrsknotenpunkt
für alle Buslinien der
Stadt
PH Ledenhof fast vor
der Tür

„Der Müßiggang ist in der bürgerlichen Gesellschaft, die keine Muße kennt, eine Bedingung der künstlerischen Produktion" (W. Benjamin). Der flanierende Philosoph hatte es gut; ihm standen für seine Spaziergänge die Boulevards de Paris zur Verfügung und nicht bloß die Fußgängerzone einer Ackerbürgerstadt. Doch auch in Osnabrück gibt es Winkel, die von Provinzialität verschont geblieben sind. Der Flaneur findet hier eine Zuflucht vor dem Lärm und den Abgasen der Automassen, die sich wenige Meter entfernt durch die Unfallhauptstadt quälen. Natürlich hängt Kunst an der Wand, denn Kunst ist urban, und Urbanität strahlen auch die Stammgäste aus. Der Geschäftsführer einer Werbeagentur nimmt hier seinen leichten Mittagssnack. Die hennagefärbte Kunstgeschichtestudentin posiert mit der Cappuccinotasse in der Hand für einen imaginären Maestro. Der Psychologe mit der Designerbrille nimmt Frau und Kind mit ins *Café Art*, stellt seine Einkaufstüten ab und fügt sich harmonisch ins Bild. Eröffnen wir eine philosophische Praxis oder überdenken wir erst mal, was das überhaupt ist? Haben wir alle Platten von Jonathan Richman oder machen wir eine empirische Untersuchung darüber, wer Wild Billy Childish kennt? Pläne schmieden die Kaffeehaushelden zuhauf. Ob sie realisiert werden, entzieht sich unserer Kenntnis. Doch ein anregender Nachmittag ist in jedem Fall drin. Der Art Director einer Werbeagentur äußert sich über das *Café Art*. Er sagt, es sei so, wie ein gewisser anderer Laden in Osnabrück gerne sein würde. Es aber nie schaffen könne. Das stimmt. *mb*

Bier	Fürstenberg Pilsener, auch alkfrei, v. F., Weizen (3,00-4,50)
Wein	Beste Traube: von Weiß über Rosé bis Rot (4,50-8,00)
Sekt und Schampus	Deutz & Geldermann, Mumm, Veuve Clicquot (Fl. 30-80)
Spirituosen	Berentzen vom alten Faß, feines Internationales (2,50-6,00)
Alkoholfreie Getränke	San Pellegrino, Säfte, Schweppes, Eisshakes, (2,50-4,00)
Heißes	Die beste Teekarte der Stadt, Romantisches (2,80- 5,50)
Essen	Sehr ausdifferenziertes Frühstück, kleine Snacks
Musik	Unaufdringlicher Rock, Pop und Mainstream
Spiele	Trivial Pursuit, Stratego, Backgammon, Spielesammlung
Lektüre	Stadtblatt, Forbes, Welt, FAZ, NOZ, Medienpalette, Gig
Luft	Hier bleibt keinem die Luft weg
Hygiene	Picobello
Publikum	Intellektuelle, Studenten, Tagträumer, Schüler, schöne Menschen mit hohem Verdienst und viel Freizeit (so was gibt's!)
Service	Nett und adrett
Preisniveau	Angemessen

Osnabrück — CAFE BOGART

Ja, mir san mit 'm Auto da ...

CAFE BOGART
Gerberhof 10
Osnabrück
Tel. 05 41/2 89 39

Mo-Do 18.00 - 1.00
Fr, Sa 18.00 - 2.00

Küche 18.00 - 24.00

60 Sitzplätze
20 Stehplätze
100 Freiplätze

Hasetorwall: Linie 8
Hasestraße: Linie 4
Parken: mit dem Auto ins Bistro

Direkt im Parkhaus Vitihof, dem ultramodernen Betonbett für die vierrädrigen Freunde, liegt das *Café Bogart*. Zwischen hellem Kachelfußboden und Glasfronten räkeln sich die Gäste auf Korbstühlen und werden an kalten Abenden kalter Tage damit getröstet, daß der Heizungsmonteur um das Nichtfunktionieren der Heizung weiß.
Animiert durch die Cock- und Mocktails auf der Karte, wird in froher Erwartung eine Margarita bestellt. Doch die georderte Supermixtur kommt mit reichlich Verspätung in der „frozen"-Variante – mit viel gecrashtem Eis und ohne Strohhalm – schon denken die Schneidezähne an den Zahnarzt. Zur Belohnung für so viel Risikobereitschaft wird das heißgeliebte Gebräu in einem Glas von der Größenordnung für nichtfrierende Margaritas serviert. Doch trotz all diesem Zubereitungsdurcheinander stimmt der Geschmack.
Die Mocktails unter meiner BegleiterInnen sind frisch zubereitet und löblicherweise kein bißchen verzuckert. Wer die lokalen Verhältnisse kennt, weiß diese Tatsache als Sensation zu würdigen.
Doch kaum ist ein Glas geleert, rückt das Personal an – freundlich, unwiderruflich und unabänderlich „Darf es etwas mehr sein?" Warum nur diese, das sanfte Abheben störende Eile? Sinke ich doch so gerne in meinem eigenen Rhythmus in Dionysos' Arme! *gai*

	Bier	Diebels, Gilde Ratskeller v. F., Fosters, Roggenbier Thurn und Taxis, Erdinger Weizen, Budweiser (3,80-5,50)
	Wein	Pinot Grigio, Chianti, ein Rosé (7,00-7,50)
	Sekt und Schampus	Mumm und M. Chandon, Ferrari-Schampus (Fl. 30,00-85,00)
	Cocktails	Die Klassiker (8,50-10,50), alkoholfreie Mocktails (7,50-8,50)
	Spirituosen	Von Asbach über Havanna Club zu Sambuca Molinari, Haigs Dimple und Glennfiddich ist alles drin (4,00-5,00)
	Alkoholfreie Getränke	San Pellegrino, Cola light, Säfte von Obst (3,00-6,00)
	Heißes	Espresso und anderes, aber auch Pfefferminztee (3,00-4,50)
	Essen	Toasts, Sandwiches und Salate

	Musik	Musik, du bist die Welt für mich
	Spiele	Backgammon
	Lektüre	Stadtblatt, Focus, Spiegel, Stern, Wiener, Gig, Lesezirkel
	Luft	Wesentlich besser als in der Tiefgarage nebenan
	Hygiene	Wahrlich blitzendes WC
	Publikum	Es darf geplaudert werden
	Service	Freundlich und aufmerksam
	Preisniveau	Nicht das schlechteste Lokal der Stadt

Osnabrück — CAFÉ WINTERGARTEN

Spanische Impressionen

ΫΫΫΫΫ

CAFE WINTERGARTEN
Lohstr. 22
Osnabrück
Tel. 05 41/2 44 40

Mo-Do 18.00 - 1.00
Fr 18.00 - 3.00
Sa, So, Feiertage
10.00 - 3.00
Küche 18.00 - 24.00
(Fr, Sa bis 1.00)

120 Sitzplätze
200 Stehplätze

Hasestraße: Linie 4
Parken um die Ecke

Der Testerin seit langen Jahren ganz persönliches Lieblingslokal, das *Cafe Wintergarten,* grünt so grün wie Spaniens Blüten blühen. Salsa, Rumba, dolce far niente, südliche Nächte, schon immer der beste Kaffee der Stadt, die in barocken Ausmaßen prangende Bar, das üppige sonntägliche Frühstücksbuffet, die gleichbleibend charmante Chefin, ihr ebensolcher Stellvertreter, die wohlgepflegten Gäste in der Nacht, die fröhlichen Familienversammlungen am Sonntagmorgen, die kleinen feinen Leckereien, die gekonnt zubereiteten und servierten Drinks, der professionelle Service ... Das Schwärmen findet kein Ende. In diesem Umfeld läßt es sich Weiblein und Männlein wohl sein. Hier baumelt die Seele. Wie eine grüne Oase, eine Trauminsel ragt der *Wintergarten* inmitten der Mehr-Schein-als-Sein-Gastroszene heraus und lädt zu ausgedehntem genießerischen Verweilen ein. Das macht, daß einige in der Zwischenzeit nicht nur Stammgäste wurden, sondern quasi dort ihr zweites Zuhause aufgeschlagen haben. Wen stört's? Und warum nur sitze ich jetzt und viel zu oft hier über den Computer gebeugt und denke und tippe? Wieviel lieber lümmelte ich mich an der mediterranen Bar und nippte an – sagen wir mal – einem Sambuca und schlürfte einen heißen schwarzen Kaffee ... *gai*

Bier	DAB, Bud v. F., Weizen, Gatzweilers, Kritzentaler (3,50-5,00)
Wein	Weiß, rosé, rot, im Glas (5,00-6,00) oder in der Flasche (19,00)
Sekt und Schampus	Mumm, M. Chandon (als Piccoli 10,00-12,00), Schloß Rheinberg, Moët & Chandon, Veuve Clicquot (30,00-100,00)
Spirituosen	Reichlich Whiskies, ansonsten quer durch den Schnapsgarten (4,00-7,00)
Alkoholfreie Getränke	Wasser, Cola, tralala (2,50-3,50)
Heißes	Dieser Kaffee ist eine Sünde wert (3,00-7,00)
Essen	Sa Frühstück, So Buffet, sonst wunderbare kleine Schweinereien plus Leckereien auf der Tageskarte

Musik	Soul, Funk, Latin
Spiele	Backgammon, Kicker
Lektüre	Max, Vogue, Spiegel, Wiener, Stern, Tempo, Neue Osnabrükker Zeitung, manchmal nicht ganz aktuell, manchmal zerfleddert
Luft	Wer Sauerstoff will, soll in Wald und Flur wandern
Hygiene	Sauber
Publikum	Junge Familien an Sonntagen, ausdauerndes Stammpublikum und Menschen jeden Alters mit Sinn für das Besondere
Service	Aufmerksames, engagiertes Personal
Preisniveau	Unter den Top 3 der Stadt

Osnabrück — EKKES

Stairway to heaven

ΥΥΥΥ

EKKES
Schloßwall 1-9
Osnabrück
Tel. 05 41/25 90 40

Fr, Sa 22.00 - 5.00
Vor Feiertagen
22.00 - 5.00
Permanent
Kleinigkeiten

30 Sitzplätze
200 Stehplätze

Neuer Graben:
Linie 1, 5
Parken: Taxistand vor
der Tür

Dachten wir uns den Himmel bisher oben, so führt in der Stadt am Hasestrand des Nachtschwärmers Himmelsleiter downstairs: Direkt in den Bauch der Nacht.

Wer auch immer im *ekkes* vor Mitternacht auftaucht, gibt sich als Ignorant, schlimmstenfalls als Nicht-Szenegänger zu erkennen: Alle, die dazugehören, kommen später. So wird in den Stunden vor Null das Lokal für die wochenendliche Hatz auch erst hergerichtet, damit es dann um 5.00 Uhr in der Früh gut zugerichtet aussieht.

Laut und neblig und eng: Mehr kann wirklich niemand erwarten, der kein Zuhause hat. Bevor der Tag seinen Sieg über die Nacht feiern kann, wollen die endlos scheinenden Stunden vor dem dämmernden Morgen noch überwunden sein. Die Tristesse des noch nicht begonnen Tages fordert ihren Tribut.

Die Theken sind umdrängt, die Nachtschönen stehen, trinken, tanzen – in dieser oder auch in anderer Reihenfolge. Für einen Flirt, das unverbindliche Geplauder Hetero- und Homosexueller Geschlechter, ist es zu lärmig, gequetscht, quengelig. Vielleicht sind Verbalquickies möglich, doch führen sie zu irgend was? Dann, gegen vier, verlassen die Mädels mehr und mehr den gastlichen Ort, zurück bleiben die lonesome cowboys und wärmen ihre noch immer fröstelnden Seelen mit feurigem Wasser. *gai*

Bier	Dortmunder Original Actien Pils v. F., Huber Weizen, Corona, Budweiser, Kelts, Stades Leicht (4,00-7,00)
Wein	Einfache Weine aus Italien und Frankreich (5,00-7,00)
Sekt und Schampus	Hausmarke, M. Chandon, Moët & Chandon, Veuve Clicqout (Fl. 40,00-130,00)
Cocktails	Bunt wie der Schwanz des Hahnes (7,00-15,00)
Spirituosen	Reichlich Tequila und Whisk(e)y (4,00-8,00)
Alkoholfreie Getränke	Die Standards, Loozasäfte, Sangrita (4,00-5,00)
Heißes	Kaffee, Espresso, Cappuccino (3,00-4,00)
Essen	Nur Baguettes

Musik	Techno, Soul, Funk, Disco: Laut und herzlich
Lektüre	Wer will denn lesen, wenn es was zu spannen gibt
Luft	Ekliger Chemienebel und Zigarettendunst
Hygiene	Der einzige Toilettenmann der Stadt ist stark gefordert
Publikum	NachtschwärmerInnen
Service	Je später, je schneller
Preisniveau	Häusle bauen wollen und Nightlife passen eh nicht zusammen

Osnabrück — FRICKE BLÖCKS

Die Kunst des Kompromisses

FRICKE BLÖCKS
Herderstr. 26
Osnabrück
Tel. 05 41/4 76 67

Mo-So 18.30 - 1.00
Küche 18.30 - 24.00

104 Sitzplätze
50 Stehplätze

Uhlandstraße:
Buslinie 1
Weißenburger Straße:
Linie 3
Parken: in der Umgebung, ansonsten PH Ledenhof

Jugendstil-Bürgerhaus einerseits, studentische Kultur zwischen Pizza und Proseminar andererseits. Neue Kunst, alte Bärte, Neureiche und ewig Arme. Im *Fricke Blöcks* paßt alles zusammen wie in einem Puzzle. Die Preise der Speisen sind zivil, diese sättigen trotzdem und es bleibt noch genug Geld fürs Bier übrig. Das ist praktisch und macht die Kneipe anziehend für Studentenpärchen, die nach dem neuesten Beziehungsknatsch ihre Versöhnung mit Falafel, Calamares und Weizenbier feiern. Eine andere treue Gästegruppe sind SPDler kurz vor oder nach dem Juso-Ausschlußalter (35). Die Jusos haben das *Fricke* zu ihrer Stammkneipe erkoren und analysieren beim soundsovielten Pils, warum das soundsovielte Mitglied aus der Partei ausgetreten ist. Seit nunmehr 5 Jahren ist das *Fricke Blöcks* mit dem Schicksal der Osnabrücker Reformuni (Baujahr '73) eng verknüpft. Die Studentenzahlen stiegen, aus Erstsemestern wurden Leute und manchmal sogar Leute in einer wohldotierten Position. Sie blieben in der Gegend und behielten ihre Stammkneipe (das *Fricke*), neue Generationen rücken nach und durchlaufen ebenfalls ihre *Fricke*-Sozialisation. Trotzdem ist die „Gastwirtschaft" keine typische Studentenkneipe. Warum nicht? Weil die deutsche Studentenkneipe in jeder Universitätsstadt steht und niemand, der in der deutschen Studentenkneipe am Tresen steht, mit gutem Gewissen sagen könnte, in welcher Stadt er sich gerade befindet. Denn alle deutschen Studentenkneipen sind gleich. Das *Fricke Blöcks* liegt im Katharinenviertel von Osnabrück. Und dabei bleibt's. *mb*

Bier	DAB Pils/Alt (im Stiefel 18,00) Guiness, Maisels (2,00-4,80)
Wein	Frankreich und Italien: Rot, Rosé, Weiß (4,20-4,90)
Sekt	B. Massard Silber, Deinhard Riesling (Fl.18-33)
Cocktails	Standards, Eigenschöpfungen, auch alkoholfrei (5,50-8,50)
Spirituosen	Berentzen aus Haselünne bis Tequila aus Mexiko (1,50-4,50)
Alkoholfreie Getränke	Sangrita, Sundina, Schweppes, Fanta und Sprite (2,50-4,00)
Heißes	Glühwein, steifer Grog, Zitrone und das Übliche (2,50-4,50)
Essen	Günstig und sehr zu empfehlen: Falafel und Lammgratin

Musik	Studentische Evergreens: Rock, Oldies
Spiele	Schach, Backgammon, Spielesammlung
Lektüre	Stadtblatt, Neue Osnabrücker Zeitung, Spiegel, Stern u.ä.
Luft	Gelegentlich verraucht
Hygiene	Okay
Publikum	Studenten aller Semester, Anwohner, Sozialdemokraten
Service	Geduldig und belastbar
Preisniveau	Günstig und gut

Osnabrück — GRÜNE GANS

Geflügel-Nostalgie

ℤℤℤℤ

GRÜNE GANS
Große Gildewart 15
Osnabrück
Tel. 05 41/2 39 14

Mo-So 18.00 - 2.00/
3.00
Kalte und warme
Küche bis 2.00

50 Sitzplätze
100 Stehplätze

Heger Tor: Bus 2, 3
Parken: Altstadt ist
größtenteils
Fußgänger(torkler)zone,
nächstes PH
Nikolaiort

Und zum Dank, mein lieber Hans, schenk' ich dir die (irgendwie farbige) Gans. Wir erinnern uns nicht mehr exakt, in welchem Farbton das Federvieh des Märchenprotagonisten letztendlich schimmerte. Aber sie könnte auch sehr gut grün gewesen sein. Vielleicht war sie eine von diesen geschnitzten Gansmodellen, mit denen die Wände der *Grünen Gans* geschmückt sind – gar nicht zu reden von den herzallerliebsten Putten und Blechreklameschildern für Produkte, die schon im Fin de siècle überflüssig waren. An die Wände schauen wohl die Wenigsten, die meisten sind fleißig über ihren Teller gebeugt, auf daß die Rekordzahlen niemals zurückgehen: Über 4.000 Pfefferstücke gehen jeden Monat über den hiesigen Tresen, ganze Legionen von Altstadtbesuchern haben sich hier schon die Grundlage für ihr Lost Weekend geschaffen. Und wer sich nicht mit einer der kurzgebratenen Spezialitäten befaßt, schlendert (oder quetscht sich) durch die Menschenmenge und trifft garantiert auf längst verschollen geglaubte alte Freunde. Wer einen Samstagabend an der Theke ausharrt, sieht die Bevölkerung einer mittleren Provinzstadt wie Bersenbrück an sich vorüberziehen. Und wie geht das Märchen weiter? Hans hat sein Federvieh gefunden und bleibt ihm treu. Und so geht es immer weiter – von Druidenmund zu Druidenohr, von Hamburg bis Haiti, von der Sportschau bis zur Nationalhymne – die Zeit (Wochenende), der Ort (Altstadt) und der Drink (Bier) erfreuen sich stetiger Beliebtheit jenseits aller modischen Trends. Dazu paßt das Interieur eines asbachuralten Osnabrücker Ackerbürgerhauses. Keine Experimente – auch wenn das Osnabrücker Bier mittlerweile in Dortmund gebraut wird. *mb*

	Bier	Osnabrücker Pils, DAB Alt v. F., Clausthaler alkoholfrei (3,50)
	Wein	Das Notwendigste (5,00-6,00)
	Sekt	Einsames Britzelwasser (Fl. 25,00)
	Spirituosen	Die unvermeidbaren Härten: Korn bis Bourbon (2,00-3,50)
	Alkoholfreie Getränke	Säfte, Sangrita, Coke, Sprite, Mineralwasser etc. (2,50-3,50)
	Essen	Das Schweinenacken-Pfeffersteak wird zu Recht über viertausend mal im Monat verkauft; weitere Grillspezialitäten, Salat
	Musik	Rock, der niemanden stört
	Luft	Bei Überfüllung ist mit Stickigkeit zu rechnen
	Hygiene	Trotz Massenandrang passabel
	Publikum	Altstadtmatadoren, schüchterne Erstsemester, Finanzbeamte, geschiedene Frauen aus Hollage auf Abenteuersuche
	Service	Am Wochenende überarbeitet
	Preisniveau	Günstig

Osnabrück   GRÜNER JÄGER

Anno Tobak

ỴỴỴỴ

GRÜNER JÄGER
An der
Katharinenkirche 1
Osnabrück
Tel. 05 41/2 73 60

Mo-Do 11.00 - 1.00
Fr, Sa 11.00 - 2.00
So ab 10.00
Frühstück,
dann 19.00 - 1.00
Küche von 11.00-1.00

250 Sitzplätze
100 Stehplätze
100 Freiluftplätze bis
22.00 (ganzjähriger
Biergarten durch
bewegliches Dach)

Adolf-Reichwein-Platz:
Linien 2 und 3
Parken: PH Nikolaiort

Im Wald, da sind die Räuber, und im Park, da sind die Junkies – doch im *Jäger* wird Osnabrücker Stadtgeschichte lebendig. Seit 1890 werden in dem altehrwürdigen Haus Bier und andere Sachen ausgeschenkt, mit denen man sich am Wochenende ins Nirvana schießen kann. Doch nicht nur die Wochenend-Pistenhallodris beiderlei Geschlechts frequentieren die düster-gemütlichen, holzgetäfelten Räume oft und gerne. Wenn am Donnerstag rund um die Katharinenkirche Wochenmarkt ist, spülen rotbäckige Rübenverkäufer einen gelungenen Verkaufstag gerne mit ein paar „Wachos" runter. Und wer grundsätzlich nur in Gruppen von einem Dutzend Trinkfreudigen an aufwärts Kneipen besucht, schätzt hier die kommunikationsfördernden langen Tische und Holzbänke, wo sich in der Regel auch für derartig (trink)starke Gemeinschaften noch ein Platz für alle findet. In den bierernsten siebziger Jahren tagten hier verschiedene rote Politsekten (nie gab es so viele kommunistische Parteien wie damals) und nutzten die Möglichkeit aus, sich in dem weitläufigen Gebäude gegenseitig aus dem Weg zu gehen. Zu verschieden waren die Marschrichtungen gen Weltrevolution, die eben vielleicht auch deshalb ausfallen mußte. Heute ist das Bier nicht mehr ernst, aber immer noch günstig genug, damit BAföG-Empfänger den Ärger über ihre erste abgewiesene Hausarbeit runterspülen können. Und die Öffnungszeiten laden förmlich dazu ein, den Unitag nicht mit Schlangestehen vor der Mensa, sondern mit einem Frühschoppen im *Jäger* zu beginnen ...
mb

	Bier	OAB Pils und Alt, Alt-Bowle v. F., Kelts alkoholfrei, Weizen, Diätbier (auch 10er Pack zum Mitnehmen!): 2,00-13,00
	Wein	Weiß, Rot, Rosé und Edelzwicker (4,00-5,50)
	Sekt	Hausmarke (Fl. 23,00)
	Spirituosen	Wenige Brände für den Brand, Bitteres und 2 Süße (1,50-4,50)
	Alkoholfreie Getränke	Säfte, Cola, Bitter Lemon, Sangrita u. a. (2,00-2,80)
	Heißes	Kaffee, Tee, Schokolade, Grog, Glühwein (1,90-4,50)
	Essen	Deftige Bierbegleiter wie Pizza, Baguette, heiße Wurst, Frikadellen und Folienkartoffeln

♪	Musik	NDR-2-inspirierter Rock
	Spiele	Flipper, Geldautomaten, Schach, Backgammon
	Lektüre	Stadtblatt, FAZ, NOZ, Lesemappe
	Luft und Hygiene	Innerhalb normaler Kneipentoleranzwerte
	Publikum	Trinkfreudige, Frühschopper, Studis, Marktverkäufer
!	Service	Kommt auf Knopfdruck, ausgestattet mit Kassierbauchladen
	Preisniveau	Sozial

Osnabrück — HAUSBRAUEREI RAMPENDAHL

Traditionelles Trinken

ZZZZZ

HAUSBRAUEREI RAMPENDAHL
Hasestraße 35
Osnabrück
Tel. 05 41/2 45 35

So-Do 11.00 - 1.00
Fr, Sa 11.00 - 2.00
Küche
11.30 - 23.00

300 Sitzplätze
200 Stehplätze

Theater: Linie 4
Parken auf dem Domplatz oder im PH Vitihof

Die Hasestraße wird immer mehr zum great white way von Osnabrück: wenn sich am Wochenende Massen von erlebnishungrigen Landkreislern und Einheimischen durch die Altstadt wälzen, kommt niemand so recht an der Straße zwischen Hasetor-Bahnhof und Theater vorbei. Den Lokalpatrioten fuchst es ganz gewaltig, daß der Gerstensaft der Osnabrücker Actien Brauerei OAB mittlerweile in Dortmund gebraut wird; auf bodenständiges Bier braucht trotzdem niemand zu verzichten, denn das gibt es hier in der *Hausbrauerei Rampendahl*. Stolz verweist man darauf, daß schon im Jahre 1430 die Bürger sich hier versammelten, um gegen die Obrigkeit aufzumucken. Diese lobenswerte Tradition ist zwar weitgehend vergessen, doch das helle Zwickelbier und das dunkle Obergärige sind es immer noch wert, zumindest einmal probiert zu werden. Im hinteren Bereich des mittelalterlichen Hauses sind die Brau- und Brennkessel säuberlich hinter Glas ausgestellt; der technisch interessierte Gast betrachtet voller Spannung die Verfahren, mit denen das edle Gesöff hergestellt wird, das er gerade in der Hand hält. Zum Bier gehört hierzulande jedenfalls auch ein Weizenkorn, der im *Rampendahl* Hausbrand heißt und ebenfalls in den rückwärtigen Räumen hergestellt wird. Und so versammeln sie sich zum samstagnächtlichen Abenteuer oder zum sonntäglichen Frühschoppen – die Touristen und die Alt-Osnabrükker, die jungen Tommies und die Cruiser aus dem Landkreis. Übrigens: wer immer schon mal wissen wollte, was „Töttchen" sind (aber bisher nie zu fragen wagte), findet sie auf der hiesigen Speisekarte. *mb*

Bier	Helles, dunkles Bier u. m. aus der Hausbrauerei (2,90-4,80)
Wein	Mosel, Franken, Edelzwicker, Spätburgunder u.a. (7,00-8,00)
Sekt und Schampus	Kessler Gold und Pommery Brut Louise (Fl. 33,00-95,00)
Spirituosen	Selbstgemachter Hausbrand und das übliche Sortiment (2,40-6,00)
Alkoholfreie Getränke	Säfte, Selters und Fachinger, die Limo-Palette (3,50-3,80)
Heißes	Kaffee in Variationen, Glühwein, Grog, Tee u.ä.! (2,90-6,80)
Essen	Reg. Spezialitäten, Töttchen, u.ä., Selbstbedienungsgrill

Musik	Hintergrundgedudel
Lektüre	Neue Osnabrücker Zeitung
Luft	Einwandfrei
Hygiene	Sauber
Publikum	Touristen, Traditionalisten, Landkreisabenteurer, Altstädter
Service	Nett und lustig uniformiert
Preisniveau	Nicht zu teuer

Osnabrück — HAVANNA

HAVANNA

Ay, Caramba!

HAVANNA
Am Kamp 81-83
Osnabrück
Tel. 05 41/25 92 51

Mo-So
17.00 - 2.00
Sonn- und Feiertage
ab 19.00
Küche von
17.00 - 24.00

50 Sitzplätze
40 Stehplätze

Adolf-Reichwein-Platz:
Linien 2 und 3
PH Nikolaiort direkt
daneben

Es ist nicht zu übersehen: Der Wirt liebt die sozialistische Insel in der Karibik. Deshalb wirkt das *Havanna* auch wie eine Strandbar in der gleichnamigen kubanischen Hauptstadt. Die Wände sind nicht nur mit einem Porträt von Che Guevara (der in den Siebzigern in jeder Studentenbude optisch präsent war) geschmückt, sondern auch mit Wandmalereien, die dem mittelamerikanischen Geschmack sehr entgegenkommen. Kalender, Poster und andere Originalgegenstände aus der Karibik runden die Illusion ab, sich am anderen Ende der Welt zu befinden. Natürlich findet der passionierte Zigarrenraucher auch eine hübsche Auswahl an Rauchwaren aus Kuba und anderen Ecken der Welt, wo man dem dunklen Tabak noch mit Ehrfurcht gegenübersteht. Am Wochenende kommen auch schon mal amerikanische Gitarren-Desperados, um hier ein Live-Konzert abzuziehen; und dann geraten sie vor Begeisterung aus dem Häuschen, die Alt-Freaks und die beschlipsten Werber, die bärtigen Biker und die altgewordenen Jusos, die schon fast ihren zweiten Wohnsitz auf Kuba haben. Im Gegensatz zu Compagnero Castro toleriert man hier auch nordamerikanische Populärkultur – es macht eben doch Spaß, bei „King of the road" mitsingen zu können. Im Karneval entwickelten die Osnabrücker hier ein fast lateinamerikanisches Temperament, daß die künstlichen Palmen zu beben schienen. Doch auch an jedem beliebigen Wochentag ist dieses Schrillteil von Kneipe einen Besuch wert – Kuba kann so nah sein. *mb*

Bier	Rolinck/Free, Alt, Altbierbowle, Diät, Weizen (2,00-4,50)
Wein	Blanc de Blancs, Scheurebe, Edelzwicker (4,50-5,50)
Sekt	Mumm (Fl. 30,00)
Cocktails	Cuba Libre, Banana Spezial mit Havanna Club, andere Cocktails auf Anfrage (ab 6,00)
Spirituosen	Mochito, Grappa und die üblichen Dröhnungen (2,50-5,50)
Alkoholfreie Getränke	Sundina, Säfte, Bananenshake, Bitter Lemon (2,00-4,00)
Heißes	Kaffee, Tee, Kakao mit Amaretto und Sahne (2,50-6,00)
Essen	Baguette mit Käse, Salami und gekochtem Schinken

Musik	Rock, Country, Folk, Lateinamerikanisches
Lektüre	Spiegel, Stadtblatt
Luft	Gute Lüftung (Ventilator!)
Hygiene	Wie im kubanischen Nobelrestaurant
Publikum	Osnabrücker mit Kuba im Herzen, Amerikanophile, begeisterungsfähige Nachtschwärmer
Service	International und gut drauf
Preisniveau	Das einzig Normale sind die Preise

Osnabrück — **HEART BEAT**

Wildes Herz

HEART BEAT
Johannisstr. 46/47
Osnabrück
Tel. 05 41/2 69 52

Mo-So 17.00 - 2.00
Fr, Sa 17.00 - 3.00

50 Sitzplätze
30 Stehplätze

Neumarkt: Alle Linien;
Johannisstraße: 7, 6, 4, 2
Parken in 100 Meter Entfernung

Wild thing, you make my heart ... Beat. Auch so hätten die „Troggs" ihren inzwischen fast vergessenen Hit weitertexten können, dem „Das Schweigen der Lämmer"-Jonathan Demme in „Something Wild – Gefährliche Freundin" ein actionreiches Denkmal setzte.

Auch das *Heart Beat* ist ein wildes Ding, der Eingang unauffällig eingequetscht zwischen Spielhalle und Schaufenster eines Schuhladens – ein Gruß von Al Bundy?

Die wenig verlockende Treppe führt aufwärts ins Nirgendwo, eine Stahltür ist noch zu durchschreiten, dann liegt es da: Geheimnisvoll-schattig – ein Szenelokal –, bestechend durch seine NICHTs: Nicht hell, nicht gestylt, nicht übertreuert, nicht steril, nicht für Uneingeweihte ...

Was die Augen sehen, ist jenseits aller Lifestyle- und Trend-Erwartungen: Ein Gemisch aus niederländischem Coffee-Shop, indischer Teestube, Hardrock-Café, eine Prise mondän (die Attitüde der InhaberInnen, sich genau so eine Musik-Kneipe zu leisten) und sehr, sehr exklusiv, d.h. nur für KennerInnen, dazu laute Musik, ausgesucht aufmerksame Bedienung, außerdem – ganz unerwartet für Osnabrücker Verhältnisse – Alkohol vom Feinsten.

Ein Ort für kleine Kaffeepausen und heftige Nächte, gespickt mit allem, was der Gesundheitsminister nicht empfiehlt: Rauchen, Alkohol, Krach, sich an Spielgeräten bewegen ...

Für alle in Bewegung zwischen 18 und 80 und auch für alle Stufen der gesellschaftlichen Hierarchie. *gai*

Bier	DAB Pils/Alt, Budweiser v. F., Maisel's Weizen (2,00-5,00)
Wein	Aus deutschen und französischen Landen (5,00)
Sekt und Schampus	Henkell, Veuve Clicquot (Fl. 35,00-100,00)
Cocktails	Alkohol wird unvermixt getrunken!
Spirituosen	Was das Herz erfreut, steht im Regal (3,00-5,00)
Alkoholfreie Getränke	Fruchtige Säfte, zuckerhaltige Sprudel, einfaches Aqua Minerale (2,00-3,00)
Heißes	Tee, Kaffee, Schokolade, Cappuccino (2,50)
Essen	Kleinigkeiten wie Chili, Bierbeißer

Musik	Spiegel, Stern, Wiener, Tempo, Feinschmecker, Motorrad,
Spiele	Geldautomaten, Darts, Backgammon, Knobelspiele
Lektüre	Auto-Motor-Sport: Aktueller geht's nimmer
Luft	Mal luftet es gut, mal weniger
Hygiene	Sauber
Publikum	Von Künstlern bemalte Decken und Wände
Service	Freundlichster Service
Preisniveau	Für Eingeweihte

Wohin, wohin?

Eva Kampmeyer, *Studentin und stellvertretende Bundesvorsitzende der JUSOs*
1. *Fricke Blöcks* – ein sympathischer Laden. Dort nehme ich abends gerne Bier und Tsatsiki zu mir. Die griechische Knobimasse ist mit Gemüse in Form eines Smilie garniert – das Auge ißt schließlich auch mit. Das Fladenbrot ist koalitionsfähig. Außerdem gibt es immer wieder interessante Gemälde und Fotos zu sehen.
2. *Joducus* – bei einem Glas Wein unter den lauschigen Bäumen kommt hier im Sommer echte Toskanastimmung auf. Dazu noch ein leckerer mediterraner Salat ...
3. *Lotter Leben* – dort trinke ich mit meiner Freundin Soave ohne Ende. Da ich tagsüber Jura studiere, stört mich auch das Publikum nicht besonders. Außerdem gibt es auch nette Kleinigkeiten zum Essen.

Thomas Otte, *Mitinhaber der Werbeagentur Stiehl/Otte GmbH*
1. Der nicht totzukriegende *Grüne Jäger* – Hauptvorteil dieser Gaststätte: Ich kenne da keinen. Wird von mir regelmäßig aufgesucht (ein- bis zweimal im Jahr).
2. *Parkhaus Rink/Onkel Otto* – Im Parkhaus Rink fand der legendäre Skatabend statt, der nicht stattfand. Der dritte Mann kam nicht, und so mischte sich der verbleibende Rest unter die Trinkergemeinde. Gleich gegenüber liegt das etwas feinere Pendant *Onkel Otto*. Hier gibt's viele feine Sorten Bier!
3. *Schmales Handtuch/Rampendahl* – Die kleine Kneipe *Schmales Handtuch* in der Hasestraße hat echtes Osnabrücker Flair; Liebhaber des selbstgebrauten Bieres finden dieses gegenüber im *Rampendahl*.

Reinhard Westendorf, *Kinomacher*
1. Vor dem, nach dem und auch ohne Kino – die *Kinokneipe 8 1/2* des Filmtheaters Hasetor ist mein Stammlokal. Hier trifft man zwar nicht auf die allerfeinsten Getränke, aber auf patente (weibliche) Bedienung und gute Bekannte. Ob „Frau Wirtin", Kassenpersonal, Filmvorführer oder gar die Chefetage, sie alle, auch der quälgeistige Tresentrottel und der strenge Geruch des Herrenklos, sind mir wohlvertraut.
2. Gleiches gilt für das Kultur- und Kommunikationszentrum *Lagerhalle*, der Wirkungsstätte meiner kinematografischen Berufung. Das Angebot an Hochprozentigem ist hier getreu der Vereinssatzung zwar gleich Null, aber auf ein Pinkus (und ein Brot mit Senf) bleib' ich noch.
3. Zum kurzweiligen Ent- und Abspannen fokussiere ich nach Ende der Spätvorstellung ab und an noch immer den mythenumwobenen *Hyde Park*. Mach dir ein paar schöne Stunden ...

Osnabrück — **HYDE PARK**

Büchse der Pandora

♉♉♉♉

HYDE PARK
Fürstenauer Weg
Osnabrück
Tel. 05 41/12 81 23

Di-So 20.00 - 3.00
Küche bis
Betriebsschluß

Null Sitzplätze
1.000 Stehplätze
150 Freiplätze bis
Betriebsschluß

Fürstenauer Weg:
Linie 8
Parken vor der Tür

Damals, 1983, war es *der* Skandal: Wilde Straßenschlachten tobten in der verschnarchten Stadt am Hasestrand. Wütende OsnabrückerInnen und hochmotivierte Zugereiste aus der näheren und weiteren Umgebung probten Barrikaden und Demonstrationen, die Polizei rückte in aufgerüsteten Hundertschaften an, das Ausmaß der Belagerung war unglaublich: Bundesweit berichtete die Tagesschau von den Straßenkämpfen, und die Bild-Zeitung hatte ihre Schlagzeilen. Der Grund für den Sturm im Wasserglas: Der von manchen als Haschbunker verschrieene *Hyde Park* sollte ersatzlos geschlossen werden. Der *Hyde Park,* dort, wo sich seit 1976 die aufgestauten Energien der „jeunesse dorée" in Tanzorgien und exzessiven Trinkgelagen erschöpften, war den inzwischen schwer emissionsgeschädigten AnwohnerInnen ein solcher Dorn im Auge geworden, daß sie ihn gerne weggesprengt hätten. Die lautstarken und in der ganzen guten alten BRD zu vernehmenden Proteste machten den Politikern Beine; schon waren sie zu Gesprächen bereit. Nach verschiedenen Treffen zwischen der Brauerei, den Betreibern und der Stadt fand sich ein akzeptabler Ersatzort: Es erstrahlte leuchtend wie ein UFO in der Nacht der neue *Hyde Park*. Hier, vor den Toren der Stadt, ließen sich im Rund eines Zirkuszeltes nun die Träume leben, die schon immer die Welt bedeuteten. Doch recht bald brachten baupolizeilich registrierte Mängel und fehlende Sturmsicherheit das Konzept zu einem unrühmlichen Ende, dem, Phönix aus der Asche gleich, ein baldiger Neubeginn folgte: Der *Hyde Park* Nummer Drei, diesmal in Holz. Ungleich prosaischer als seine heißgeliebten Vorgänger, war und ist auch er zum Erfolg verurteilt. *gai*

	Bier	0,3l für 4,00
	Wein	Kein Wein
	Spirituosen	Gin, Wodka usw., auch als Longdrinks (4,50)
	Alkoholfreie Getränke	Limos, Wasser, Säfte (3,00)
	Heißes	Kaffee (1,50)
	Essen	Warmes und Kaltes bis zum Feierabend

	Musik	Die Wochentage haben ihre musikalischen Schwerpunkte
	Lektüre	Wer wird denn nachts lesen wollen?
	Luft	Wie in jeder Disco, die auf sich hält und voll ist
	Hygiene	Siehe Punkt Luft
	Publikum	Jede(r) kommt mal
	Service	Die hinter der Theke, manchmal arrogant, haben keine Ruh'
	Preisniveau	Ist „okidoki"

Osnabrück **JODUCUS**

Idyll im Grau

ϒϒϒϒϒ

JODUCUS
Kommenderiestr. 116
Osnabrück
Tel. 05 41/8 65 30

Mo-So 18.00 - 1.00
Küche 18.00 - 0.30

80 Sitzplätze
8 Stehplätze
50 Freiluftplätze
bis 1.00

Rosenplatz: Linien 2, 4
Am besten Parkplatz
hinter dem UFA-Kino
(ca. 50 m entfernt)

Die umliegenden Straßenzüge sind von ausgesuchter Häßlichkeit; sie erwecken den Eindruck, sich in einer drittklassigen ostdeutschen Industriestadt zu befinden. Besucher des *Joducus* können diese miese Atmosphäre nicht nur vergessen, sondern sich auch der Illusion hingeben, bei einer Landpartie ein Kleinod entdeckt zu haben: obwohl nur wenige Meter entfernt der Verkehr braust, ist der Garten des Weinlokals so grün und ruhig wie die Republik Irland in Fernsehbildern. Hierhin zieht es vornehmlich die arrivierten akademisch Gebildeten, die die Weinkarte mittlerweile besser kennen als das Vorlesungsverzeichnis. Und da sich DINKs (Double Income, No Kids) normalerweise um die 30 herum dann doch ihren Wunsch nach Nachwuchs erfüllen, entsteht an frühen Sommerabenden der Eindruck, mitten in einen Kindergeburtstag geraten zu sein. Die Qualität der Speisen liegt weit über der üblichen Osnabrücker Schnitzel-Meßlatte, und wer es unbedingt will, kriegt auch ein Bier. Natürlich darf bei einem solchen Selbstverständnis auch die ständig wechselnde bildende Kunst nicht fehlen, die an den Wänden von den durchaus vorhandenen Provinztalenten Zeugnis ablegt. Und wer die gepflegte Langeweile eines hiesigen Hobbydichters über sich ergehen lassen will, kann auch einer solchen intellektuellen (Pflicht)Übung in diesen Räumen nachkommen. Ich persönlich empfehle die gebratenen Lammfilets. Und gebe zu: Die Möglichkeit, als Stammgast im *Joducus* zu sitzen, kann ein entscheidender Promotionsgrund sein. mb

	Bier	Krombacher, Alster, Kelts und Weizenbier v. F. (3,60-6,00)
	Wein	Sehr große Weinauswahl mit einheimischen und Mittelmeer-Highlights; auch entalkoholisierter Riesling (4,50-6,50)
	Sekt und Schampus	Prosecco, Huxelreben, gräflicher Schampus (Fl. 26,00-95,00)
	Spirituosen	Lieblinge der Toscana-Fraktion, Grappa-Calvados (3,00-6,00)
	Alkoholfreie Getränke	Jede Menge Säfte, Schorlen und Wasser (2,70-5,50)
	Heißes	Kaffee im „Pott", Darjeeling und Espresso (2,80-3,80)
	Essen	Viele leichte Leckereien, gemüselastige Aufläufe und Salate; Vollwertgerichte und des Kanzlers Pfälzer Saumagen (!!!)

	Musik	Leise Blues- und Folkweisen für den Hintergrund
	Spiele	Stadtblatt, Neue Osnabrücker Zeitung
	Luft	Besser, als in der Gegend zu vermuten wäre
	Hygiene	Viel sauberer als in der Uni
	Publikum	M.A., Akad. Räte, Dipl. Psych.,Dr. phil. beiderlei Geschlechts und mit Nachwuchs
	Service	Keine große Fluktuation beim Personal: das sagt alles
	Preisniveau	Trotz Qualität nicht zu teuer

Osnabrück — LA BELLE

Rouge et Noir, Plüsch und Stahl

LA BELLE

ΨΨΨΨ

LA BELLE
Bohmter Str. 69
Osnabrück
Tel. 05 41/2 81 15

Di, Mi, So,
21.00 - 2.00
Fr, Sa 21.00 - 3.00

40 Sitzplätze
100 Stehplätze

Halle Gartlage,
Bohmter Straße: Linie 7
Geparkt wird drumherum

Nichts geht über richtige Frauen, die wissen, was sie wollen und das ohne Sperenzchen in die Tat umsetzen. Im *La Belle* herrscht eine zielstrebige Blonde dieser Extrakategorie mit Humor und Charme über die vielfältigen Geschicke des ausgefallenen Lokals. Die Chefin ist wahrlich keine von diesen studentischen „Wer bin ich"-Schnepfchen, die auf dem Weg zum Supermodel rein zufällig und wirklich ausnahmsweise nur heute hinter den Theken diverser Lokale ihren Pfirsichblütenteint ruinieren und schon beim Ausstellen einer simplen Quittung überfordert reagieren.

Während der Woche eher privat, ist das *La Belle* am Wochenende der Renner bei den jungen, aktiven, kosmopolitischen, weiblichen oder männlichen Gays. Gegen Mitternacht rollt das gemischte Publikum an, Heteros wie Homos, auf der Suche nach weiteren Vergnügungen für eine lange Nacht.

Die außergewöhnlich persönliche Atmosphäre wird noch betont durch das Entgegenkommen des DJs: Manchmal erfüllt er Plattenwünsche. Behagliche Reste der ehemals in diesen Räumen etablierten Bar finden sich in Samtportieren und -vorhängen, für die AnhängerInnen kühleren Ambientes ist als Innovation die technoblaue Bar installiert. Eine zusätzliche Bereicherung für das örtliche Nachttreiben sind die regelmäßig veranstalteten Travestieshows und die Themenparties. *gai*

Bier	Becks (0,2l/0,3l 3,00-4,00)
Wein	Trockener Weißer und Rosé (4,50)
Sekt und Schampus	Hausmarke (0,1l 6,00)
Cocktails	Keine Cocktails, aber Longdrinks (5,50-6,00)
Spirituosen	Bacardi, Wodka, Gin, Weinbrand: Meist als Longdrink getrunken
Alkoholfreie Getränke	Diverse Säfte, Schweppes, Cola, Sprite etc. (3,00-4,00)
Heißes	Kaffee (2,50)

Musik	Charts, Disco und Oldies laden zum Abtanzen ein
Spiele	First, Observer und andere Gay-Zeitschriften
Luft	Umgekippt ist noch keiner
Hygiene	Belle
Publikum	Weibliche und männliche Gays, Heteros
Service	Kompetent und mit Charme
Preisniveau	Disco mit Herz (Wochenende und Veranstaltungen 5,00 DM Eintritt)

Osnabrück — LABYRINTH

Fuchsbau

LABYRINTH: EXIL/ PICASSO/SONDERBAR/ CAPONE
Seminarstr. 16-17
Osnabrück
Tel. 05 41/2 65 38

Exil: Mo-So
21.00 - 1.00
Picasso: Mo-So
17.00 - 1.00
Sonderbar: Noch unklar
Capone: Mo-So ab 18.00
Fr, Sa alles als
Labyrinth: 22.00 - 3.00

150 Sitzplätze
1000 Stehplätze

Johannisstraße:
Linie 7, 6, 4, 2
Umgebungsparken

Heinos große Stunde kam, als der gewaltige Rivale *Hyde Park* brachlag: Im schicksalhaften Jahr 1983 begann das *Exil* noch zögerlich als Interims-Diskothek, mauserte sich jedoch „rapidité, rapidité" zum Objekt der Begierde der innerstädtischen Tanzfreaks. Mit diesem Datum begannen aber auch die grundlegendsten, umfassendsten und ausdauerndsten Um-, An- und Ausbauarbeiten, die ein Tanzpalast wohl je erlebt hat. In der Welt des tüchtigen Hausherrn finden die Renovierungen kein Ende. Kaum ist das eine scheinbar in Ordnung, reißen fleißige, unermüdliche Hände an anderer Stelle etwas anderes aus der Verankerung. Riesige Baukräne, die monatelang vor dem Haus stehen, fallen erst auf, wenn sie mal nicht da sind. Doch wen stört's, gibt es doch immer wieder neue, größere, blendendere Kreationen zu bewundern. So wurde im Laufe der Jahre Großes aus dem *Exil*: Ein Gastro-Center mit regem Clubleben, das – nomen est omen – *Labyrinth* getauft wurde, including: *Exil, Sonderbar, Picasso* (unterverpachtet) und die Pizza-Pasta-Station *Capone*. Wann was geöffnet ist, ist eine Wissenschaft für sich, deren Regeln nicht endgültig feststehen. Auch hier wird fleißig experimentiert. Generell gilt, daß das *Labyrinth* als Gemeinschaftsanlage nur am Wochenende geöffnet ist, die Stationen *Picasso* und *Exil* dagegen täglich besucht werden können. Die zahlreichen Gäste sind herausgefordert, sich immer wieder neuen Wagnissen zu stellen, auf die immer wieder frischen Provokationen des innovativen Hausherrn und seiner Baucrew zu reagieren. *gai*

Bier	Duckstein Alt/Pils v. F., Weizen, Alkfreies Bier (2,20-5,50)
Wein	Die Rheinpfalz-Frankreich-Italien-Fraktion (4,50-7,00)
Sekt und Schampus	HM, M. Chandon, Moët & Chandon, Veuve (Fl. 35,00-120,00)
Spirituosen	Liköre, Whiskies und viele Körner (2,50-6,00)
Alkoholfreie Getränke	Granini, Wasser, Sprite, Fanta und natürlich Cola (3,00-3,50)
Heißes	Russische Schokolade, Lumumba, Kaffee Baileys und nichtalkoholische Standards (2,50-6,00)
Essen	Erst mal gucken, ob *Capone* heute empfängt!

Musik	Mittwochs Livemusik, alle anderen Tage haben ihre Themen
Spiele	Backgammon, Schach im *Picasso*
Lektüre	Alles, Lesezirkel
Luft	Manchmal einem Testgelände für Chemienebel gleich
Hygiene	Irgendwann ruiniert Dauerbenutzung die größte Sauberkeit
Publikum	Wir sind das Volk
Service	Mal so, mal so
Preisniveau	Wie alle

Osnabrück — LAGERHALLE E.V.

Der Bienenkorb

LAGERHALLE E.V.
Rolandsmauer 26
(Am Heger Tor)
Osnabrück
Tel. 05 41/2 27 22

Di-So 11.30 - 1.00
Sa 18.00 - 1.00
Küche
11.30 - 14.00
18.00 - 23.30
So Frühstück
10.00 - 13.30

130 Sitzplätze
270 Stehplätze

Heger Tor:
Linie 2, 3
PH Nikolaiort und
Vitihof

Ob man es wahrhaben will oder nicht: In der *Lagerhalle* ist ein großes Stück genuin Osnabrücker Jugendkultur entstanden bzw. geprägt worden. Während in der Gründungsphase dieses Kulturzentrums (nach 1976) zunächst vorwiegend langhaarige Gymnasiasten über ihrem Tee grinsend vor sich hindämmerten, waren es später die Punks, die vor der Eingangstür bettelnd ihr Taschengeld aufbesserten. Im Inneren des unübersichtlichen Gebäudes erzählten derweil borderline cases einander ihre komplizierten Lebensgeschichten, Jusos debattierten abseits des Volkes in Hinterzimmern über Sozialismus, Cineasten übertrugen die Welt in ihren Köpfen auf die hauseigene Leinwand, und Folkies kriegten ihre Folkkonzerte. Vor einiger Zeit leistete sich die *Lagerhalle* designerhaftes Mobiliar, was diejenigen Gäste, die in den siebziger Jahren erstarrt waren, vor Schreck nochmal erstarren ließ; aber seit die Seventies-Nostalgie auch Vierzehnjährige wieder in die schmuddeligen Schlaghosen treibt, ist auch für diese Fossilien die Welt wieder in Ordnung. Und einmal im Jahr hält gar die internationale Avantgarde ihren Hof, wenn das Osnabrücker Medienkunst-Festival stattfindet! Dann gibt es ein großes Hallo, solange die Subventionsgelder fließen. Während des ganzen Jahres ist das Filmprogramm der *Lagerhalle* überdurchschnittlich gut, wofür sie mit diversen Preisen belohnt wurde. Der monatlich stattfindende Dancehall Day hingegen erfüllt eine wichtige Funktion für studentische einsame Herzen sowie für Leute, die gerne barfuß tanzen. *mb*

Bier	OAB Pils, Alt, Guinness v. F., Weizen, Pinkus (2,00-5,00)
Wein	Studentengerechte Auswahl von Blanc de Blancs bis Soave (3,50-5,00)
Sekt und Schampus	Hausmarke und Cuvée (Fl. 24,00-30,00)
Alkoholfreie Getränke	Bio-Apfelsaft, Wasser, die gängigen Limos (1,50-2,50)
Heißes	Kaffee, Tee, Café au lait, Cappuccino, Kakao (1,50-3,00)
Essen	Sehr billig und gut: das Knoblauchbaguette; aber auch Suppen, Fleischgerichte und Vegetarisches; sonntags Frühstück
Musik	Je nach Subkultur, der die Thekenkraft angehört
Spiele	Schach, Backgammon, Spielesammlung
Lektüre	NOZ, Süddeutsche, FR, Spiegel, Stadtblatt
Luft	Holländische Shag-Schwaden
Hygiene	Mäßig
Publikum	Studenten, Kids, Landkreisfreaks, britische Soldaten, arrivierte Althippies
Service	Wie im Öffentlichen Dienst
Preisniveau	Billig

Osnabrück — LE BRIC-A-BRAC

"LE BRIC-A-BRAC"

Die Oase

🍷🍷🍷🍷

LE BRIC-A-BRAC
Schnatgang 58/Ecke
Kiwittstraße
Osnabrück
Tel. 05 41/4 68 73

Mo-So 18.00 - 2.00
Sa, So 10.00 - 15.00
(Frühstück; sonst
Küche 18.00 - 1.00)

80 Sitzplätze
30 Stehplätze
25 Freiluftplätze
bis 22.00

Jahnplatz: Linie 5
Parken am Jahnplatz
oder in den
Nebenstraßen

Vom Produktionsplatz zur Lernfabrik: Das benachbarte Studentenwohnheim ist ein gelungenes Beispiel für die Umwandlung einer Stätte industriellen Schaffens zu einem anheimelnden Lebensraum, den man viele Semester lang genießt. Und überhaupt: der ganze Stadtteil Wüste atmet postmoderne Behaglichkeit. Wüst ist's hier wahrhaftig nicht, sondern grün. Hier schätzt man die Vorteile kleinstädtischen Wohnens: mit dem Rad ist man in zehn Minuten entweder im pulsierenden Herz der Winz-Metropole oder auf dem platten Land, wo die Felder bis zum Horizont reichen und sich Fuchs und Hase gute Nacht sagen. Im *Bric-a-Brac* trifft sich alles, was in dieser Gegend die Kneipenkultur hochhält. Vor dem Background der dunkelbraunen Gemütlichkeit führt man Jahr für Jahr dieselben Feierabendgespräche – ob man nun einen Arbeitstag gehabt hat oder nicht. Während wie im Trickfilm die Kalenderblätter rasend schnell sich selbst abreißen und der Sand mächtig durch die Uhr strömt, haben die Wände dieser Kneipe ABM-Verträge entstehen und auslaufen sehen; „Beziehungen" gingen in die Brüche, weil „nicht genug Nähe zugelassen" wurde; Studien wurden nach dem 29. Semester abgebrochen, weil man ja eigentlich immer schon etwas anderes machen wollte. Das sind die kleinen Katastrophen der Bewohner dieses harmlosen Stadtteils. Nichts Spektakuläres: doch wer keine Probleme mit dem Genuß des Hier und Jetzt hat, wird im *Bric-a-Brac* einen angenehmen Abend verbringen können. *mb*

Bier	Wicküler, Rheinisch Alt v.F., Weizen, Kelts, Jever (3,00-4,50)
Wein	Nette Tropfen aus Italien, Frankreich und deutschen Landen (4,50-6,00)
Sekt	Schloß Rheinberg (Fl. 24,00)
Cocktails	Kir, Kir Royal (4,50-6,50)
Spirituosen	Volle Dröhnung (2,50-5,00)
Alkoholfreie Getränke	Apollinaris, Limos, Bitter Lemon, Säfte (2,20-4,00)
Heißes	Cappuccino, Cafe Basquese, Grog, Glühwein (2,50-5,00)
Essen	Baguettes, Suppen, Salate; Pfefferkotelett probieren!
Musik	Blues, Rock und Folk, was allen gefällt
Spiele	Backgammon, Spielesammlung, Würfel, Kartenspiele
Lektüre	Spiegel, Stadtblatt, Gratisgazetten
Luft	Gemütlich verqualmt
Hygiene	Waschbecken, WC – alles okay
Publikum	Wüstenbewohner, Studentenheiminsassen, Baby Boomer
Service	Keine Negativ-Ausfälle
Preisniveau	Günstig

Osnabrück — LOTTER LEBEN

Legerer Luxus

🍸🍸🍸🍸🍸🍸

LOTTER LEBEN
Lotter Str. 116
Osnabrück
Tel. 05 41/43 26 92

Mo-Do 18.00 - 1.00
Fr, Sa 18.00 - 3.00
(Tischreservierung
erbeten)
Küche 18.00 - 0.30

60 Sitzplätze
40 Stehplätze
22 Freiluftplätze bis
22.00

Weißenburger Straße:
Linie 3
Eigener kleiner
Gästeparkplatz

„Von der Notwendigkeit des Überflüssigen" schreibt Christian Graf von Krockow in seinem Buch „Die Heimkehr zum Luxus". Darin wendet sich der alte Herr gegen die totalitäre Arbeitssucht, die Kastration des Genießens und den Fanatismus der Zweckmäßigkeit. Ich würde ihn ja gerne einmal ins *Lotter Leben* einladen. Wir würden uns an der Bar einen Soave bestellen, und er könnte mir erläutern, warum der puritanische Zwang zur Arbeit eine Gesellschaft eher zugrunde richtet als ein politischer Umsturz. Darüber kämen wir ins Plaudern; seine Durchlaucht würde mich vielleicht fragen, warum ich gerade dieses Lokal frequentiere. Meine Erwiderung müßte lauten: „Herr Graf, genieße gerne hochwertige Gastronomie in entspannter Atmosphäre! Schätze unaufdringlichen Service und ästhetisches Ambiente!" Dazu würde ich die Hacken zusammenknallen, und wir würden uns gemeinsam weiterhin lustig machen über den preußischen Ungeist, der diesem Volk die Lebensfreude so nachhaltig ausgetrieben hat. „Wünschen Durchlaucht zu speisen?" wäre meine nächste Frage – denn das gastronomische Angebot kann sich auch in seinen unflüssigen Varianten sehen lassen. Später würden wir uns unter die gut betuchten Osnabrücker und wohlhabenden Auswärtigen mischen, die dieser American Bar am Fuße des Nobelviertels Westerberg ihr Image geben. Und ich müßte konstatieren: „Luxus heißt heute Zeitsouveränität!" Womit ich eine Woche des Müßiggangs beginnen würde. *mb*

Bier	Herforder, Budweiser, Kelts, Erdinger Weizen (3,30-5,00)
Wein	Merlot D.O.C., Sauvignon; Sancerre A.C. u.a.m. (6,00-11,00)
Sekt und Schampus	Mumm, Moët, V. Clicquot, Dom Pérignon (Fl. 47,00-180,00)
Cocktails	Mit und ohne Alkohol in großer Auswahl (8,00-13,50)
Alkoholfreie Getränke	Von Apollinaris bis San Pellegrino, von Apfel naturtrüb bis zum frisch gepreßten Orangensaft, (3,00-8,50)
Heißes	Tee, Kaffee (auch italienisch), Café au lait, Cacao (3,00-4,00)
Essen	Feinheiten, monatlich wechselnd; Spezialitätenwochen

Musik	Unaufdringliche Barklänge
Lektüre	Forbes, Elle, Cosmop., Männer-Vogue, Manager Magazin
Luft	Erstklassig
Hygiene	Alles clean; auf der Herrentoilette Eigenwerbung einer Agentur (!!!)
Publikum	Neue Mittelschichten, ältere Millionäre, BWL-studierende Söhne und Töchter
Service	Quick, fit und aufmerksam
Preisniveau	Mit Recht nicht billig

Osnabrück — LOUISIANA

Swamp Roots

 ⓎⓎⓎⓎⓎ

LOUISIANA
Augustenburger Str. 10
Osnabrück
Tel. 05 41/43 44 25

Mo-So
19.00 - open end
Küche dito

70 Sitzplätze
60 Stehplätze

Uhlandstraße:
Buslinie 1
Weißenburger Straße:
Linie 3
Parken: schwierig;
angesagte
Wohngegend mit viel
Verkehrsberuhigung

Still got the blues, man. Blues ist schön, Blues ist schwarz, Blues ist zeitlos. Blues heißt *Louisiana*. Wer Sümpfe sucht, findet sie nördlich von Osnabrück in den Torfeinöden des Emslandes. Krokodile gibt es dort zwar nicht, dafür Strukturentwicklungspläne und Jugendliche, die per Mofa die Dorfstraße hoch- und runterfahren. Jeden Samstag. Sieben Stunden lang. Kein Wunder, wenn die Leute den Blues kriegen. Diesen Musikstil des amerikanischen Südens pflegt man im *Louisiana*. Wen wundert es, daß die erfolgreichste Bluesband der Bundesrepublik – die Blues Company – aus unserer Stadt kommt? Wie Münster für alten Rock 'n' Roll und Bielefeld für Backpulver-Punk steht, verbindet man mit Osnabrück den Blues. Wer das nicht versteht, braucht nur einmal im Dauerregen diese Stadt zu durchstreifen und nach einem freundlichen Gesicht Ausschau zu halten. Still got the blues, man! Im *Louisiana* ist alles stilgerecht. Das Boogie-Woogie-Piano wartet auf den Spieler, der es zweimal monatlich zur Freude der Fans betätigt. Und da das den Musikenthusiasten natürlich nicht reicht, gibt es eine riesige bunte Wurlitzer-Musikbox mit jeder Menge neuer und alter Nummern drin. Beinah sieht es so aus, als hätte man das Lokal um diese Musikbox herumgebaut, damit sie im Freien nicht verrottet. Das *Louisiana* liegt im Katharinenviertel, der bevorzugten Wohngegend für arrivierte Ex-Studenten, Freiberufler-WGs, Universitätsdozenten und solche, die es werden wollen. Hier kehrt man seinen Wohlstand nicht protzig nach außen, sondern trägt weiterhin Jeans und hört – wie seit eh und je – Blues. Im *Louisiana* an der Ecke. *mb*

Bier	Kölsch und DAB (Pils/Alt) Guinness, Weizen v. F. (2,00-5,00)
Wein	Nur Soave und Corbières Rouge (4,50)
Sekt	Nur der OS-Kultsekt Freixenet und Piccolo (25,00 und 8,00)
Cocktails	Southern Trip und Southern Island (sowieso): 7,50-10,00
Spirituosen	Der gute harte Stoff in großer Auswahl (2,00-5,00)
Alkoholfreie Getränke	Die ganze Saftfront, tolle Produkte von Britvic (3,00-4,50)
Heißes	Nur Kaffee, den dafür aber im Becher (3,00)
Essen	Bodenständige, billige Snacks: Kotelett und Bouletten
Musik	Blues (was sonst?)
Spiele	Schach, Backgammon, Spielesammlung
Luft	Gute Lüftung, Sumpfgeruch kommt nicht auf
Hygiene	Alles clean
Publikum	Alte und junge Bluesfans, Akademiker und Proletarier
Service	Gestandene Thekenprofis
Preisniveau	Angemessen, den Musicboxsound gibt's umsonst

Das Pub, der Durst, die Anarchie

Padraig J. Higgins
Ballybawn
Roman
Aus dem Englischen von Gabriele Haefs
Hardcover, 220 Seiten, DM 29,80
ISBN 3-927482-56-0

Osnabrück — MY LORD

Sesam öffne dich!

MY LORD
Krahnstr. 52-53
Osnabrück
Tel. 05 41/2 48 67

Mo-Fr 18.00 - 2.00
Sa 20.00 - 3.00

15 Sitzplätze
15 Stehplätze
30 Freiluftplätze

Theater: Linie 42
Großer Parkplatz
hinter dem Lokal

Leicht zu finden ist das *My Lord* für Uneingeweihte nicht: Wer schnell durch die ziemlich prosaische Lortzing-Passage zum Parkplatz hastet, läuft glatt dran vorbei. Und das wäre schade – denn es entginge ihm ein Besuch in der kleinsten Kneipe der Welt. Diese vom Guinness-Buch der Rekorde verbriefte Tatsache macht auch den großen Reiz des kleinen Lokals aus: Ein Barmann mit Orang-Utan-Armen könnte alle Gäste von seinem Platz aus bedienen. Und es ist erstaunlich, wieviele erlebnishungrige Nachtschwärmer sich auf einer Fläche versammeln können, die ungefähr so groß ist wie ein Sozialwohnungskinderzimmer. Geografisch liegt das *My Lord* in der Einfallschneise für die Altstadt – jenem Fachwerkfreiluftgehege, das sich allwochenendlich in eine einzige (Freiluft-)Trinkhalle verwandelt. Auf unseren 14,4 qm geht's hoch her. Provinz-Olaf-Krachts baggern Barbara-Eligmann-Lookalikes an – ist das explosiv? Die Konversation dreht sich um die Frage, ob alles im „grünen Bereich" ist. Die Nebenmänner (oder -buhler) bilden jovial-hilfsbereit auch schon mal eine Bier-Weiterreich-Kette, um den unfreiwilligen Eckenstehern ihr Lebenselixier zukommen zu lassen. Eng ist's anderswo auch in der „großen bösen Samstagnacht", wenn die Hormone tanzen. Doch wir bleiben Lords und Ladies und geben uns vor Sonntagmorgen nicht die Kugel. *mb*

Bier	KöPi, Budweiser v. F., Weihenstephan-Weizen, Alt (3,30-5,80)
Wein	Chablis, Frascati, Soave, Weißherbst u. a. (6,00-10,50)
Sekt und Schampus	Mumm, Moët & Chandon (auch als Jahrgangs-Champagner) (Fl. 40,00-150,00)
Cocktails	Von Sekretärinnenmischungen (Batida de Banana) bis zum alkoholfreien „Maradona" (9,00-12,00)
Spirituosen	Longdrinks für den Landkreis (Korn-Cola 5,00), aber auch alles andere von Asbach-Tequila Gold (2,50-15,00)
Alkoholfreie Getränke	Fruchtsäfte und Markenlimonaden (3,00-9,00)
Heißes	Acht Teesorten (!), Cafe Crème und Süßes (1,50-5,50)

Musik	Eingängiger Hintergrundsound
Lektüre	NOZ & Gratis-Gazetten
Luft	Der Sauerstoff reicht für alle
Hygiene	Klein, aber fein
Publikum	Sekretärinnen, Rennfahrer, verkleidete Treckerfahrer, Herausgeber von Gratis-Gazetten
Service	Alles palletti (um im Jargon zu bleiben)
Preisniveau	Getränkepreisspanne von 1,50 bis 150,00 DM: Das nennt man Auswahl!

Osnabrück — OBLOMOW

OBLOMOW: Der heilige Faulpelz

OBLOMOW
Bremer Str. 60
Osnabrück
Tel. 05 41/7 83 95

Tägl. 19.00 - 1.00
Küche 19.00 - 24.00

50 Sitzplätze
90 Stehplätze
40 Freiplätze bis 22.00

Schützenstraße:
Linie 3
Parken am besten in der Schützenstraße

Wenn sich eine Kneipe nach Iwan A. Gontscharows Romanfigur *Oblomow* benennt, ist sie es allein schon deshalb wert, in den Gastroführer eines Verlages aufgenommen zu werden, der sich – wenn auch lateinisch verklausuliert – der Kunst des Lebens gewidmet hat. Oblomow lebt für das Nichtstun, will nichts anderes als Nichtstun und stirbt schließlich am Nichtstun. Wem dies sinnlos erscheint, der vergleiche eine solch stoische Lebensführung mit der Rastlosigkeit karrierezerfressener Menschen, die stets irdischen Gütern nachjagen und am Ende genauso Fraß der Würmer werden wie Du und ich ... somit ist das *Oblomow* denn auch keineswegs Anlaufpunkt für reiche Kinder, sondern für proletarische Charaktere aus dem Arbeiterstadtteil Schinkel, in dessen Mitte die Kneipe liegt. Es trinkt der Malocher in der Motorradkluft ebenso wie der Student, der auf dem 2. Bildungsweg Sozialpädagogik betreibt und sich dieses Privileg (ist's nämlich für Arbeiterkinder immer noch) bei Karmann in der Fahrzeugfertigung finanziert. *Oblomow* ist perfekt siebziger Jahre: Die sattsam bekannte Mischung aus Flohmarkt, schweren Shag-Wolken und anpolitisierter Gemütlichkeit. Auch die Preisgestaltung scheint in der Ära Brandt/Schmidt stehengeblieben zu sein – hier steht man nicht hinter dem Zapfhahn, um schnell Millionär zu werden. Das schafft Sympathie. Übrigens: I. A. Gontscharow schrieb seinen „Oblomow" in Marienbad, wo er aufgrund eines Leberleidens dem Wodka und Wein abschwören und sich mit Quellwasser begnügen mußte. Wer das nicht schafft (oder möchte), dem sei die authentische Schinkelaner Trinkatmosphäre im *Oblomow* empfohlen. *mb*

Bier	OAB, Alt, Weizen (2,00-4,50)
Wein	Die weiß-rot-rosé- Trikolore (3,50-4,50)
Sekt	Hausmarke (Fl. 28,00)
Spirituosen	Gut sortiert, von Korn bis Wodka (1,50-4,00)
Alkoholfreie Getränke	Säfte, Wasser, Bitter Lemon usw. (2,00-3,00)
Heißes	Kaffee (auch im Becher), Tee, Grog (1,50-4,00)
Essen	Spezialität: Oblomow-Steak, ansonsten billige Baguettes u.ä.

Musik	Rock mit 70iger-Jahre-Einschlag
Spiele	Schach, Backgammon
Lektüre	Stadtblatt, NOZ, Lesezirkel
Luft	Verqualmt
Hygiene	Nicht ganz koscher
Publikum	Arbeiter, Studenten, Arbeiterstudenten, Biker, Schinkelaner
Service	Proletarisch lässig
Preisniveau	Unglaublich billig

Osnabrück — STIEFEL

Der Zwischenstop

STIEFEL
Heger Straße 4-5
Osnabrück
Tel. 05 41/2 26 76

Täglich 19.00 - 2.00
Küche gibt's nicht

40 Sitzplätze
50 Stehplätze

Heger Tor: Linien 2 und 3
PH Nikolaiort, Parkplätze mit etwas Glück in den Seitenstraßen der Lotter Straße

Die Altstadt lebt vom Wechsel: nicht nur der Gesprächspartner bzw. Saufkumpan neben einem sollte von Zeit zu Zeit ausgetauscht werden – auch die Kneipen selbst sollten wir bei einer zünftigen Altstadt-Tour einem regelmäßigen Wechsel unterziehen. Und am *Stiefel* kommen wir einfach nicht vorbei. Nicht nur, daß mit scheuen Baggerbewegungen hier so manche spätere Ehe zwischen Sparkassenangestellten aus Stirpe-Ölingen oder Konfirmanden beim ersten Besäufnis ihres Lebens angebahnt wurde – die geopolitische Lage dieser Kneipe läßt es einfach nicht anders zu, als bei Durchquerung der Altstadt mehrmals am Abend hier vorbeizukommen. Als ich noch in einem Stumpfsinns-Job im Öffentlichen Dienst gefangen war, habe ich diese Wochenend-Euphorie auch empfunden. Teil einer Menge, dabei trotzdem ganz allein in ein Gespräch vertieft mit Gestalten, die man noch nie gesehen hat und nie wieder sehen wird. Nach dem soundsovielten Bier beginnt man sich zu fühlen wie eine Figur aus einem Anthony-Burgess-Roman. Gleich wird etwas Groteskes passieren. Oder auch nicht. Die Tische im *Stiefel* tragen zum Teil kryptische Inschriften. Haben hier Geheimgesellschaften ihre Codes hinterlassen? Oder haben einfach nur betrunkene Stiefelknechte ausprobiert, wie schnell sie noch mit dem Taschenmesser sind? Wer nicht trinkt, flirtet. Oder umgekehrt. Oder beides. Meine Friseurin sagt, alle Männer in der abendlichen Altstadt seien grundsätzlich geschieden. Ob wir das glauben können? *mb*

Bier	DAB Pils und Alt (auch im Stiefel), Alt-Bowle v. F., Weizen, Guiness, Clausthaler alkfrei und Stades leicht (3,51-21,01)
Wein	Wer's französisch mag: Weiß, Rose und Rot (je 5,51)
Sekt	Hausmarke und Mumm (Fl. 28,01-35,01)
Cocktails	Bellini, Blauer Engel, Alkoholfreies (3,51-7,01)
Spirituosen	Alles, was Freude macht (2,01-5,01)
Alkoholfreie Getränke	Wasser, die üblichen Limos, Bitter Lemon, Tonic und Ginger Ale, viele Säfte (3,01-3,51)
Heißes	Kaffee, Cappuccino, Tee, Schokolade, Glühwein (2,51-3,51)

Musik	Altstadt-Pop-Sound
Luft	Lüftung okay
Hygiene	Keine Beanstandungen
Publikum	Altstadt-Volk, Landkreis-Draufgänger, britische Soldaten, Flirtfreudige beiderlei Geschlechts.
Service	Gleichgültig und abgehärtet
Preisniveau	Normales Altstadt-Niveau, aber: Der Stiefel verschenkt Geld, denn Pfennigbeträge werden nicht kassiert!

Osnabrück — TANGO

Der Tag ist Arbeit, die Nacht ... Tango

TANGO
Lohstr. 21
Osnabrück
Tel. 05 41/2 25 67

So-Mi 20.00 - 1.00
Fr, Sa 20.00 - 3.00

15 Sitzplätze
60 Stehplätze

Hasestraße: Linie 4;
Rissmüllerplatz: Linie 2,8
PH Vitihof ist fast vor der Tür

Wer standfest ist, kann im Osnabrücker Bermudadreieck niemals untergehen: Um die eine Ecke finden sich jede Menge interessanter Kneipen und um die andere Ecke liegt schon die allseits beliebte Altstadt. Das *Tango*, vom nämlichen Vorbesitzer wie dem *Wintergarten* gegründet, hat mit diesem, außer der Farbe Grün, wenig gemeinsam. Doch gerade dieses Grün war einmal etwas absolut Spezielles und deshalb Ullis ganzer Stolz: Nur eine einzige Kneipe (in Düsseldorf) hatte noch genau dieses außergewöhnliche Wandgrün aufzuweisen. Seither sind zwölf Jahre vergangen, die Besitzer wechselten, das Nikotingelb der wahrlich heftig „brummenden" Kneipe wurde durch wiederholte andersfarbige Anstriche bekämpft. Standfestigkeit beweisen die Gäste übrigens nicht nur im übertragenen Sinne: Auf den Stehplätzen gilt es, trotz hautnaher Berührung einander nicht versehentlich anzurempeln. Solches Bemühen kann dann durchaus so etwas wie „Links-Rechts-Wiegeschritt" um die Theke und die wenigen Sitzplätze zum Ergebnis haben. Wer nach stundenlangen Büro- und Autogehocke seine Motorik betätigen, von exzessivem Jogging und Body-Building aber verschont bleiben möchte, ist hier bestens aufgehoben. Schweißtreibende Dauerläufe zur Theke und zurück sind nämlich nicht nötig, alles liegt nett beieinander, und schnell ergeben sich zwanglose Begegnungen. Krampfige Einzelgänger und zwanghaft Kontaktscheue werden sich hier unwohl fühlen. Entspannte Geselligkeit ist Trumpf, bis in die frühen Stunden, bis die Fensterscheiben dunstig beschlagen ... *gai*

Bier	Bit, Gatzweiler Alt v. F., Kelts, Stades Leicht, Weizen (2,30-4,80)
Wein	Schlicht und einfach (4,50-6,00)
Sekt	Mumm, braucht's mehr? (Fl. 40,00)
Cocktails	Keine bunten Hahnenschwänze
Spirituosen	Averna, Ramazzotti, Grappa, zwölf Whiskies (2,00-7,00)
Alkoholfreie Getränke	Säfte und Softdrinks (2,00-4,00)
Heißes	Kaffee, Espresso (3,00-5,00)
Essen	Toast mit Käse & Salami

Spiele	Schach, Backgammon
Lektüre	Max, MännerVogue, Stadtblatt, Focus, Lesezirkel
Luft	Klein und gemütlich
Hygiene	Klein und rein
Publikum	Erwachsene
Service	Die anderen bekamen Pistazien nachgefüllt, wir nicht
Preisniveau	Empfehlenswert

Osnabrück THEATER-BAR

THEATER-BAR # Glaspalast

🍸🍸🍸🍸

THEATER-BAR
In der
Theaterpassage,
Domhof 7
Osnabrück
Tel. 05 41/2 54 71

Mo-Fr 11.00 - 19.00
Sa 10.00 - 14.00
So Ruhetag

8 Sitzplätze
10 Stehplätze
9 Freiplätze

Kleine Domfreiheit,
Dom, Domhof: Linie 4
Parken um die Ecke

Die *Theater-Bar* liegt in feinster Nachbarschaft: Die erste Glaspassage der Stadt – von Landesmutter Hannelore Kohl herself eingeweiht – hat den Ruch der großen weiten Welt: Ein exklusiver Shop von Etienne Aigner ist fast nebenan, ebenso das distinguierte Stammhaus des *Cafe Leysieffer*, die illustren Kunden der Krahnstraße finden sich hier ein, die Besucher des Stadttheaters bahnen sich ihren Weg. Ambitioniert war die *Theater-Bar* gedacht für den kleinen Espresso oder Schluck Champagner zwischendurch, den Cognac zum Aufwärmen, ganz so, wie es die zahlkräftige Kundschaft der großen Städte dieser Welt ihren entwicklungsbedürftigen Angehörigen in der Provinz vorlebt. In Erwartung des etwas besseren Geschmackes gab es in der ansprechenden kleinen Stehbar auch schon mal einen 35 Jahre alten Calvados. Damit war der Osnabrücker Konsument endgültig und restlos überfordert. So sind die Glasregale mit den kleinen, feinen, geistvollen Köstlichkeiten inzwischen etwas leerer. Das Publikum hatte leider einen weniger feinen Geschmack und wußte dieses ganz besondere Angebot im Herzen der Stadt nicht zu schätzen. Doch auch ohne edelste Spirituosen der gehobenen Klasse hat die *Theater-Bar* neben der Stammkundschaft reichlich Laufpublikum zu verzeichnen, das es sich im Glashaus gemütlich macht. Tatsächlich dürfen Sie sich hier auf den schnellsten und besten Espresso der Innenstadt freuen, ausgesprochen freundlich serviert noch dazu. *gai*

Bier	Pilsner Urquell, Becks, Kelts, Weizen (3,00-5,00)
Wein	Weißer und Roter (5,50-6,00)
Sekt und Schampus	Je ein Namenloser (Fl. 35,00 und 95,00)
Spirituosen	Grappa, Tia Maria, Dalwhinnie (3,50-8,00)
Alkoholfreie Getränke	Perrier, 6 Säfte, Sprudel (3,00-4,00)
Heißes	Koffein (der schnellste Espresso der Stadt) und Teein muntern auf, die alkhaltigen Variationen noch mehr (2,50-5,00)

Musik	Etwas Sound im Hintergrund
Lektüre	Neue Osnabrücker Zeitung und Bild (!)
Luft	Nicht besser oder schlechter als in der Restpassage
Hygiene	Sauber
Publikum	Alle
Service	Ungemein erfreulich
Preisniveau	Nicht so teuer wie die Nachbarschaft

Osnabrück — UNI-KELLER

Lokal für jede Jahreszeit

UNI-KELLER
Neuer Graben 29
Osnabrück
Tel. 05 41/2 16 98

Mo-Do 19.00 - 2.00
Fr-So 20.00 - 3.00
Im Sommer ab 18.00
Warme und kalte
Küche bis 23.30

120 Sitzplätze
79 Stehplätze
300 Freiplätze bis
2.00

Neuer Graben: Linie 1
Parken in der
Nachbarschaft

Gleich vorweg: Der *Uni-Keller* ist so wechselhaft wie das Wetter. Im Sommer tummelt sich schickes, vom Licht des Nordens – aber auch vom Urlaub – gebräuntes Volk im Biergarten, im Winter finden sich Menschen wie Du und ich – und dazu etliche efeuumrankte Studentenfossile aus dem Jahrzehnt des Wassermanns im so-called *Keller*. Nun denn, wem das nicht paßt, muß ja nicht herkommen. Doch wer einmal hier war, kommt wieder. Denn hier findet Frau und Mann: den besten Cidre der Stadt, leckere hausgebaute Pizze und wirklich frische Salate; die Zitronenschnitze im Glas sind vorab von ihrer pestiziden Hülle befreit, im Winter wird hausgebrauter heißer Kakao angeboten. Natürlich gibt es auch was zu mäkeln: Es ist oft sehr, sehr voll. Im Winter wird erst ab 19.00 Uhr geöffnet, obwohl doch jeder weiß, daß Uniseminare um 17.45 Uhr beendet werden. Es gibt keine der wunderbaren badischen (außer einem Weißherbst) oder fränkischen Weine zu trinken. Doch kann man es denn jedem Nösel Recht machen? Es reicht zu wissen: Mitten im studentischen Zentrum liegt ein in der kalten Jahreszeit eher unauffälliges Lokal, in dem die durstige Seele sich jederzeit mit gängigen Flüssigkeiten aufpeppen und den daraufhin entstehenden Hunger mit guten hausgemachten Kleinigkeiten befriedigen kann. Und im Sommer trifft „man" sich dort sowieso, zumal im direkt angrenzenden Schloßpark spontane und angekündigte Warmwetter-Happenings passieren. *gai*

Bier	Neun Biere (2,00-4,50)
Wein	Weiß, Rosé, Rot in den Geschmacksrichtungen italienisch, deutsch und portugiesisch (3,20-5,90)
Sekt und Schampus	Namenloses (Gl. 12,00-15,00)
Cocktails	Nichts Gepanschtes
Spirituosen	Von Amaretto über Jim Beam zu Moskovskaja (1,50-4,00)
Alkoholfreie Getränke	Naturtrüber Apfelsaft, Standards (1,50-2,50)
Heißes	Kaffee im Becher, Tee, Kakao (1,50-2,50)
Essen	Lecker Hausgemachtes: Pizze, Salate, Toasts und Snacks
Musik	Jazz-Reihe im Sommer, Konzerte, sonst Konserven
Spiele	Schach, Backgammon, Spielesammlung
Lektüre	Frankfurter Rundschau, taz, Neue Osnabrücker Zeitung
Luft	Manchmal gerade noch erträglich
Hygiene	So sauber sind wenige in der Größenordnung
Publikum	Relikte der Hippiezeit, Studis, Musikfreaks, Normalos
Service	Arbeiten hart, schnell und viel
Preisniveau	So könnte das Preis-Leistungsverhältnis öfter sein

Osnabrück — VALENTINO

Mix den Cocktail

VALENTINO
Vitihof 14
Osnabrück
Tel. 05 41/2 35 87

Di-Do, So 20.00 - 1.00
Fr, Sa 20.00 - 3.00
Keine Küche

30 Sitzplätze
20 Stehplätze

Hasetor, Hasetorwall:
Linie 8
PH Vitihof vor der Tür

Aus gegebenem Anlaß soll an dieser Stelle für Alle, die sich im Mischen diverser Alkoholika versuchen, das Rezept für den ewigen Klassiker „Martini trocken" folgen: Ingredienzen sind wahlweise Wodka oder Gin, Wermut, Angostura nach Geschmack, Zitronenschale, Olive. Das Mischen ist einfach: Drei oder vier Teile Wodka oder Gin, einen Teil Wermut und vielleicht ein winziges Tröpfchen Angostura in einen hohen Behälter mit Eis geben, rühren(!), nicht schütteln. Der Grund: Beim Schütteln vermischen sich Eiskristalle mit dem kostbaren Naß und verwässern – welch Frevel – den himmlischen Geschmack. Dann die Olive ins Glas, das Gemisch hineinseihen, etwas Zitrone direkt über dem Glas schälen, so daß einige Tröpfchen ätherisches Öl auf der Oberfläche des Drinks niederschlagen und die aromatische Frische dieser Frucht sich aufs Köstlichste mit der Flüssigkeit verbinde. Doch all dies ehrliche Bemühen ist zum Scheitern verurteilt, wenn die Qualität der einzelnen Zutaten nicht den absoluten Mindestanforderungen gerecht wird. Auch hier, wie einfach immer und überall gilt: Gutes muß nicht teuer sein, ist es aber meistens. Soweit der als Hilfestellung gedachte Rat an die Osnabrücker Gastroszene ... Zum *Valentino*, im ältesten Teil der Stadt gelegen, wäre speziell zu erwähnen, daß es von einem sehr beliebten Chef betrieben wird, der eine wahrlich angenehm private Atmosphäre zu zaubern weiß, ohne seinen Gästen in dem kleinen Lokal auf die Nerven zu gehen. *gai*

Bier	Vier Sorten v. F., Hefe- und Kristallweizen (3,50-5,00)
Wein	Mosel, Rheinhessen, Bourgogne, Languedoc ...(5,50-8,50)
Sekt und Schampus	Metternich, Mumm, M. Chandon, Hausmarke, Moët & Chandon, Veuve Clicquot (Gl. 37,00-95,00)
Cocktails	Reichlich mit und ohne Alkohol (7,00-13,50)
Spirituosen	Kompliment! Zwölf Whiskies im Ausschank (3,00-5,50)
Alkoholfreie Getränke	Obstsäfte (frisch gepreßt!), Milchshaketräume, Sangrita, zuckerhaltige Brausen, Aqua Minerale (3,50-5,00)
Heißes	Kaffee-Kreationen, Tee mit Kandis (3,00-6,50)
Essen	Ein Wodka hat die Kalorien eines Schinkenbutterbrotes
Musik	Swingend
Lektüre	Das Studium der Getränkekarte ist Lesen genug
Luft	Rauchen und Trinken sind die Töchter der Mutter Lust
Hygiene	Okay
Publikum	„Irgendwie" alle
Service	Schnell, diskret, freundlich
Preisniveau	Der besondere Geschmack fordert entsprechenden Tribut

Osnabrück — **VITISCHANZE**

Festgemauert in der Erden

VITISCHANZE
Vitihof 15a
Osnabrück
Tel. 05 41/2 89 66

Mo-Do 17.00 - 2.00
Fr, Sa 17.00 - 3.00
So 10.00 - 2.00
Küche bis 24.00

150 Sitzplätze
150 Stehplätze
300 Freiplätze bis 24.00

Nonnenpfad: Linie 6
PH Vitihof direkt nebenan

Wenn der Busfahrer zu Späßen aufgelegt ist, sagt er die Station folgendermaßen an: „Jungfernstieg – Entschuldigung – Nonnenpfad". Nicht nur ein solcher klerikaler Kalauer erinnert in dieser Gegend an die (religiöse) Vergangenheit unserer Stadt. Die *Vitischanze* war in historischen Zeiten – der Name suggeriert es – Teil der Verteidigungsanlagen, beherbergte später ein gutes Restaurant, das immer mehr auf den Hund kam und ist heute eine Kulturkneipe für die neunziger Jahre. Während beispielsweise das Musikprogramm der benachbarten Lagerhalle unter dem Motto „keine Experimente" zu stehen scheint, gibt der Pächter der *Vitischanze* jeden Dienstag jungen Bands (auch ohne Bühnenerfahrung) aus der Region eine Chance. Altbewährte Kultur à la Dichterlesungen, Live-Musik und Kabarett stehen ebenso auf dem Programm wie neuartige Volksbelustigungen: jeden Sonntag Karaoke! Die Touristen am Nebentisch sind begeistert: Old Germany gibt's anscheinend auch jenseits von Heidelberg – wer hätte das gedacht. Der größte Biergarten weit und breit eignet sich vorzüglich für sommerliche Streitgespräche über den Schauerroman des 18. Jahrhunderts (die alten Gemäuer inspirieren) oder für's Anbandeln mit der großen Liebe für das kommende Jahrtausend. Denn in solch altehrwürdigen Gemächern wird die Vergänglichkeit des menschlichen Lebens besonders deutlich. Und nicht nur im „Club der toten Dichter" sollte man den Tag nutzen. *mb*

Bier	DAB Pils und Alt, Sester Kölsch, Schöffenhofer Weizen v. F., Berliner Kindl, Clausthaler alkfrei, Stade's light (2,50-6,00)
Wein	Landwein-like: Orvieto, Soave, Chianti u.a. (4,00-8,00)
Sekt und Schampus	Rheinberg, Freixenet, Prosecco Valdizze (Fl. 25,00-34,00)
Spirituosen	Die ganze Spirituosenstaffel (2,00-5,50)
Alkoholfreie Getränke	Limos, Säfte, Sangrita und Wässerchen (3,00-4,00)
Heißes	Frisch gemahlener und gebrühter Kaffee sowie andere heiße Sachen mit und ohne Alkohol (3,00-8,00)
Essen	„Big Viti" Hamburger, Baguettes, Salate, Spaghetti, Reibekuchen, Chickenwings und Nachos.

Musik	Dreimal die Woche Live-Musik; Wurlitzer-Box mit 100 Titeln
Lektüre	Stadtblatt, NOZ, Lesezirkel
Luft	Alles neu
Hygiene	Antik, aber gepflegt
Publikum	Kulturbeflissene, Altstädter, Hansdampfe in allen Gassen, schöne Unbekannte
Service	Kompetent und freundlich
Preisniveau	Nicht übertreuert

Osnabrück | **WORKS**

 ## Working out

♀♀♀♀♀

WORKS
Neulandstraße 26-30
Osnabrück
Tel. 05 41/58 94 24

Mi-Sa 21.00 - 3.00
Küche dito

150 Sitzplätze
1.500 Stehplätze

Otto-Brenner-Platz:
Linie 8
Parken im
Gewerbegebiet:
abends kein
Parkproblem

Vom Kampftrinker bis zum Konfirmanden: das *Works* hat sein Publikum gefunden. Durch den Namen und die frühindustriellen Requisiten, die als Raumschmuck dienen, ist die Linie festgelegt: proletarisch, praktisch, gut. Osnabrück ist eine Industriestadt, und die schweißtreibende Authentizität von Indie bis Tekkno, von Ami-Punk bis Hamburg-Pop findet hier ihre Austragungsstätte. Diese Disco macht sich verdient um die Vielfalt der Clubszene: Bekannte Größen wie die Fantastischen Vier gastierten unter anderen zwar auch, aber eine Besonderheit sind die Mittwochskonzerte. Oil on Canvas mit ihrem Opera-Wave, der Landpunk von Ackerbau & Viehzucht oder US-Rock mit Al Perry & the Cattle – und das jeweils für fünf Mark. Das ist selbst für Osnabrücker Verhältnisse billig. Die relativ zentrale Lage in der Nähe von Hauptbahnhof und Innenstadt macht das *Works* zudem attraktiv für führerscheinfreundliche nächtliche Wanderungen. Doch auch der PS-Maniac muß sich dank der Parksituation nicht allzuweit von seiner GTI-Gurke entfernen. Am Wochenende können vor dem Eingang schon einmal Warteschlangen entstehen wie am *Opern Café* in Ost-Berlin, als die DDR-Mark noch locker saß. Drinnen ist dann die Atmosphäre umso schweißtreibender – Hassan tanzt mit Hildegard, Soziologiestudenten stürzen sich an der Cocktailbar in die „teilnehmende Beobachtung" und große Besäufnisse werfen ihre Schatten voraus. Und doch ist eine Nacht im Works keine Arbeit, sondern Vergnügen. *mb*

Bier	DAB, Ritter, Guiness, Kilkenny (4,00-5,50)
Wein	Rot, Weiß, Rose (4,00)
Sekt	Diverse Sorten, z.B. Freixenet (Fl. 25,00-85,00)
Cocktails	An der Cocktailbar gibts alles (8,50-17,50)
Spirituosen	Die ganze Ballerbreite (3,50-7,00)
Alkoholfreie Getränke	Cola, Säfte, Schweppes, alkoholfreie Cocktails (3,00-6,50)
Heißes	Kaffee, Tee, Kakao (2,50-4,00)
Essen	Sa und So ab 6.00 Uhr morgens Frühstück; Disco-Snacks

Musik	Tekkno, Rock, Pop, Wave, Indie, Soul, Funk usw.
Spiele	Geldautomaten, 2 Flipper, Pokergerät, Würfel und Brettspiele
Lektüre	Stadtblatt und diverse Gratis-Gazetten
Luft	In Ordnung
Hygiene	Recht rein
Publikum	Gestylte Lehrlinge, ungestylte Studenten, Waves, Tekkno-Teenies, Clubmeute.
Service	Keine Negativ-Ausfälle; Türsteher ist streng – aber gerecht
Preisniveau	Unterschiedlich

Osnabrück — ZWIEBEL

ZWIEBEL — Der Drehpunkt

ZWIEBEL
Heger Str. 34
Osnabrück
Tel. 05 41/2 36 73

So-Do 18.00 - 2.00
Fr, Sa 18.00 - 3.00
Küche ab 20.00

70 Sitzplätze
200 Stehplätze

Heger Tor: Bus 2, 3
Kaum Parkplätze, aber
Parkhäuser: Nikolaiort
und Vitihof

Wo ist die Action? Kommt drauf an: Freitags und Samstags drängen sich die Altstadtlustigen in beachtlicher Quantität durch den vorderen Gastraum, denn was wäre so ein Bummel ohne *Zwiebel*-Besuch? In der warmen Jahreszeit bildet die ganze Heger Straße eine einzige Biermeile. Dann bleibt nichts anderes übrig, als die Fenster der Gaststube aufzureißen und die Biergläser (samt Gästen) vor der Tür aufzusammeln. Mein Tag in der *Zwiebel* ist selbstverständlich der Donnerstag. Dann tritt nämlich immer eine Band auf, der gratis zu lauschen eines der altehrwürdigen Gewohnheitsrechte der Osnabrücker ist. Meist sind es heißgeliebte Lokalmatadoren wie das Duo Wöbse & Scholz; aber auch 1-a-Rock-'n'-Roll-Exporte wie Tex Morton („Lolitas", „Lüde und die Astros") haben auf dieser Winzbühne sich und anderen die Kelle gegeben. Fußwippen ist gerade noch möglich; ansonsten bekommt aber keiner ein Bein auf die Erde, was das Bierbestellen zu einer schwierigen konzertierten Aktion macht. Karla hinter der Theke wird ihr charmantes Lächeln trotzdem nicht verlieren. Greenhorns, aufgewachsen mit CD-Player und MTV, erleben an Donnerstagen ihre Initiationsriten in die Clubatmosphäre, ohne die weder Rock 'n' Roll noch Blues so richtig „bocken", wie es in der Jugendsprache von vor 15 Jahren hieß. Oldtimer blicken zurück in die Zeit, als die hiesige Reformuni noch jung war und der BAföG-Satz für den Bierrausch eines ganzen Monats reichte. Doch der *Zwiebel*-Donnerstag hat sich bis ins Hier und Jetzt durchgeschlagen. Let the good times roll! *mb*

Bier	Osnabrücker Pils, Alt v. F., Weizen (3,50-5,00)
Wein	Größere Weinauswahl, u. a. Baden, Weißherbst (3,00-7,00)
Sekt	Hausmarke (Fl. 25,00)
Cocktails	Cuba Libre, Coco Amor, Feigling, Tequila Sunrise (4,00-6,00)
Spirituosen	Die ganze Altstadtpalette (2,00-5,00)
Alkoholfreie Getränke	Säfte und Markenlimos, Sangrita (2,00-3,00)
Heißes	Kaffee mit Tia Maria/Sahne oder Amaretto/Sahne (2,00-5,00)
Essen	Ofenkartoffel, Baguette und andere bierige Kleinigkeiten

Musik	Man hört sie kaum – wenn's nicht live ist
Lektüre	Stadtblatt, Lesezirkel
Luft	Offene Türen schaffen Luft zum Atmen
Hygiene	Nichts Anstößiges gefunden
Publikum	Altstadtvolk, Touristen, Studis, Hinz und Kunz und alle Welt
Service	Das charmanteste Lächeln der Altstadt
Preisniveau	Auch erschwinglich für die Wochenendbesucher aus dem strukturschwachen Emsland

Bielefeld

Vorwort Bielefeld

Da haben wir also einen richtigen Zug durch die Gemeinde gemacht, kann ich Ihnen sagen! Wochenenlang war ich unterwegs. „Ich muß heute abend in die Kneipe", habe ich gesagt, und Freunde, Kollegen und Bekannte haben mich nur mitleidsvoll angesehen. Mein Vater meinte, ich würde zum Alkoholiker und solle doch solche Jobs um Gottes willen nicht annehmen, und noch ist nicht raus, was mein Hausarzt demnächst sagen wird.

Aber ich weiß jetzt schon, daß ich – obschon völlig gehetzt, weil ich nun in den wohlverdienten Urlaub aufbrechen werde und noch alles fertigkriegen muß – einigen Gewinn davongetragen habe. Normalerweise gehe ich, gehen wir alle ja mehr oder weniger des Vergnügens wegen in die Kneipe; wir besuchen die, die wir meistens besuchen, wir bewegen uns gewissermaßen auf Ameisenstraßen und in umhegten Biotopen. Einmal gezwungen, jene zu verlassen und auch auf dem übrigen Terrain mal mit offeneren Augen, Gehirnkanälen und Nüstern nachzuforschen, vermittelt dann ein seltsames Bild von jener Welt, die wir eigentlich so gut zu kennen glauben.

Für mich ist ein ganz neues Bild dieser Stadt entstanden, die ich vor nun 15 Jahren zu meiner Wahlheimat erkoren habe. Ich begab mich in neue Räume – aber auch in alte, die ich lange nicht mehr gesehen hatte, und Geschichten, Ereignisse verknüpften sich, und hinter jeder Erkenntnis stand die Einsicht, daß ich eigentlich von nichts hier eine Ahnung habe, geschweige denn von dem, was genau mich umtreibt, des Abends, des Nachts.

Ich hoffe mit all meinen Mitautorinnen und -autoren, daß Sie als Leserinnen und Leser ebenfalls einen Gewinn aus dieser Lektüre ziehen; nicht nur aus den sachdienlichen Hinweisen, welches Bier wo gezapft wird und wieviel ein Espresso kostet – sondern auch Spaß beim Lesen empfinden und Lust gewinnen, sich ein (neues) Bild vom Lebensraum Kneipe zu machen. Sich selbst durch die eigene Stammkneipe oder jede neue, der Sie begegnen, durchzureichen und durchzuschauen: Das ist fast ein Stück Kulturkritik, sofern es gelingt, den Eindruck in eine treffende Formulierung zu fassen. Es kommt mir vor, als hätte ich ein Stück Feldforschung betrieben auf einem Terrain, das ich für (allzu) bekannt hielt. Zu sehen, wie dieser „Kneipendschungel" zusammenhängt, wie alles zusammenwirkt und sich die eine Szene aus der anderen ergibt, wer mit welchen Mitteln welche Spezies von Menschen als spezielle Population heranziehen kann – und wie sich die Dinge ändern.

Ich selbst habe bei der Lektüre anderer Werke der Reihe *„Zwischen Sekt und Selters"* die Erfahrung gemacht, daß die Lektüre der Miniporträts eine ganze Menge Spaß machen kann, und wir hoffen alle, daß Sie der vorliegende Band nicht enttäuscht.

Als wir mit dem Buch ganz am Anfang standen, trafen sich die Autoren – in Münster. Als ich dort eintraf, wurde ich mit den Worten empfangen: „Wir waren schon gespannt, wer das wohl sein würde, der da aus Bielefeld kommt!" Hatten die einen Schrat erwartet?

Mag sein, daß gewisse Kreise in Bielefeld ihre „Metropole Ostwestfalens" heillos überschätzen; aber unterschätzen darf man diese Stadt auch nicht. Das ist mir bei der Arbeit an diesem Buch deutlich geworden.

Bernd Kegel

Bielefeld — ALEX

Boulevard, locker wie Rührei

ALEX
Niederwall 22
Bielefeld
Tel. 05 21/6 23 33

Mo-Do 8.00 - 1.00
Fr, Sa 8.00 - 3.00
So 9.00 - 1.00
Frühstück 8.00 - 12.00
Sa, So 8.00 - 14.30

120 Sitzplätze
200 Stehplätze

Rathaus: Stadtbahn
Linie 3
Großer Parkplatz;
gegenüber
PH Rathaus

Andere haben Stil, *Alex* hat System. Das setzt auf Grün. Grün – auch hinter den Ohren. *Alex* wendet sich an ein junges Publikum. Aber es kommen auch andere, denn *Alex* liegt schön. Fällt auch nur der dünnste Sonnenstrahl auf die Stadt, füllen sich die Korbstühle auf dem breiten Bürgersteig vor dem Lokal mit Menschen, die hier ein bißchen Boulevard-Feeling genießen möchten. Ab 8.00 Uhr gibt es schon Frühstück; und da kann es halt kommen, daß Übriggebliebene der Nacht in breitem Zustand zwischen all jenen sitzen, die optimistisch, frisch geduscht und gestärkt in den Tag gehen wollen. Die in Gesellschaft – mit der Clique, am Wochende vielleicht sogar mit der Familie – ans Frühstücksbuffet treten. Aufschnitt – Schnittkäse – Durchschnitt; doch mit Erlebnischarakter: Putzmunteres Personal füllt nach, legt nach, die Mama kriegt vielleicht noch einen Sekt – weil's doch Samstag ist. In der Woche sitzen morgens die Schulschwänzer mit denen zusammen, die es hinter sich haben: die jetzt am liebsten ihren Job in den Geschäften und Praxen der Nachbarschaft schwänzen würden. Die, die sich sehnlichst wünschen, älter zu wirken, und die, die hoffen, daß sie für jung gehalten werden. Die Ästhetik liegt zwischen Schmuseteddy und Bausparkassen-Fotokalender. Alle sind so locker und spontan wie Rührei. Viel Biomasse steht herum: Kleine grüne Zäunchen sorgen dafür, daß es vollends aussieht wie in einem Schrebergarten. Abends lockt das milde Licht auch den Mann mit den Fahrradklammern und dem verschrammten Mopedhelm herein, der sein Pils trinkt, als säße er im Garten und freue sich über all das junge Gemüse. *beg*

Bier	Herforder, Alt v. F., Altbierbowle, Maisel's Weizen (3,80 -5,30)
Wein	4 Weiß, 1 Rosé, 1 Rouge: Tendenz süßlieblich (4,90-6,90)
Sekt	Glas mit Kirsche (4,30); Dom Pérignon (Fl. 179,00)
Cocktails	Nur vier Stationen vom „Mystery-Mix" bis „Manhattan" (9,50)
Spirituosen	Aperitifs, Schnäpse, Whisky, Liköre: breit genug (2,50-6,00)
Alkoholfreie Getränke	Pellegrino, frisch gepreßter O-Saft, Milchshakes (3,00-5,00)
Heißes	Standards, Café au lait (Jumbo), Irish Coffee (2,80-6,50)
Essen	Reichhaltige Karte mit Aktionstagen und zu jeder Tageszeit

Musik	Kneipenknaller und Pop-Gedudel
Lektüre	Tageszeitungen, Werbematerial
Luft	Sauber: nur Filterzigaretten
Hygiene	Wie bei Muttern
Publikum	Schüler, adrette Bummel(t)anten, Flaneure und Begleitung
Service	Putzmunter, Betreuerseelen
Preisniveau	Der herrschenden Taschengeldsituation angepaßt

Bielefeld — BLACK ROSE

The song remains the same

BLACK ROSE
Heeper Str. 52
Bielefeld
Tel. 05 21/6 65 34

So-Do 18.00 - 1.00
Fr, Sa 18.00 - 3.00
Küche bis 0.30

140 Sitzplätze
60 Stehplätze
30 im Biergarten

Ravensberger
Spinnerei: Bus Linien
20/23 - 24, 28, 29
Richtg. Heepen
Parken in der
Umgebung, 100 m bis
zum PH Carl-Serving-
Schulen

„What can a poor boy do?" Naja, er müßte ja nicht unbedingt schon um 18.30 in der *Black Rose* rumdimpeln. Der Dimple vor mir hat sich verdoppelt. Die Flasche ging zur Neige, und der Barkeeper im schwarzen T-Shirt und mit Biker-Tattoo schüttet mir den Rest ins Glas: „Verträgst du das? Der letzte ist immer 'n Doppelter!" - „I'm buying a stairway to heaven" – Voll gut, Alter: Der Bock vor der Tür, und aus den Boxen dröhnt „Born to be wild." Klar, man ist ein bißchen älter geworden, weiser – aber nicht leiser; etwas abgeklärter halt. Und abgehärtet. Das ganze Rockervolk, das aus weiten Teilen des Landes angeheizt kommt, besteht zur Hälfte aus Clubleuten. Aber es sind auch viele Einzelfahrer dabei – mit der Braut und ohne, mit der Kutte und ohne. Und der Präsident kann zur Sitzung bitten: Da gibt es extra diesen kernigen Nebenraum mit langem Tisch, so T-förmig aufgestellt. „Moin! Helm ab zur Sitzung!" Fump! Eine Flasche Flens auf'n Tisch, und das Palaver kann losgehen – bis in die späte Nacht. „The song remains the same", die Billardkugeln klacken, am Kicker wird gewirkt und anne Tafel steht mit Kreide: Wüafel anne Theke! Das Schnitzel – ernährungstechnisch der Renner – hängt an allen Seiten über den Teller. „Ramble on": Dies ist eine richtige Rockmusik-Kneipe; hier ziehen sie das Ding voll durch; rauh, aber herzlich. Nicht nur die Biker sind da, auch andere hören gern mal wieder melodiösen Hardrock: Lange Haare, lange Bärte – aber Angst braucht niemand zu bekommen; höchstens davor, am nächsten Morgen nicht nur mit einem Kater, sondern auch noch mit einem Tattoo aufzuwachen! *beg*

Bier	Herforder, Kilkenny, Guinness v. F., Flens ausse Flasche, Andechser Urbock, Paulaner Weizen (3,00-5,50)
Wein	Die bewährten Tropfen für 5,00
Sekt	Flasche Mumm aufs gelungene Tattoo (32,00)
Spirituosen	Hohe Umdrehungszahlen, Mezcal mit Wurm (2,50-10,00)
Alkoholfreie Getränke	Das Übliche (2,50-5,00)
Heißes	Pott Kaff, Milchkaffee bis Grog (2,50-5,00)
Essen	Pizze, Schnitzel, Baguettes, Aufläufe, Ofenkartoffeln
Musik	Alles, was melodiös knallt
Lektüre	Warum denn immer lesen?
Spiele	Alles, was harten Jungs Spaß macht: Flipper, Billard ...
Luft	Ohne Kat
Hygiene	Geht gut durch den TÜV
Publikum	Biker und Bräute, Roadies, Oldies
Service	Hartzlich, aber fair
Preisniveau	Locker

Bielefeld — BOCA CHICA

Mixthekenkult

BOCA CHICA
Oberntorwall 15
Bielefeld
Tel. 05 21/13 83 41

Mi-So 20.00 - 3.00
Do mexikanische Nacht

76 Sitzplätze
100 Stehplätze
30 Freiluftplätze

Direkt am Jahnplatz:
Stadtbahn 1, 2, 3
und alle möglichen Busse
Parken: Tanz auf der Aztheke

Uxmal, Totonaken, Zapoteken – das kam mir am Anfang doch recht spanisch vor! Dann aber stellte sich heraus, daß es im *Boca Chica* mexikanisch zugeht. Ständig droht dir die Gefahr, von Eingeborenen, die einem exotischen Cocktailkult huldigen, in einen Zustand des unablässigen Hüfteschwingens versetzt zu werden: Der Mixtheken-Kult! Das *Boca Chica* bietet ein durch und durch sonnenanbetendes Ambiente – obschon wir uns auf der innerstädtischen Meile befinden, die eigentlich dem Kult der gastronomischen Massenbefriedigung vorbehalten ist. Die Wände sind zugeklatscht mit Lehm, wie in einer Hütte. Wenn's um Samba und Salsa geht, werden einfach die Sesselchen in der Mitte fortgeschoben. Bei Partystimmung tanzt man am Wochenende auch schon mal auf der (Az)Theke. Auf die bastgeflochtenen Hocker sollte man sich besser nicht wagen – die taugen kaum zum Sitzen. Aber das ist Teil des Primitivcharmes: Dritte Welt, sogar ein bißchen engagiert. „*Boca Chica*" bedeutet „kleine Münder"; das bezieht sich auf die vielen nicht so reichen und gesegneten Kinder des Hinterhofs von Amerika. So ist diese Cocktailbar eine, die nicht auf Luxus macht, nicht auf die Feinen, Geleckten Wert legt, sondern eher ein Stück Erlebnisgastronomie bietet, das nicht unbedingt die young sophisticated anzieht. Das Personal in bunten Hemden zeigte wilde Entschlossenheit zum Temperament, ähnlich den aufziehbaren Äffchen einer Mexikanerband, mit bunten Hemden, Sombrero und Kokosrasseln. Eben aufgedreht – vor allem, wenn's um Cocktails geht. Der Mixer hat viel zu tun an seiner Mixtheke: fast zu 80 % werden Cocktails konsumiert. Und: Das *Boca Chica* sucht einmal im Monat Nachwuchs-Mixer-Talente! *beg*

Bier	Bitburger, Diebels v. F., Corona, Dos Equis, Caribé (4,00-8,00)
Wein	Totopalettekl in Weiß, Rosé, Rot (8,00)
Sekt und Schampus	Cavalier, Mumm (Fl. 50,00-60,00)
Cocktails	Eine ganze Karte (84 Angebote) und mehr (11,00-14,00)
Spirituosen	Eine einzige Sauza (4,00-12,00)
Alkoholfreie Getränke	Säfte, Limonaden und alkoholfreie Cocktails (4,00-11,00)
Heißes	Tasse Tee, Kakao, (Milch)Kaffee (4,00)
Essen	Nur donnerstags gibt's mexikanische Kleinigkeiten

Musik	Schwer latinlastig – und alles, was die Hüften kreisen läßt
Luft	Gut zirkulierend
Hygiene	Wirkt irgendwie gepflegt besenrein
Publikum	Vergnügungssüchtige und Vergnügungstüchtige, Party-Volk
Service	Sehr aufmerksam und engagiert
Preisniveau	Günstiges Preis/Leistungs-Verhältnis

Bielefeld — BUNKER ULMENWALL

Unterm Pflaster liegt ...

BUNKER ULMENWALL
Kreuzstraße
Bielefeld
Tel. 05 21/51 25 76

Fr, Sa 19.30 - 24.00
allerdings
unregelmäßige
Veranstaltungstage
Küche: Schmalzbrote
bis Betriebsschluß

130 Sitzplätze
70 Stehplätze

Landgericht: S 1
Parken: Ich gehe
meilenweit für guten
Jazz

Um in den Bielefelder Jazzhimmel zu gelangen, muß man ein paar Stufen hinabsteigen. Dunkel ist es, niedrig und eng. 1957 zog die einst als „entartet" gebrandmarkte Musik in den unterirdischen Bau ein. Daß sie in derartigen Höhlen kein Nischendasein führen muß, wurde schon andernorts bewiesen. Und doch haben sich nur wenige Adressen einen so guten Ruf erworben wie der *Bunker*. Diese Adresse hat und braucht keine Hausnummer, weil sie eine der ersten für internationalen, zeitgenössischen Jazz ist. Vom legendären Lacy-Waldron-Duo über Bill Frisell bis hin zu Greetje Bijma, sie kommen, auch mehrmals, trotz niedriger Gage. Denn viel kann das Jugendamt nicht zahlen, unter dessen Ägide der Bunker seit 1986 geführt wird. Die beiden MitarbeiterInnen, denen Uli Kurth, Leiter der WDR-Jazz-Redaktion in Köln eine „exzellente Arbeit bescheinigte", lockten erlauchte Lichter ins heimische Dunkel. Leider kam es, trotz oder wegen der großen Erfolge, zu einem politischen Ränkespiel zwischen Jugend- und Kulturamt, dem schließlich eine Stelle im *Bunker* zum Opfer fiel. Ein Umstand, der zu mehrwöchigen Pausen zwischen einzelnen Progammblöcken führt. Das ärgert nicht allein die Jazzfans, sondern auch die Computercracks, die hier ihre unheimlichen Treffen abhalten, bei denen es mal um intelligente Kunst geht, mal um künstliche Intelligenz. Es ärgert die Leseratten, die scharenweise in den *Bunker* ziehen, weil es dort Literatur vom Feinsten zu erleben gibt. Es ärgert die Jugendlichen, die hier alljährlich ihre Kellerbandfestivals feiern. Ja, und mich ärgert es auch. *dah*

Bier	Herforder, Becks und Hefeweizen (2,50-3,50)
Wein	Roter Landwein, Vinho Verde, Edelgezwickter (3,50-4,00)
Sekt	Piccolo (6,00)
Cocktails	Na ja, eher Mixturen mit Gin, Rum und Campari (4,00)
Spirituosen	Whisk(e)y, Gin u. a. (3,00)
Alkoholfreie Getränke	Säfte, Malz und Bitter Lemon zum Spottpreis (2,00)
Heißes	Tee einfach, Kaffee zweifach: natürlich und bleifrei (2,00)
Essen	Schmalzbrote und Erdnüsse
Musik	Jazz, Avantgarde
Lektüre	Tageszeitung, Bielefelder StadtBlatt und neues vom Jazz
Luft	Gelegentlich dicke
Hygiene	Hier putzt das Jugendamt
Publikum	Alle, die den Kinderschuhen entwachsen sind
Service	Die Musik geht ohne Hilfe in die Ohren, aber dein Bier mußt du dir schon selber holen
Preisniveau	Der preiswerteste Jazzclub bis New York

WIR MACHEN WERBUNG FÜR ALPHABETEN

GUTE WERBUNG sucht den Dialog. Statt auf den kleinsten gemeinsamen Nenner einer graukarierten Konsumentenmasse abzuzielen, trifft sie Herz und Hirn von Leuten, die bewußt und heftig leben.

Wenn also Zielgruppen-Surfen Ihre Lieblingssportart ist, wenn Sie in mobilen Märkten wendig bleiben wollen, wenn Sie statt auf Statistik lieber auf einen regen Verstand setzen, sind wir der richtige Partner für Ihr Produkt.

Schnelles Leben fordert schnelle Kommunikation mit griffigen Konzepten. Hier und heute und auf allen Kanälen. Reagieren Sie jetzt und rufen Sie an: (09 11) 77 44 38

Herr Himmelseher hat nicht nur den nötigen Weitblick, sondern immer auch ein offenes Ohr für Sie und Ihre Probleme.

W M S & S · KOMMUNIKATION · Telefon (09 11) 77 44 38 · Fax (09 11) 77 11 70

Bielefeld — **CAFÉ MINT**

Flippern mintfrisch

CAFE MINT
Heeperstr. 78
Bielefeld
Tel. 05 21/6 55 43

Mo-Fr 7.30 - 14.00
18.00 - 1.00
Sa 18.00 - 1.00
So. 10.00 - 17.00
18.00 - 1.00
Küche 18.00 - 0.30

150 Sitzplätze
50 Stehplätze
50 Freiplätze
bis 23.00

Carl-Severing-Schule:
Bus 21, 22, 23, 24
Parken: Ein paar
Schritte sind doch
gesund

Daß mit dem Ende von Miami Vice auch die Farbe Mint zunehmend unmodern wurde, bedeutet nicht, daß man ihr im *Mint* nicht mehr begegnet: Sie überlebte als Aufkleber an Aktenköfferchen pubertierender Möchtegernunternehmer oder in den Haarspangen wonnepropiger Berufsschülerinnen, die das *Mint* zu ihrem Kicherzentrum erkoren haben. Schon vormittags fallen sie scharenweise über das ihrer Lernfabrik gegenüberliegende Café her, wechseln mit einem Schritt über die Schwelle in die Erlebniswelt der Erwachsenen. Auch am Abend erinnert das Lokal mit seiner heruntergedimmten Beleuchtung, mit seinen Palmen, Benjaminis und Gummibäumen, mit seinen Plüschsofas und Gartenmöbeln an einen von schulischer Seite abgesegneten Partyraum. Zu hell zum Schmusen, zu dunkel zum Lesen, gerade richtig für eine „anständige" Kommunikation zwischen den Geschlechtern. An großen Tischen verabschieden sich im Schein der Kerze erste Frauengruppen von letzten Kindheitserinnerungen, tratschen zwanzigjährige Mixed Pickles über Aids und Prüfungsstreß. Wenn auch ältere Semester und Berufsanfänger abends zum *Mint* pilgern, dann kaum, weil das künstlerisch daherkommende Outfit der Kneipe so bestechend wäre: Macht ja nichts, wenn Böckstiegel gleich neben Kandinsky hängt. Dafür sind, und das zählt, die Pizza groß und die Aufläufe lecker. Da kann sich der Chef auf seine Frau Mama verlassen, die Küche hat Profil, mehr als die Kneipe. Der angeschlossene Billardraum ist grau und viedeoüberwacht. Trotzdem ein vielbesuchtes Territorium, denn hier steht der beste Flipper Bielefelds. Das reicht manchem für einen runden Abend. *dah*

Bier	Warsteiner, Bud, Guinness v. F., Flens, Bock (3,30-5,50)
Wein	Das Einführungsprogramm für die Jugend (5,00-5,50)
Sekt und Schampus	Hausmarke oder Mumm (25,00-35,00)
Spirituosen	Alles da, was die Erwachsenen im Film trinken (2,00-5,00)
Alkoholfreie Getränke	Granini mit Cola und Zitro (2,50-5,00)
Heißes	Teebeutel, Schokolade, Alkspezialitäten (2,50-6,00)
Essen	Feistes Frühstück, pikante Pizza, ansehnliche Aufläufe
Musik	Die 70er sind wieder da. Dazwischen mal Prince
Spiele	Daddelautomaten, Flipper, Billard, Darts
Luft	In einem großen Raum wirken die Qualmwolken kleiner
Hygiene	Wo eine Mama ist, ist es meist auch sauber
Publikum	Sich älter gebende Schüler, sich jünger gebende Sozpäds
Service	Engelsgeduld auf Elfenbeinen
Preisniveau	Fürs erste Sparbuch noch okay

Bielefeld — CAFE OKTOBER

Oktober-Evolution

CAFE OKTOBER
Detmolder Str. 11
Bielefeld 1
Tel. 05 21/6 12 00

Tägl. 17.00 - 1.00
(Sommerzeit)
18.00 - 1.00
(Winterzeit)
Fr, Sa 17.00 - 3.00
(Sommerzeit)
17.00 - 3.00
(Winterzeit)

150 Sitzplätze
100 Stehplätze
25 Freiluftplätze im Garten

Rohrteichstraße:
Stadtbahn 1, 2
Parken in der Umgebung
PH Hermann-, Turnerstr.

Im März wurde das *Oktober* zwanzig, und es ist in allen Ehren in die Jahre gekommen. *Oktober* ... Revolution fand hier im Saale statt: in dem, der heute nach Auguste (wer immer das sein mag) benannt ist. Damals gab es hier das Hinterzimmer, in dem Politik gemacht wurde: Gegen das Altbackene in der Oetkerstadt. Elegante Militante: Von Anfang an war das *Oktober* von architektonisch wohlgesetzten Akzenten und ästhetischen Ansprüchen bestimmt. Die klassische Caféhaus-Atmosphäre: ein großer, hoher Saal mit großen Fenstern, eine weite offene Fläche mit freigelegten Stahlträgern und schwarz-weiß gekacheltem Boden. Und das ist geblieben. Im „Saal Auguste" sieht es nicht mehr nach Revolution aus. Naja, ein bißchen Trödel ist noch übriggeblieben, wohlgesetzt ins Ambiete eingefügt. Das Porträt vom Kaiser, das Bild von Goethe, das mit dem Knaben, der sich in einem Wölkchen von einem Cherub knutschen läßt; all das aus den Tagen, da das *Oktober* noch ein Lotterladen aus Überzeugung war und Troddeln Stil bedeuteten, als Hannes Wader seine ersten Predigten klampfte: denn hier kommt er her. Die *Oktober*-Evolution hat einiges verändert, aber von Jugend ist immerhin noch der Stil geblieben. Im *Oktober* hängt die Kassettendecke immer noch so hoch, wie sie früher war – für die Ideale gilt das nicht. Der libertäre Geist weht noch ein wenig – doch er hat sich spürbar den Frust geholt. Jede Zeit hat halt ihr Probleme: Früher kamen sie mit den Freaks, die aufkreuzten, um sich im *Oktober* ganz spontan zu besaufen – ohne die geringste Absicht, jemals zu bezahlen. Heute sind es die, die locker jeden Preis für ihren Campari-O-Saft bezahlen – ohne die geringste Absicht, sich jemals zu besaufen. *beg*

Bier	Brinkhoff's No. 1, Schlösser v. F., Valentins Weizen (3,50-5,00)
Wein	Himmel oder Hölle (3,50-7,00)
Sekt	Mumm Dry Piccolo (12,00) oder groß (Fl. 35,00)
Spirituosen	Die ganze Batterie von Sorgenbrechern (2,00-5,50)
Alkoholfreie Getränke	Naturtrüb schweppet der Saft im Erwartbaren (3,00-3,50)
Heißes	Italienisches, Schokoladiges und Übliches (3,00-6,00)
Essen	Salate, reichhaltiges Angebot von Pizza bis Souvlaki
Musik	Rock, der nicht weiter auffällt
Lektüre	Ganze Palette (überregionaler) Tages- und Wochenzeitungen
Luft	Gelegentlich zugig
Hygiene	Reinliche Reinmachemenschen regeln reichlich
Publikum	Avancierte, Resignierte, Repräsentierte, selten Unrasierte
Service	Weiße Schürzen über den Hüften ...
Preisniveau	Nicht revolutionär niedrig

Bielefeld — CAFE TROPICAL

Hier geht die Post per Salsa ab

CAFE TROPICAL
Webereistr. 5
Bielefeld
Tel. 05 21/6 87 96

Mo-Do, So 19.00 - 1.00
Fr, Sa 19.00 - 3.00
Küche: 19.00 - 24.00

80 Sitzplätze
60 Stehplätze
40 Freiluftplätze bis 22.00

August-Bebel-Straße: S3
Busbahnhof
Kesselbrink:
alle Linien
Gute Parkmöglichkeit beim nahen Großmarkt

Grau ist die zentrumsnahe Großmarktgegend, wo 25 Jahre lang eine Zockerkneipe ihr morbides Dasein führte. Jetzt wachsen dort zwei Palmen und eine Sonne. Was wie ein Wunder anmutet, ist einem Kolumbianer zu verdanken, der mit seinem *Tropical* einen Hauch von Karibik in das ansonsten schwer verregnete Bielefeld bringt. Karibik? Na, jedenfalls schwappen leuchtende Farben bis in die Kneipe: Von den Wänden grüßen g(r)ellend die Papageien von Walasse Ting und naiv gemalte Landarbeiter. Auf den Tischen spratzeln gläserne Ölfunzeln, und doch bleibt etwas von diesem beharrlichen Versuch, der Exotik per Ästhetik beizukommen. Wahrscheinlich liegt's am Publikum: Die Theke, die Rohstoffquelle also, gehört eindeutig den Mittel- und Südamerikanern, während der sonstige Teil des großen Raumes vornehmlich von etwas besser betuchten einheimischen Intellektuellen heimgesucht wird. Die bekennen ihre ungebrochene Solidarität spätestens dann lauthals, wenn einmal monatlich eine Salsaband aufspielt. Obwohl Salsa hierzulande im Worldmusikregal längst nach hinten gerutscht ist, ist das *Tropical* bei Live-Gigs voll wie ein südamerikanischer Überlandbus. Genauso wie die Musik folgt auch die Küche den Bugwellen der Eroberung: Spanische Ensalada zum mexikanischen Taco, Gambas a la Plancha zu Patatas Picantes. „Nur Kleinigkeiten", erklärt der Inhaber. Kleinikeiten, groß genug, um lange zu verweilen, zumal im sommerlich hübschen Garten. Daß das auf Dauer teuer, zu teuer werden kann, hat Señor Torres schon selbst eingesehen und für die kommende Saison einen Preisnachlaß versprochen. Y pues, vamos, amigos! *dah*

Bier	Warsteiner v. F., Hefeweizen und geschossenes Alt (2,50-5,00)
Wein	Valencia gegen Portugal rosé gegen Rioja weiß/rot (4,00-6,00)
Sekt	Freixenet und Hausmarke (Fl. 24,00-25,00)
Cocktails	Alkfrei für 8,00, suffisante Süffler müssen mehr bezahlen
Spirituosen	Kosmopolitanische Palette (4,00-7,00)
Alkoholfreie Getränke	Säfte, Sprite und Sonstiges (3,00-3,50)
Heißes	Kaffee von Azul, Tee und Schokolade von sonstwo (3,00-6,00)
Essen	Latinos köstliche Kleinigkeiten und Großes vom Fisch

Musik	Wir singen spanisch
Lektüre	Tages- und Programmzeitungen
Luft	Eine Fiesta lebt schließlich von der Liebe
Hygiene	Der General macht dem Machismo den Garaus
Publikum	Latinos und Latinoliebhaber
Service	Man spricht alle Sprachen
Preisniveau	Angemessen, da Tendenz fallend

Bielefeld — CASABLANCA

CASABLANCA: Installierter Zeitgeist

CASABLANCA
Karl-Eilers-Str. 12
Bielefeld
Tel. 05 21/17 97 02

Mo-Sa 10.00 - 1.00
So 18.00 - 1.00
Frühstück
12.00 - 15.00

40 Sitzplätze
40 Stehplätze

Jahnplatz:
Zentraler Platz für alle Stadtbahn- und viele Buslinien
Parken: Vorm Haus kanns knapp werden.
PH Marktpassage gleich nebenan

Morgens um 16.30 schüttle ich versonnen das Zuckertütchen über dem Milchcafé des verkaterten Tages. Es schneit mir leise auf die Hose, und der süße Rest rieselt auf den Barhocker. Der ist immer noch so festgeschraubt wie damals, als das *Casa* richtig neu war: Als es als erste Neonkneipe die Bielefelder Kneipenlandschaft überstrahlte. Heute ist das *Casa* nicht mehr ganz so blanca. Geschichte hat sich an den (nikotincrèmefarbenen) Wänden abgesetzt. Als der Zeitgeist noch jung war, Anfang der Achtziger, installierte er sich an diesem Ort. An dieser Straßenecke begann „der Westen". Anders als im Rest der Welt ist in Bielefeld der Westen untergegangen: Das Viertel mit der Badewanne – wo die Disco dröhnte, wo Kiez war. Dann kam der Damm. Der Ostwestfalendamm. Die Stadtautobahn. Sie wurde brachial hindurchgefressen. Widerstand regte sich. Sanierungsgegner, Hausbesetzer. Szene entstand in Bielefeld – mit Kneipen und allem drum und dran. Das *Casablanca* kam als Alternative zum Alternativen: Überlegen- contra Betroffenheit. Hell, klar, Techno, weiße Kacheln, neon. Heute ist es abgerockter. Das Laissez-faire hat Einzug gehalten. Die Jungen, die heute kommen – ich glaube, sie ahnen noch etwas von jener Geschichte. Aber legt mich nicht fest: Schön cool bleiben! Die meisten sitzen herum, plaudern, lesen eine der zahlreichen Zeitungen. Gleich um die Ecke liegt der imaginäre Busbahnhof. Man scheint auf der Durchreise zu sein. Mit ausgefeilten Zukunftsplänen in den Taschen und einem Portemonnaie voller Wunschzettel. *beg*

Bier	Warsteiner, Hannen, v. F., Weizen, Kelts, Guinness (2,00-4,50)
Wein	Von Bardolino bis Chablis (0,2l 3,00-7,00)
Sekt	Viel Mumm (Fl. 35,00)
Cocktails	Komfortable Grundausstattung; 6x alkfrei (4,50-15,00)
Spirituosen	Das ist hier so Ouzo: Bielefelder Luft und jede Menge anderer Beschleuniger (2,50-6,00)
Alkoholfreie Getränke	Standards, reiches Fruchtsaftangebot (2,50-5,00)
Heißes	Von Pfefferminz bis Grog (2,50-6,00)
Essen	Frühstückskunst: von „Merz" bis „Beckmann"

Musik	Hintergrundrock; kein Gedudel. Es läßt sich reden
Lektüre	Die Zeit, Bielefelder StadtBlatt, taz, Spex ...
Luft	Tja, gequarzt wird halt. Aber zum Glück gibt's Ventilenti
Hygiene	Zu Hause ist es doch immer noch am saubersten
Publikum	Teens, mehr Twens, und der Rest sind vielleicht die Interessanteren
Service	Bewährte alte Hasen und Häsinnen
Preisniveau	Geht doch!

Bielefeld — CHATTANOOGA

Choo Choo!

CHATTANOOGA
Am Ostbahnhof 1
Bielefeld
Tel. 05 21/32 18 05

Di, Do, So 19.00 - 1.00
Mi 19.00 - 2.00
Fr, Sa 19.00 - 3.00
Küche bis 0.30

45 Sitzplätze
150 Stehplätze

Ostbahnhof/Ecke
Heeper Straße: Bus
21/23, 22/24
Oder Bundesbahn
Ostbahnhof
Nachtbus 222
Viel Parkplatz direkt
vorm Haus

Seit ziemlich genau zehn Jahren gibt es im imposanten Gebäude des geschichtsträchtigen Bielefelder Ostbahnhofs eine Kneipe. Von Anfang an sorgte die (Innen)Architektur für einen besonderen Reiz, doch zuletzt wurde es ruhig um die „Oststation". Das hat sich nun gründlich geändert, und das liegt am engagierten Konzept, mit dem der neue Betreiber das *Chattanooga* in die Szene einführte. Vor allem, was die Disco betrifft. Er bietet DJ-Aktivisten – fast schon anarchistisch, auf jeden Fall aber künstlerisch autonom – an, ihr Ding durchzuziehen, vor allem samstags. So sorgen nicht nur wechselnde festangestellte DJs, sondern immer wieder andere Leute dafür, daß Underground gespielt wird, noch bevor er zur Konfektion verrottet ist. 80er-Jahre- oder „Tekkno"-Parties z.B. bringen Klänge der intelligenten Art. Dazu Klassisches in Richtung Oldies – das, was sich tatsächlich bewährt hat und lohnt, mal wieder verständigen Ohres gehört zu werden. Es dankt ein Publikum, das beim Abschwofen auch mit dem Kopf dabei ist. Immerhin sitzt da der Mund zum Reden und zum Küssen, und an drei Tagen der Woche beginnt hier gegen ein Uhr entsprechendes Nightlife. Der Name kommt vom „Chattanooga Choo Choo" (Ray Charles/Glen Miller), von der Melodie her auch bekannt als Lindenbergs „Sonderzug nach Pankow" – denn der Zug geht hier auch ab: Vier Stockwerke höher wirds bahnhofsmäßig. Du kannst also sogar mit der Bundesbahn anreisen. Choo Choo! *beg*

Bier	Brinkhoffs, Schlösser v. F., Valentins Weizen, Bit (3,00-4,50)
Wein	Sechs verschiedene unexotische Fünfteles (4,50)
Sekts	Freixenet und Pommery (Fl. 25,00-80,00)
Spirituosen	Liköre, Weinbrand, Whiskies, Schnaps (2,50-5,00)
Alkoholfreie Getränke	Saftbar, Schweppes und Limonaden (2,50-3,00)
Heißes	Kaffe, Tee, Kakao, was mit Schuß (2,50-5,50)
Essen	Mexikanische Küche, Empanadas; engagierte Tageskarte
Musik	Mit Verstand und manchmal sogar etwas Risikobereitschaft zusammengestelltes Programm vom Tape
Spiele	Carrom, Backgammon, Dame, Schach, Karten und Würfel
Luft	Tief im Keller – da heißts schnaufen…
Hygiene	Für Kellerräume sehr angenehm
Publikum	Lustige bis interessante Leute einer bunten Szene, die was wissen wollen
Service	Angenehm wie im EuroCity
Preisniveau	Gerecht

Bielefeld — **DAS GARTENHAUS**

Fata Morgana im Nordpark

ҮҮҮҮҮ

DAS GARTENHAUS
Bünder Str. 5
Bielefeld
Tel. 05 21/89 62 89

Di-So 11.00 - 24.00
(Jan. u. Feb. geschl.)
Kleine Küche von
12.00 - 24.00

70 Sitzplätze
40 Stehplätze
100 Freiluftplätze bis
24.00

Nordpark: S3
Parken: Wozu im Auto kommen? Flanieren ist ja so gesund!

Wer ihn das erste Mal sieht, denkt, er hat 'nen Sonnenstich. Du schlenderst nichtsahnend durch Bielefelds proletarischste Grünanlage, und plötzlich ist er da: Zwischen Ententeich und Minigolf trutzt ein klassizistischer Musentempel der Moderne. Diente er seinem Erbauer noch als Liebesschlößchen, wurde er später von ignoranten Stadtvätern in den Nordpark, in die Öffentlichkeit also verpflanzt. Die Sexorgien von einst wurden von Kaffee- und Kuchengelagen verdrängt, die Lieben von Vorlieben: zum Beispiel für ein großes Eis unter freiem Himmel, für einen Cognac im Abendrot oder für gute Livekonzerte im kleinen, feinen *Gartenhaus*. „It's a wonderful place", schwärmte die Blueskönigin Odetta bei ihrem Auftritt und blieb gleich ein paar Tage. Derselben Meinung waren Jasper van't Hoff und Aki Takase. Daß solche international bekannten Jazzgrößen hier vor räumlich bedingt schmalem Publikum gastieren, ist sicher den guten Beziehungen des Geschäftsführers zu verdanken, der auch andernorts mit beiden Beinen im Musikgeschäft steht. Selbst wenn live nichts läuft, ist Leben in der Bude. Ommas spekulieren nach dem Spaziergang aufs verdiente Törtchen, Punks hängen mal ganz anders ab, Hunde versuchen sich ringsum im Blumenpflücken, Möchtegern-Beckers erholen sich beim Bier vom Rasentennis. Der Schinkelbau gehört dem Volk, das versöhnliche Ambiente von Mutter Natur weicht die Grenzen zwischen Szenen und Generationen auf. Mutter Natur oder Fata Morgana? Jedenfalls existiert das traumhafte *Gartenhauscafé* real. Lobet die Himmel, preiset den Schinkel! *dah*

Bier	Warsteiner v. F., Weizen (3,00-5,00)
Wein	Unter freiem Himmel scheint die kleine Auswahl groß (5,00)
Sekt und Schampus	Hausmarke und namenloser Champagner (Fl. 24,00-90,00)
Spirituosen	Selbst Schotten, Franzosen und Mexikaner finden hier ihr Körnchen (2,50-6,00)
Alkoholfreie Getränke	Säfte, Schorlen, Ginger Ale, Milchshakes (2,00-4,50)
Heißes	Ostfriesisch-italienische Spezialitäten zum Kaffee (2,30-3,50)
Essen	Wechselnde Karte mit großartigen Kleinigkeiten

Musik	Musik: Ausflugscafé für Weltmusik
Lektüre	Aktuelles für Sternchengucker, Spiegeldeuter, StadtBlattleser und besonders: Jazzneugierige
Luft	Wer Angst vorm Ozon hat, kann drinnen Sauerstoff tanken
Hygiene	Kein Dreck im Musentempel
Publikum	Leute wie du und ich
Service	Sonst ist niemand im Park so flott
Preisniveau	Die Kinder dürfen mit

Bielefeld — **DIE 2**

Die Gnade der späten Romantik

Die 2

ΨΨΨΨ

DIE 2
Rohrteichstr. 50
Bielefeld
Tel. 05 21/17 38 87

Mo-Do 17.00 - 1.00
Fr, Sa, So 17.00 - 3.00
Küche
18.00 - 24.30

120 Sitzplätze
100 Stehplätze
40 Freiluftplätze
bis 23.00

August-Bebel/
Ravensberger Straße:
S 3
Parklücken beglücken

„*Die Zwei* – das schlechteste Team" behauptet ein Schild hinter der Theke, über die Berti und Kumpel Schorse regieren. „Späte Rache", zwinkert Berti und erinnert an die von der Kneipe inszenierte Fahrradrallye, bei der zwei Stammgäste wie immer als letzte ins Ziel glitten und den Trostpreis – eine Orientierungskarte – mit jenem pappigen Dank an die Wirte konterten. „Wir sind eine Viertelkneipe", behauptet Berti, doch auch das ist komplizierter und entspringt wohl der späten Romantik des im Viertel Geborenen. Tatsächlich trinkt Oma Gertz von nebenan hier „ihr Schnäpsken", tatsächlich glauben manche Besucher an ein Leben vor dem Tresen und sind mit selbigem fest verwachsen. Doch es gibt auch die anderen: Apothekenhelferinnen und Azubis, Studenten und Studierte, nervöse Faxer und genervte Filmrezensenten. Sie halten sich kaum im Wahrnehmungsbereich von Berti auf, sie hocken in Nischen, auf den Emporen und Empörchen des zweiten oder dritten Raumes. Da ist es ruhig, da ist es hell, da ist es topmodern: An den Wänden zitieren gekonnte Comics, polyglotte Bilder der Monogamie, den Lifestyle der 50er. Die wavige Wintergartenarchitektur wird unterstrichen von riesigen Gewächsen, welche den Blick durch die raumhohen Fenster nicht verstellen. Die Gäste sitzen gern ein Weilchen länger bei leckerem Essen. Beinahe möchte man sagen: Bertis Putzigkeit zum Trotz, doch siehe da, am Ende der Kneipe taucht sie doch noch auf: Dort gähnt eine Kegelbahn ins Dunkel, hält Tradition die Moderne fest im Griff. Ein entschiedenes Jein also, mit dem *Die 2* offensichtlich ganz gut fahren.
dah

Bier	Warsteiner, Hannen, Paulaner v. F. (2,00-5,00)
Wein	Keine Weinberge, glatter Standard (2,50-5,00)
Sekt und Schampus	Hausmarke und Mumm (Fl. 19,50-35,00)
Spirituosen	Klare für die Alten, bunte für die Jugend (1,80-5,00)
Alkoholfreie Getränke	Cola, Schweppes, Sangrita und Granini (2,00-3,00)
Heißes	Cognac wärmt auch (4,00-5,00)
Essen	Kleine Karte, große Gerichte, zu kleinen Preisen

Musik	Gute Blues-, Reggae- und Popbeschallung in Thekennähe
Spiele	Der Lesezirkel für's ganze Viertel
Lektüre	Kegelbahn, Darts, Backgammon
Luft	Außerhalb des theklichen Motorraums klare Sicht
Hygiene	Keine Hyäne
Publikum	Die zwei mit dem großen Magneten
Service	Fitte MitarbeiterInnen: Das beste Ruhekissen der Besitzer
Preisniveau	Kann man sich mal öfter leisten

Bielefeld — DIVA

Ist es die da oder DIVA?

ΨΨΨΨΨ

DIVA
Wittekindstr. 42
Bielefeld 1
Tel. 05 21/12 27 00

Di-So 18.00 - 1.00
Warme Küche
18.30 - 23.00
Kleinigkeiten bis
24.00

45 Sitzplätze
12 Stehplätze
25 Freiluftplätze bis
23.00

Wittekindstraße: S 3,
Bus 55/56
Parken: Ringsum
findet sich immer ein
Plätzchen

Klein, aber fein ist das Lokal, das sich unter der Regie zweier Frauen von einer im Grauen dümpelnden Eckkneipe zum Geheimtip mauserte, der heute niemandem mehr die Frage nach dem Wo entlockt. Weibliche Singles, die hier ungestraft die Barhocker besetzen dürfen, gingen eine ebenso feste Beziehung mit der *Diva* ein wie hartleibige Generalskeptiker, die der „besseren Menschheitshälfte" niemals eine Kneipenführung zugetraut hatten. Hier kann Frau sein, hier darf Mann bleiben. Der aspirinabhängige Aspirant auf die C4-Stelle der Uni oder der cineastische Postbote, der seiner Freundin das Wasser nicht reichen kann, weil er selbst dafür zu spät käme: Die Damen hinterm Tresen reagieren blitzschnell; sie wissen, was die Gäste wünschen. Weniger vor-, als vielmehr angenehm ist das Lokal mit dem sommerlichen Ausleger im verkehrsberuhigten Vorgartenviertel. Man kennt sich, grüßt sich, Reserviertheiten finden sich allenfalls in Form kleiner Kärtchen auf den Tischen. Meistens. Weil das Essen, überwiegend Vollwertgerichte, stets frisch zubereitet wird, und, als Gesamtkunstwerk präsentiert, die Gäste unmittelbar zu KundenkönigInnen krönt. Auch der Wein stammt nicht aus den Erlebniswelten irgendwelcher Großmärkte, sondern aus vorwiegend naturnahem Anbau, dessen Produkte die geschäftsführende Winzerstochter nicht bloß aus den Bergen vom Papa bezieht. Manch Mutter-Tochter-Konflikt wird von den wohlumsorgten Gästen im Schein der Kerzen eloquent illuminiert, manch grüne Utopie der real existierenden Debatte geopfert. Eventuelle Trennungsschmerzen sind bei so viel Savoir-vivre schnell überwunden. *dah*

Bier	Krombacher, Frankenheim, Pinkus v. F., Weizen (3,80-4,50),
Wein	Müller Thurgau über Vigneron bis Massonero (4,50-7,00),
Sekt und Schampus	Mindestens trocken, lieber noch brut (Fl. 22,00-32,00)
Spirituosen	Quer durch die internationale Filmwelt (2,50-6,50)
Alkoholfreie Getränke	Mixmilch schlägt Biosaft schlägt stille Wasser (3,00-3,50)
Heißes	Matetee für Autogene, „Café verkehrt" für Autofahrer, Kakao mit Spitzenhäubchen für Autoerotiker (2,80-6,50)
Essen	Absolutes Dosentabu. Stattdessen sattessen bei Vollwert
Musik	Dezenter Jazz von dunnemal bis aktuell
Lektüre	Tageszeitungen für die, die nicht erkannt werden wollen
Luft	Sommers klar und kühl, im Winter gelegentlich Bodennebel
Hygiene	Auch ohne General sauber wie der Bioblitz
Publikum	Gut frisierte Menschen in gekämmter Baumwolle
Service	Täglich: Die flinken Hände der freundlichen Frauen
Preisniveau	Bleibt deutlich unterm Qualitätsstandard

| Bielefeld | DÖNEKES |

DÖNEKES Grille Idylle

DÖNEKES
Babenhausener
Str. 135
Bielefeld
Tel. 05 21/88 19 98

Mo-Do 18.00 - 1.00
Fr 18.00 - 3.00
Sa 14.00 - 3.00
So 11.00 - 1.00
Küche 18.30 - 24.00

80 Sitzplätze
40 Stehplätze
150 Plätze im
Biergarten von Mai bis
September

Pottkamp:
Linien 57/58, 157
Parken vor dem Lokal

Dönekes kann man nicht essen. Aber man kann sie gut durchkauen. Immer wieder. Dönekes sind ein mundartliches Phänomen: Kleine Geschichten, die man sich so weitererzählt. Belanglosigkeiten vielleicht, die nach mehrmaligem Weiterreichen von Mund zu Mund zu ganz beachtlichen Geschichten gedeihen können. Im *Dönekes* sind sicherlich manche Dönekes gezeugt worden. Es riecht förmlich nach ihnen. Entweder sind sie hier direkt entstanden, oder irgend jemand hat die nötigen Grundzutaten mitgebracht. Sie stehen wie Knabberzeug herum. Vor allem vorne an der Theke – in diesem Haus, das mal ein richtiges ostwestfälisches Bauernhaus war. Hier herrscht schon fast ländliche Idylle. Wo die Gäste ihr Bier trinken zur Erfrischung oder ihr Schnäpsken zur Erleichterung ... Ein weiter Biergarten mit gemauertem Grill zieht an warmen Tagen die Leute aus der Innenstadt in Scharen her. Neben dem Raum mit der Theke liegt ein Bauernzimmer mit dem schlichten rustikalen Charme, in dem sich, so meine Vorstellung, bei einer Konfirmationsfeier am ehesten die Frauen absetzen könnten, mit Eierlikör und Light-Zigaretten. Wogegen der andere Raum – nach allen Regeln der Vorurteilsfindung – den Herren, den Alten und den Jungen, vorbehalten wäre: Er ist derb rustikal und etwas schummriger, So, daß die Zigarren und die härteren Sachen gut kommen. Aber es sind eher die Jungen, die den Laden im Griff haben. Die gehen ins andere Zimmer, ins große Spielzimmer, einen ausspielen: Da steht der Billardtisch und das Videospiel. Überall singen die Geldspielautomaten, und zu essen gibt es immer was Gutes: Selbst an den „grillfreien" Tagen wird das zünftige Schnitzel nie fehlen. *beg*

Bier	Veltins, Hannen, Guinness v. F., Maisel's Weizen (3,00-5,00)
Wein	Die einfache weiß-, rot-, roséfarbene Trikolore (4,00)
Sekt	Hausmarke (19,00)
Spirituosen	Schnäpskes rauf und runter (1,50-4,00)
Alkoholfreie Getränke	Wasser, Sangrita, Graninis, Schweppes (1,50-5,00)
Heißes	Espresso, Cappuccino, Tee, Grog, Glühwein (2,00-4,50)
Essen	Pizze, Salate, Gegrilltes und, fast legendär: Schnitzel

Musik	Hausmannskost
Spiele	Allerlei elektrisches Gerät, Billard
Luft	Viel Luft
Hygiene	Bürgerlich
Publikum	Jung und alt, je nachdem
Service	Vernünftig
Preisniveau	Bieder

Bielefeld — ELFENBEIN

Clubatmosphäre

ELFENBEIN
Niederwall 37-39
Bielefeld
Tel. 05 21/ 17 53 66

Do 22.00 - 3.00
Fr, Sa 22.00 - 5.00

200 Sitzplätze bei
Kabarett, sonst 50
270 Stehplätze

Rathaus: Stadtbahn
Linie 1, 2, 3
PH Stadttheater

Das große Plus des *Elfenbein* liegt sicherlich in seiner zentralen Lage mit direkter Anbindung an das Stadtbahnnetz. Der relativ kleine Mehrzweckladen mit dem großen Programm wirbt mit einem gepflegten Interieur um die hehre Gunst der betuchteren, anspruchsvollen partywütigen Gäste. Das gängige, allwöchentliche Discotreiben wird durch unregelmäßig gestreute Überraschungen angereichert. Die Betreiber bemühen sich um Clubatmosphäre und lassen so dem *Elfenbein* familiären Charakter angedeihen. Freitags und am samstags platzt das *Elfenbein* aus allen Nähten. Bei Konzerten bietet sich, was niemanden verwundert, selbstverständlich das gleiche Bild: Menschen über Menschen; nur donnerstags kann man eher in Ruhe zum Glas greifen. Zwischen Discobetrieb und Konzertprogramm ist viel Raum, der auch fleißig genutzt wird: Neben Musik findet ein buntes Kulturprogramm bis hin zu Kabarett Platz, das Künstler von beiden Rändern der Erfolgsparabel in das Herz der Stadt lockt. Kurz und gut: Ein Besuch ist nicht nur für Bielefelder lohnend! *vb*

Bier	Pils, Alt, Clausthaler, Weizen (4,00-6.50; 2,00 Glaspfand)
Wein	Keine Spezialitäten, aber das in klein und in groß (3,00-6,00)
Sekt	Hausmarke, Mumm (Fl. 30,00-40,00)
Cocktails und Spirituosen	Longdrinks; laut Wandtafel hat man hier eine Vorliebe fürs Doppelte, z.B. bei Wodka Lemon und bei Southern Ginger. Doppelt sehen inbegriffen. (7,00-14,00)
Alkoholfreie Getränke	Ginger, Tonic, Bitter Lemon, Orangensaft, Banane-Kirsch-Saft (5,00)
Heißes	Kaffee und Tee zum Einheitspreis von 3,00

Musik	Disco
Lektüre	Stadtmagazine zum Mitnehmen, Swing, Ultimo
Spiele	Geldspielautomaten, Flipper
Luft	Mehr Luft, mehr Duft; aber wie soll man das Discobetreibern (und Rauchern) beibringen
Hygiene	Alles rein ... den Reim dazu spare ich mir
Publikum	Junge Menschen; ab 24.00 wird's älter (siehe auch *Backes*)
Service	Ganz nett, wenn's nicht zu voll ist
Preisniveau	Durchschnittlich; Disco-Eintrittspreis Fr, Sa 5,00 DM

Wohin, wohin?

Uschi Dresing, *Fotografin*
1. *Magnus* – weil ich die Atmosphäre mag, das Publikum, die Salate, die Kneipengespräche – und das Geturtel.
2. *Hammer Mühle* – weil sie meine Hauskneipe ist, nur einige hundert Meter von der Haustür entfernt. Da kann ich auch schon mal ein paar Biere mehr trinken.
3. *Neue Börse* – da gefällt mir die Gestaltung, vor allem wenn Bilder von Veronica Radulovic hängen. Und den Wirt mag ich auch.

Niko Ewers, *Kulturredakteur*
1. *Extra* – weil Clara manchmal auf dem Tisch tanzt, Michael immer so überschwänglich grüßt, Gerd meist sturzbetrunken & liebeshungrig ist, Jochen so tolle lange Haare hat, Hussi hinter der Theke steht & auch seine Tochter, alle den Blues haben & überhaupt die Zeit so schnell vergeht, und ich es nirgendwo so lange aushalte wie dort.
2. *Blue Rat* – weil draußen auf der Schwelle unter offenem Fenster, mit dem üblichen Stimmengewirr & der unüblich guten Musik im Rücken, dem & den Irren & Wirren auf der Mauerstraße vor Augen, da also sich gut hocken läßt, um den nicht nur nachts besten Cappuccino zu schlurfen.
3. *Magnus* – weil regelmäßig zur festen Stunde die „Lindenstraße" und die „Golden Girls" von links oben auf das (nicht nur) schwule Völkchen hinabflimmert, und ich also weiß, wann ich nicht zu kommen brauche, weil sich dann doch keiner nach mir umsehen würde.

Andreas Liebold, *Schauspieler*
1. Das *Café Oktober,* denn 15 Jahre Bierkonsum verpflichten! Der einzige Ort in Bielefeld, wo ich noch heute als „Der Gymnasiast" begrüßt werde. Gutes Essen und, für mich – und viele andere auch – fast noch wichtiger: Das Bier ist gut gezapft.
2. Im *Alfama* trinke ich den besten Cappuccino Bielefelds. Vorzugsweise natürlich draußen vor der Tür; es sitzt sich wirklich absolut prima hier.
3. *The Blue Rat*, die blaue Ratte ist neben den anderen neuen, geklonten Yuppie-Karaoke-Erlebnis-Gastronomie-Schuppen im sogenannten Hufeisen der Altstadt ein Laden, in dem noch nicht alle Gäste gleich aussehen.

A world goin' on underground

EXTRA

EXTRA
Siekerstr. 20
Bielefeld
Tel. 05 21/6 23 23

Tägl. 17.00 - in die Puppen

Landgericht:
Stadtbahn 2, 3
Parken: In der Umgebung schwierig

„Die erste Spelunke am Ort", sagt Hussi, der Wirt, von dieser Kneipe, die tief unten im Keller liegt. Wenn du so weit heruntergekommen bist, wirst du mit dem *Extra* eine Kneipe finden, die – echt – den Kiezflair einer richtigen Großstadt vermittelt. Da tanzt auch schon mal wer auf dem Tisch, und alle passen auf, daß sie nicht allzu oft runterfällt oder sich gar alles auszieht ... Dann gibt es noch Gestalten, die schon seit Jahren hier rumhängen. Alle kommen mal her – Punk, Hippie, Rocker, Ted; der Alte, dessen Gebiß als Pfand für die Zeche in der Kasse liegt, und der Jüngere, der sich nach einer Schlägerei gerade ein solches anfertigen läßt. Aber auch der Hochschullehrer, der erzählt, daß er sich am nächsten Tag völlig durch die Einnahme von einem Liter Buttermilch (auf Ex) kurieren wird, weil da alles wieder retour kommt... . „Es wird böse enden", steht auf dem Klo, an der Wand hinter der Theke jedoch der Trost: „Drink more beer" und „Ein guter Gast – selten Last", direkt neben dem leicht vergilbten Konterfei von Che Guevara. Eine *Extra*portion Nachtleben: Je weiter die dunklere Hälfte des Tages fortschreitet, desto tiefer scheint das *Extra* zu sinken, tiefer in den Blues-Traum; du bist behütet. Die Fenster liegen genau auf dem Niveau des Bürgersteigs, der vor dem Haus ein wenig abschüssig ist. Da kam mal einer rein, der war draußen schon zu Fall gekommen, kullerte nun den Bürgersteig entlang, die Treppe hinab und direkt vor die Theke, wo er fröhlich sein Bier bestellte. „Mal ein Bierchen trinken" geht hier nicht. Du bleibst garantiert hängen – und schon ist auch der nächste Tag im Arsch.. beg

Bier	Veltins, Alster, Guinness v.F., Kelts, Jever (2,50-5,00)
Wein	Der Weinkeller ist für jeden, Fruchtweine, Bio (4,50-5,50)
Sekt und Schampus	Chevalier (Fl. 25,00)
Spirituosen	Standards satt und vier Longdrinks (2,00-7,00)
Alkoholfreie Getränke	Da tut sich nichts Aufregendes (2,00-3,00)
Heißes	Kaffee, Caffè corretto, Grog, Glühwein (2,00-4,50)
Essen	Pizze, Gemüsegerichte, Salate, Baguettes, Pollo Milano

Musik	Von B(lues) bis S(oul)
Lektüre	Man lesezirkelt
Spiele	Achtung: tieffliegende Wurfpfeile
Luft	Dem Erstickungstod entrinnt man nur knapp
Hygiene	Es geht auch so
Publikum	Alles zwischen A(benteuerin) und T(runkenbold)
Service	Bluesig-locker
Preisniveau	Doesn't make you blue

FERDIS PIZZAPINTE

Bielefeld

Ganz ohne Ferdi geht das Studium nicht

🍷🍷🍷🍷

FERDIS PIZZAPINTE
Schmiedestr. 9
Bielefeld 1
Tel. 05 21/12 18 26

Tägl. 17.30 - 1.00
Küche 17.30 - 0.15

70 Sitzplätze
30 Stehplätze
50 Freiluftplätze
bis 23.00

Wittekindstraße:
S-Bahn 3
Buslinien 55, 56
Parken: Im Kamphof
vorm Haus und
drumherum

Am Rande des alten Arbeiterviertels hat eine besondere Spezies die 70er Jahre überlebt: Die akademische Volksküche mit sommerlichem Hinterhofausschank. Hier ist alles aus einem Holz geschnitzt, Tische, Stühle, Pizzabrettchen. Selbst Ferdi zählt noch zum Mobiliar, obwohl ihm die Kneipe längst nicht mehr gehört. Die Institution *Ferdi* hat wenig gelitten, obgleich die anfänglich anarchistische Spitzbübigkeit überwuchert wurde von Jahresringen, leicht nachzuzählen an den versammelten Bäuchen. Studis wuchsen zu Stammkunden heran, denen der Baum der Erkenntnis nicht immer, aber immer öfter am Bierquell erwächst. Hier palavert sich Folk-Volk ins nächste Jahrzehnt, alte Kämpen in Cordhose und Birkenstocks, Wenn-der-Vater-mit-dem-Sohne-Typen, Gern-ohne-meine-Tochter-Frauen, Hunde mit Halstuch, Kinder ohne Manieren, neue StudentInnen mit Selbsthilfegruppen im Schlepptau. Niedrige Preise und hochgefüllte Teller ermöglichen ganzen WG-Sippen den gaumenfreundlichen Ausflug in die Taverne, in der mit etwas Glück gar ein Troubadour aufspielt. Mindestens einmal im Monat wird die gediegene Heimat für glückliche Guinness-Genossen und überzeugte Freizeitpassivisten von einem Konzert erschüttert: Schottische, baskische, englische, deutsche Barden zeigen, was die Endmoränen erdverbundener Liedkunst hergeben. Sind sie fort, erinnern das Tonband und von den Wänden grüßende Fotos an sie. Zeugnisse vehementer Besäufnisse, die manchen Besucher noch an den eigenen Rausch erinnern. Schön war's, und jetzt ist es gut. *dah*

Bier	Guinness, DAB und Alt v. F., Hefe und Kristall (2,00-4,50)
Wein	Edelgezwickten Retsina, Vinho Verde, Chopino (4,00-5,50)
Sekt	Der Cavalier, die Flasche für 17,00
Spirituosen	Korn/Ouzo (2,00), Schnäpsken (3,00)
Alkoholfreie Getränke	Kinderfreundlich: Malz, Saft oder Fanta (2,00-3,00)
Heißes	Tee aus dem Beutel, Kaffee aus der Maschine (2,00-2,50)
Essen	Keine Pizza schmeckt wie Ferdis; Aufläufe sorgen für selbige

Musik	Folk & R & B bedürfen nun mal der nachfolgenden Lücke
Lektüre	Bring dir ein Buch mit
Luft	Das Sandmännchen kriegt Sauerstoff, wird aber vehement vom großen Nikotin bedroht
Hygiene	Bei wem kann man schon von der Klobrille essen?
Publikum	Ein Studi kommt selten allein. Außerdem: Frömmelnde Altfreaks, lockere Labertaschen und blökende Bälger
Service	Professionell, im dichten Gedränge noch flott und freundlich
Preisniveau	Lieber ein billiges Vergnügen als ein teures Abenteuer

Bielefeld — GALERIE RODIN AM NEBELSWALL

Galerie Rodin
am Nebelswall
Bar Café
Biergarten

Wieviel Stil verträgt der Mensch?

GALERIE RODIN AM NEBELSWALL
Nebelswall 13
Bielefeld 1
Tel. 05 21/17 06 00

So-Do 17.00 - 1.00
Fr, Sa 17.00 - 3.00
Kalte Küche bis Betriebsschluß

100 Sitzplätze
100 Freiluftplätze bis 23.00

Adenauerplatz:
Stadtbahn 2
Parken: ???

Der Nebelswall lockt mit reizvollen, denkmalgeschützten Fassaden. Zwischen dem gebieterischen Bruchstein der anderen efeu-umrankten Gemäuer strahlt das Antlitz des *Rodin* hervor. Kein sündhaft teures Juweliergeschäft, wie's den Anschein hat, sondern ein Gesamtkunstwerk. Das Mobiliar allerdings sieht nach Wartezimmer eines Kinderarztes aus, der auf klassische Moderne steht. Den hinteren Teil des *Rodin* ziert seltsam Sitzgerät: Viel rechter Winkel an den Stühlen. Die üblichen Tische fehlen völlig, statt dessen stehen kleine Schemel aus edlem Holz bereit. Der Parkettfußboden lockt die Treppe hinauf, wo an strahlend weißer Wand Kunstwerke hängen, die jemand mit abgespreiztem kleinen Finger ausgesucht haben muß. Aus dem großen Fenster haben wir Blick auf das Gewässer: Sommers eröffnet sich die Möglichkeit, an der Lutter zu sitzen. An anderen Stellen der Stadt wurde die Ärmste eingemauert und zugeschüttet. Zuschütten kann man sich im *Rodin* vorne am Tresen. Da locken die Produkte raffinierter Brennkunst. Doch die Sorgenbrecher zum Zuduseln zu benutzen, wäre schwer daneben. Alles ist auf klare Linie, auf Transparenz abgestellt. Der Besitzer hat das historisch bedeutende Haus in einem Guß renoviert. Er hat sich damit einen Traum erfüllt, ohne dabei an so etwas Banales wie einen kommerziellen Kracher zu denken. Da kommen Juristen und Ärzte und Begleiterinnen, Gymnasiasten, die von den Musen geküßt wurden oder von Pascal(e), und solche, die das gerne hätten. Es gibt solche, die sich für etwas Besonderes halten – und solche, die es tatsächlich sind. Ein Einzelstück, das die Frage aufwirft: Wieviel Stil verträgt der Mensch? *beg*

Bier	Brinkhoff's, Schlösser Alt v. F., Hefeweizen, (3,50-5,00)
Wein	Voll die Mode: Chardonnay, Pinot Grigio, Rioja (5,00-7,50)
Sekt und Schampus	Oppmann, Veuve Clicquot, Moët (Fl. 40,00-240,00)
Cocktails	Nix für Abenteurer: Edel und old-fashioned (8,00-16,00)
Spirituosen	Wer will all diese Flaschen zählen? (3,50-20,00)
Alkoholfreie Getränke	11x Donath's: Cherimoya, Sanddorn-Orange etc. (3,50-10,00)
Heißes	Espresso, Café Obers und Alkoholvariationen (3,50-7,00)
Essen	Antipasti, Tapas, Vorspeisenteller

Musik	Prächtig und dezent: Gary Moore, Oscar Peterson, Tom Waits
Lektüre	Lies die Bilder!
Luft	Klar wie das Licht
Hygiene	Hemmungen beim Benutzen: Darf ich sowas beschmutzen?
Publikum	Reich und glücklich
Service	Erscheint fast schon überqualifiziert
Preisniveau	Es war schon immer etwas teurer, ...

Bielefeld — GRÖSSENWAHN

GRÖSSENWAHN

Durchlauferhitzer

GRÖSSENWAHN
Ritterstr. 1
(Klosterplatz)
Bielefeld
Tel. 05 21/17 45 56

Mo-Do 17.00-1.00
Fr 17.00-3.00
Sa 13.00-3.00
So 15.00-1.00

250 Sitzplätze
50 Stehplätze
35 Sitzplätze an der Straße

Jahnplatz: Bus,
Stadtbahn Linien
1, 2, 3
Parken: PH
Ritterstraße
oder gleich im Wagen
bleiben und kreuzen

Gigantomanie. Hybris. Aber auch andere Geisteskrankheiten sind hier denkbar. Allerdings keine Klaustrophobie, bei einem zweistöckigen *Größenwahn*. Ein hoher Saal mit Balustrade empfängt uns im Stile des klassischen Kaffeehauses – so groß, daß so manche Geschmacksverirrung verzeihlich erscheint. Der flinke Kellner mit der weißen Schürze, der sich am Samstagabend tapfer durch den Rummel wühlt, trifft es auf den Kopf: „Massenabfertigung". Dafür ist der Laden angelegt. Der Klosterplatz liegt vor der Tür – eh und je der zentrale Ort für den ausgelassenen Altstadt-, Wochenend- und Feierabendverkehr. Am Wochenende ist dies erster Anlaufpunkt für Teens und Twens, die aus der Öde der Vorstädte der ostwestfälischen Tundra in die OWL-Metropole einfallen. Karneval der Eitelkeiten zu Popmischmasch und bewährten Soulklassikern aus dem Katalog. Ein Durchlauferhitzer für die kommenden Stunden in der gastronomischen Nachbarschaft. Der ganze Zoo, draußen die Affen in ihren rollenden Käfigen, im Cruising; die langbeinigen Zebras und die Angeber, Klick und Klick der hohen Absätze, Hähne und Gegacker. Und alle Männchen fantasieren sich als die heimlichen Dompteure in diesem Ereignishorizont. Die, die das Spiel schon kennen, gerieren sich als Platzhirsche, lehnen oben an der Balustrade, auch die Kumpels mit Kettchen und Dauerwelle, und schauen hinunter, wer beim Reinkommen hochguckt ... In der Woche ist das milder, da könnte es ganz angenehm sein; vor allem draußen, zum großen Platz hin, da stehen einladend die Stühle. Doch zu sehr ist dies ein Ort des Rummels, der in der Woche wie das Kurcafé wirkt, dem die Gäste fernbleiben. Dann kommt „Platzangst" auf: Agoraphobie. *beg*

Bier	Herforder, Bit v. F., wechselndes Angebot int. Biere (4,00-6,50)
Wein	Keine Berühmtheiten von Welt (6,50-7,50)
Sekt und Schampus	Mumm, Moët & Chandon, Cavalier (Fl. 32,00-250,00)
Spirituosen	Im supervollen Rückbuffet wartet der saure Paul (2,50-9,00)
Alkoholfreie Getränke	Wasser, Sangrita, Granini (3,50-4,50)
Heißes	Schümli-Café, Glühwein, Grog (3,00-7,00)
Essen	Suppen, Salate, Baguettes – und Wahnburger

Musik	Mehr Mitsch Matsch als Hipf Hopf
Spiele	Du mich auch
Luft	Verliert sich in der Größe des Raumes
Hygiene	Wie im Flughafen
Publikum	Normaler geht es nicht. Wissen die aber nicht
Service	Echte Maloche, die mal besser klappt, mal weniger
Preisniveau	Kaufkraftabschöpfend

Bielefeld — HAMMER MÜHLE

Solider Hammer

HAMMER MÜHLE
Mühlenstraße 54
Bielefeld
Tel. 05 21/29 56 49

Mo-So 18.00 - 1.00
So Biergarten
ab 12.00
Warme und kalte
Küche 18.00 - 24.30

100 Sitzplätze
20 Stehplätze
100 Plätze im
Biergarten bis 23.00

Sieker Mitte:
Stadtbahn Linie 3
Parken gleich in der
Nähe

Wenn ich an die *Hammer Mühle* denke, denke ich an Volleyball. Nicht nur, weil der Kneipenraum die Dimensionen einer Turnhalle hat, sondern auch, weil hier immer Leute in größeren Gruppen herumsitzen – solche, die aussehen, als kämen sie gerade vom Volleyballspielen. Viele große Tische, die du mit ziemlicher Sicherheit mit anderen teilen mußt. Das kann sehr kommunikativ sein, aber wenn du auf ein Tête-à-tête aus bist oder was Schwieriges oder gar Intimes zu bekakeln hast, ist das nicht das Wahre. Mehr als 100 Jahre hat die *Hammer Mühle* auf dem Buckel, und seitdem hat sich nicht allzu viel verändert. Alles erscheint ein wenig kompakter und gemütlicher, fast solide, durch die dunkelbraune Kassettendecke aus massivem Holz von Anno Tobak und die ebenso dunkle Holzverschalung (tiefstes Nikotinbraun). Verhalten und Zustand mancher (Stamm)gäste kontrastieren dazu. Es sind viele darunter, die sich bewußt dem Dionysischen zugewandt haben. Um die Theke hat sich ein Biotop entwickelt; an einem der großen, dicken und bierfleckbekleckerten Tische mit den Kerben und Schnitzereien sitzend, kannst du hier als sporadischer Gast immer irgendwas beobachten: Wer mit wem in welchem Zustande die Haltestange der Theke ansteuert und wer sie wie mit wem wieder verläßt ... Im Sommer sitzt das buntegemischte Publikum an den „Festzeltgarnituren" draußen, unter den Kastanien. Hier riecht's nach Lutter, dem Bach, der jetzt unterirdisch vorbeiläuft und früher mal den Hammer bewegte. *beg*

Bier	Königs Pils, Hannen Alt, Guinness, Altbierbowle (3,00-5,00)
Wein	Was Papa auch zu Hause hat incl. Portwein (3,00-5,50)
Sekt	Hausmarke (Fl. 20,00)
Spirituosen	Die solide Auswahl zum Abwinken (2,00-4,50)
Alkoholfreie Getränke	Sangrita, Säfte, Sinalco, Standards (2,00-2,50)
Heißes	Die zwei Wachmacher, der eine mit Rum (2,00-4,00)
Essen	Eis, Salate, Nudeln, Baguettes, Brote, Calamari

Musik	Charts. Lautstärke angemessen, Sound nicht so super
Spiele	Nur Flipper
Lektüre	Tageszeitungen, Stadtmagazine, Bielefelder StadtBlatt
Luft	Großer Raum, große Fenster
Hygiene	Auf dem Klo wird's ein wenig abenteuerlich
Publikum	Leute aus dem Viertel, mit und ohne Asche, teilweise links
Service	Schon mal muffelig, wenn's voll ist, besonders im Biergarten
Preisniveau	Annehmbar

Bielefeld — HEAT

Heat! In the heat of the night

HEAT
Jahnplatz 4
Bielefeld
Tel. 05 21/6 60 90

Fr, Sa einen Tag vor Feiertagen
22.00 – ultimo
Kleine Küche von
22.00 – ultimo

200 Sitzplätze
800 Stehplätze

Jahnplatz: S-Bahn 1-3
Bus 221, 222, 25, 26, 28-31
PH vor der Tür

Bielefeld – die Stadt versinkt in der Dunkelheit, flirrend liegt die Hitze überm nächtlichen Asphalt. Du hast den Blues im Kopf und fragst dich: Was denn nun, Bielefeld oder flirrende Hitze? Falsch, denn tatsächlich geht beides zusammen. Das *Heat* ist eine der größten Discos vor Ort, mit gigantischer Architektur, schmucken Räumlichkeiten und viel Platz auf drei Etagen. Trotzdem soll, so munkelt man, ein Fluch über dem Gemäuer liegen. Die Disco wechselte ihre Pächter wie andere ihr Unterhemd, nur drei Wochen blieben dem letzten bis zum drohenden Konkurs. Seit Dezember '92 ist Peter Dunns GmbH Herrscher über die 800 Quadratmeter Bistro und Disco, und offensichtlich hat sie vor, es zu bleiben. Ein markantes Konzept nennt sie dabei ihr eigen: Das *Heat* ist eine Schwulendisco, vornehmlich jedenfalls. Mit „schwul" meint der Engländer auch Lesben, „wenn sie sich ordentlich benehmen". Dasselbe trifft auf Heteros zu. Das schwule Profil soll erhalten, geputzt und gepäppelt werden, entgegen der sonstigen Verdrängung ins Nischenabseits. „Wir wollen weg von den dunklen Läden", versichert Peter Dunn. Er verzichtete auf den Darkroom, „jede anständige Schweinerei" hingegen ist willkommen und wird bereits von Lederboys, Tunten und Jeans aus heimischen wie entlegenen Gefilden angenommen. „Schwule sind ein reisendes Volk", weiß der Insider und setzt mit festen Festen auf die bewegliche Masse: Im Mai wählt man die Maikönigin, zu Ostern sucht man Ostereier. Live-Auftritte von Bronski Beat, Georgette Dee und anderen Szenegrößen sollen Laden und Niveau in Schwung bringen. Ob's gelingt? *dah*

Bier	Krombacher und Schlösser v. F., Weizen (5,00-6,50)
Wein	Pinot, Mosel, Beaujolais, Weißherbst (7,00)
Sekt und Schampus	Pommery, Moët & Chandon, Dom Pérignon (Fl.45,00-270,00)
Cocktails	Der Gebumste darf nicht fehlen, süße Longdrinks (4,50)
Spirituosen	Mitbringsel weiter Reisen (3,50-7,00)
Alkoholfreie Getränke	Aus dem Hause Cola, Schweppes und Niehoffs (4,00-6,00)
Heißes	Für Schoko-Leckermäulchen und Sahneschläger (3,50-7,00)
Essen	Mal Toasts, mal Tortellini, mal Tortelloni, mal Baguette

Musik	Jeder Wunsch wird erfüllt, vom dreiviertel – zum letzten Takt
Lektüre	Lesen im Rotlicht verdirbt die Augen
Luft	Auf drei Etagen hat normaler Mief keine Chance
Hygiene	Schwule können sich keinen Dreck leisten
Publikum	Hier outet sich die ganze Gesellschaft
Service	Bedient wird, wer gemocht wird
Preisniveau	Lieber ein teures Abenteuer als ein billiges Vergnügen

Bielefeld — KLIMPERKASTEN

𝔎limperkasten

Freundliche Menschen

KLIMPERKASTEN
Arthur-Ladebeck-Str. 76
Bielefeld-Gadderbaum
Tel. 05 21/14 24 93

Mo-Do 18.00 - 2.00
Fr-Sa 19.00 - 3.00
Küche 19.30 - 1.00

60 Sitzplätze
80 Freiluftplätze
Biergarten macht bei schönem Wetter auch schon Sonntag nachmittag auf

Friedrich-Liszt-Str.
Stadtbahn 1
Parkplätze vorm und hinterm Haus

Den Eindruck von schlichter Menschfreundlichkeit nahm ich aus dem *Klimperkasten* mit nach Hause – selbst wenn sich das schrecklich naiv anhört: Diese Kneipe hat all die Qualitäten, die eine abgehangene Bude fürs Nightlife braucht. Der Wirt ist ein Alt-Freak, mit Bart und langen weißen Haaren, der mit seiner Frau und einem jungen Team (in der Küche) die kleine Kneipe schmeißt, die flott, aber nicht übertrieben dynamisch wirkt. Der *Klimperkasten* ist zugerümpelt mit all diesen Antiquitäten, die so oft in den Kneipen zu finden sind. Alles kein „als ob". Auch die Sache mit den Stufen, die die verwinkelte Kneipe als innenarchitektonisches Erbe übernahm. Sie sind nicht besonders behindertenfreundlich, doch hier wird das Problem nicht alibi-technisch, sondern menschlich überwunden: Der Wirt hat den Dreh raus, einen Rollstuhl hinein- und an den für Behinderte reservierten Tisch zu tragen. Die Bodelschwingh'schen Anstalten – kurz Bethel genannt – sind ganz in der Nähe, und nicht zufällig kommen daher viele Behinderte. Da sind aber auch andere Stammkunden: Die Do-Ko Runden, die Studentenkreise, die Paare, der Tätowierte am Tresen, der immer wieder Häßliches über seine „Alte" sagt ... der Polit-Freak und engagierte AntiFa-Mann, der die Kneipe wie sein WG-Wohnzimmer betritt. Der mit dem schwarzen Bart und der runden Nickelbrille, der so aussieht, als würde er jgleich unter dem Gemälde vom fröhlichen Weintrinker seinen Marx lesen, der aber statt dessen die „Neue Revue" sehr konzentriert studiert... *beg*

Bier	Jever, Gatzweiler, Guinness, Kilkenny v. F. u. a. (4,00-10,00)
Wein	Drei Standards (5,00-6,00)
Sekt	Mumm und Hausmarke (32,00-40,00)
Cocktails	Hübsche kleine Spanne von Campari-O bis Dr. Klimperkasten (4,50-12,50)
Spirituosen	Schnäpse reichlich (2,50-6,00), Fl. Bourbon (105,00; 1 Liter Cola gratis)
Alkoholfreie Getränke	Standards, frischgepreßter O-Saft (3,50-7,50)
Heißes	Kaffee, Tee, Milch, Jägertee (3,00-6,00)
Essen	Reichliche Karte, frisch zubereitet
Musik	Blues und Rock-Oldies der gehobenen Klasse
Lektüre	Reichlich, vom Lesezirkel bis zu Büchern
Luft	Küchendüfte, Rausch- und Rauchschwaden
Hygiene	Ordentlich
Publikum	Doppelkopf- und andere nette Runden, schräge Käuze
Service	Menschenfreundlich
Preisniveau	Günstig

Bielefeld · MAGNUS

Paradoxerweise sehr heterogen

MAGNUS

MAGNUS
August-Bebel-Str. 112
Bielefeld 1
Tel. 05 21/6 29 53

Mo-Sa 18.00-2.00
So 16.00-1.00
tägl. ab 10.00
Frühstück, ab 14.00
Kaffee und Kuchen,
Sonntags ab 18.40 die
Lindenstraße: Live und
in Farbe

90 Sitzplätze
30 Stehplätze

Hermannstraße:
Stadtbahn 3
Parken in den Straßen
drumrum

Eines Sonntags: Ich warte auf Gabi Zenker. Im *Magnus* brennen schon die Kerzen. Dabei geht es erst auf 18.40 Uhr. Das Lokal füllt sich merklich mit vielen jungen Herren, die an der Theke Platz nehmen. Männer setzen sich zu Männern, Frauen zu Frauen. Niemand setzt sich zu mir. Dann kommt Gabi Zenker, brodelnd in Form, mit spanischem Pfeffer und etwas Honig abgeschmeckt. Die Musik wird abgedimmt. Alle schauen in meine Richtung: Über mir spannt sich wie ein Regenbogen eine bekannte Meldodie ...dann hab ich's endlich. Da hängt das TV direkt über mir, es beginnt die berühmt-berüchtigte Lindenstraßen-Zeit im *Magnus*! Jeden Sonntag dasselbe. Gabi Zenker – das ist die Lasagne, und keiner hat sich zu uns gesetzt, weil sie ja alle Blick auf die Mattscheibe haben wollen. Ich verschmause die Gabi. Zu spät für die Lindenstraße, also lese ich die Speisekarte. Da sind sie alle: „Benny", der knackige Salat mit den schwarzen Oliven; „Dominique", der französische Camembert mit Preiselbeeren; „Egon Kling", die Geflügelpfanne. Das *Magnus* ist eine Schwulenkneipe – offiziell und offensiv. Doch wenn es an der Tür zur Männertoilette heißt: „Vorsicht! Der Maler ist da!", dann braucht selbst der verklemmteste Hetero keine Angst zu haben, daß er dort von einem Mann mit buntbekleckertem Kittel angemacht wird. Außerdem stehen sie hier schwer auf Safer Sex; also – was kann schon passieren? Heteros sind nicht nur geduldet, sie sind deutlich erwünscht. (Wenn sie nicht gerade demonstrativ an der Theke rumknutschen – um zu zeigen, daß sie „normal" sind und nur den Reiz des Verruchten suchen.) Die Mischung stimmt. Ach ja, und der Flipper. Stets tipptopp und grausam gut: Die Addams-Family. *beg*

	Bier	Veltins, Hannen v. F., Bud, Schierlinger Roggen (2,30-5,60)
	Wein	Bio, Vinho Verde, Modisches (5,00-6,00)
Sekt und Schampus		Hausmarke, Mumm, Moët & Chandon (28,00-111,00)
Spirituosen		Saurer Paul und mehr, um die TV-Stimmung anzuheizen
Alkoholfreie Getränke		Biosäfte, Schweppes, Limonaden (3,00-3,50)
	Heißes	Kaffee, Café au lait, Cappuccino, Tee, Schokolade (2,60-4,50)
	Essen	Suppen, Salate, Kleinigkeiten, Pizzen, Eis ...

	Musik	Was so kommt
	Lektüre	Die Zeitschrift „magnus", Ralf König Comics und so
	Luft	Wie in einer Kneipe
	Hygiene	Safe
	Publikum	Paradoxerweise sehr heterogen
	Service	Liebenswürdig, wenn man nicht grad der Obermacho ist
	Preisniveau	Das Portemonnaie muß nicht dick, aber fest sein

Bielefeld — MILESTONES

Die Kunst als Hausgott

MILESTONES
August-Bebel-Str. 94-96
Bielefeld
Tel. 05 21/17 89 54

So-Do 18.00 - 2.00
Fr, Sa 18.00 - 3.00
Warme Küche
18.00 - 24.00

50 Sitzplätze
40 Stehplätze
Von 21.00 - 1.00
wird's eng

Rathaus:
Stadtbahn 1,2,3
Parken: irgendwo in der Umgebung

Die Bestuhlung ist bis in die letzte Schweißnaht hinein wohlgeformt. Und du kannst sogar darauf sitzen, finde ich. Manche sind da anderer Ansicht. Aber über angewandte Kunst läßt sich halt ideal streiten. Mutierte Gewächse aus kupferfarbenem Rohr dienen als Beine, die Sitzpolster aus schwarzen Stuhlpolstern haben die Form von in Teer erstarrten Riesenamöben, die Rückenlehnen gewinnen den Zuspruch des Ästheten, müssen aber die Gefühle jedes nur annähernd orthopädisch denkenden Menschen beleidigen. Wir sitzen hier auf und an und in Kunst; die meisten Gäste stehen sogar auf Kunst. Der Geist der Kunst ist hier Hausgott; das hat seine Folgen für die allabendliche Stimmung, das hat aber vor allem seine Gründe: Der ehemalige Fabrikkomplex – mitten in der Stadt – ist ein Künstlerhaus. Hier wohnen sie, hier leben sie, hier arbeiten sie. Damals, als es losging, wurde dieses ehemalige Ladenlokal „Pönk" getauft und als Kneipe zu so etwas wie dem Wohnzimmer für die kreativen Köpfe des Hauses. Die „Artists Unlimited" sorgen hier für organisiertes Künstlertum – doch keinesfalls ist Hungertuch angesagt. Eher im Gegenteil. Kleine, aber feine Karte, der Geschmack leicht sophisticated. (*Milestones* hat weit mehr mit Miles Davis zu tun als mit Rolling Stones). Schräge Vögel – und die oft als Qualitätsmerkmal beschriebene „bunte Mischung" – sind mir nie aufgefallen. Es ist eher eine große, homogene Gemeinde. Was sie zusammenhält: ? Darum wird so viel geredet. Wer irgendwie involviert ist in den hippen (nicht hoppen) Kunst- und Kulturdingsda dieser Stadt, kommt bestimmt an diesem Meilenstein vorbei und nicht drumherum. *beg*

Bier	Bitburger, Diebels Alt v. F., Becks, Hefe, Kristall (3,50-4,50)
Wein	Vinho Verde, namenlose Rote, Rosé und Weiße (3,00-7,00)
Sekt und Schampus	Hausmarke, Moët & Chandon (Fl. 25,00 -95,00)
Cocktails	8 Geschwister von Bloody Mary, (9,00) auch alkoholfrei
Spirituosen	Wo rechte Kunst gedeihen will ... (3,00-8,00)
Alkoholfreie Getränke	Frisch gepreßter O-Saft, Wasser und Fruchtiges (2,50-5,00)
Heißes	Milchkaffee und Minze, heiße Zitrone, Grog (2,50-6,00)
Essen	Wechselnde Karte, feine Küche, günstige, schlaue Salate

Musik	Jazz, Funk, Soul
Lektüre	Tageszeitung, Programm-Zeitungen
Luft	Gut, dafür zieht's halt auch mal
Hygiene	Licht
Publikum	Smart
Service	Smart
Preisniveau	Geht doch, oder?

Henscheid bei ars vivendi

Eckhard Henscheid
Hersbrucker Trilogie
Illustriert von Michael Gölling
Faksimileausgabe mit 3 Schmuckfarben
Englische Broschur, 94 Seiten, DM 24,00
ISBN 3-927482-52-8

Bielefeld — MUTTIS BIERSTUBE

Bei Mutti ist es doch am schönsten!

YYYY

MUTTIS BIERSTUBE
Friedrich-Verleger-
Str. 20
Bielefeld
Tel. 05 21/6 18 16

So-Do von 21.00 - 1.00
Fr, Sa und einen Tag
vor Feiertagen
21.00 - 3.00
Nüsse und Bifis bis
Betriebsschluß

40 Sitzplätze
100 Stehplätze

Kesselbrink u.
Jahnplatz: S1-3, Bus
25, 26, 28, 29-31, 221,
222
Erste Kontakte auf
dem Parkplatz
gegenüber

Haben Sie schon mal einen Orgasmus mitten in einem Lokal gehabt, für 4,00 Mark? Nein? Dann waren Sie noch nie in *Muttis Bierstube*, sonst wüßten Sie, daß es in der traditionsreichsten Schwulenkneipe Bielefelds selbst Sperma à la carte gibt. Allerdings ist die Theke keine Samenbank, das Sperma besteht aus Bananenlikör mit einem Spritzerchen Dosenmilch, im Orgasmus kopulieren Sambuca und Baileys miteinander. Zwei schlüpfrige Quickies für zwischendurch, geeignet, dem Newcomer die Befangenheit zu nehmen. Elisabeth, eine schon betagte Dame, eröffnete das Lokal 1972. Zwei ihrer „Söhne" übernahmen sechs Jahre später das Geschäft, in dem durchaus auch Frauen und „tolerante Heteros" das Tanzbein schwingen oder an der Bar das Gespräch suchen dürfen. Die Wochentage gehören gewöhnlich den Stammkunden, schrägen Vögeln jeden Alters: Wolfgang, der täglich zur selben Stunde den selben Platz einnimmt, Gerti, die kalfaktorierende Rentnerin, treue und doch ungewöhnliche Seelen, die Mahlers Adagio mehrfach küßte. Immer wieder kehren auch die Jüngeren zurück, niemand bleibt auf Dauer ein Nobody. Fehlt jemand länger, fällt das auf: „Man kennt sich, kümmert sich." Einer Sardinenbüchse gleicht die Tanzfläche, wenn die berüchtigten Saisonfeten steigen: Das letztjährige Karnevalsmotto vom „Käfig voller Narren" war eine blasse Untertreibung. Beim Ostereiersuchen hilft kondömlich die Aidshilfe mit, und die Beachparty legt nicht nur dampfende Männlichkeit bloß: Androgyne Adonisse schwofen mit properen Protzen, der Ledertanga steigt mit dem Blümchenslip in den Pool. Das Winterfest stimmte nicht gerade melancholisch, sodaß das Jahr bei *Muttis* zu einer runden schwulen Sache wird. *dah*

Bier	First Pils und Schlösser v. F., Weizen, Becks, Kelts (3,00-5,50)
Wein	Was man schon als Junge trank: spanischer Wein (5,00-6,00)
Sekt und Schampus	Krim, Mumm, Metternich, Moët & Chandon (Fl. 70-140)
Cocktails	Heißen hier „Gebumste" (4,50-5,00); Longdrinks (4,00-8,00)
Spirituosen	Erdige Schlüpfrigkeiten (2,50-7,00)
Alkoholfreie Getränke	Erst die Cola und dann? (3,50-4,50)
Heißes	Diese Zitrone hat noch viel Saft (2,50-5,50)
Essen	Mit Studentenfutter durch den Sub

Musik	Leise Weisen an der Theke, in der Disco aber hammerhart
Lektüre	Gesichter lesen kann auch amüsant sein
Hygiene	Sauberer als das Ordnungsamt
Publikum	Schwule und ihre Fangemeinden
Service	Charmant, charmant
Preisniveau	Es muß ja nicht immer Champagner sein

Bielefeld | NEUE BÖRSE

Rein theoretisch
Etepetete-Tapete

NEUE BÖRSE
Jöllenbecker Str. 32
Bielefeld
Tel. 05 21/6 94 88

Tägl. 18.00 - 1.00
Küche: Tageskarte bis
24.00 Uhr

130 Sitzplätze
20 Stehplätze

Wittekindstraße:
Stadtbahn 3
Parkplatz neben dem
Haus,
PH Jöllenbecker
Straße

Expensive Kunst hängt an den Wänden – und die sind höchst unterschiedlich: Die *Neue Börse* ist ein Lokal mit mehreren Gesichtern. Ein großer Tisch beherrscht den vorderen Raum. Hier umfängt uns warm der Charme eines alten Schankraums mit kostbarer Holztäfelung – und einigen edel angeschimmelten Stellen in der Wand darüber. Die alte Eckkneipe – aus der eines Nachts ein Geist im türkisen Kleid und mit Porzellanhänden die Frikadellen und den Senf mitsamt allem Spießermief rausgeschmissen zu haben scheint, um goldene Kastanienblätter, filigran umspielte Tropfenbirnen und allerlei edlen Tand aufzuhängen – und die alte Dame mit allerlei eigenwilligen Art-déco-Elementen zum Schillern zu bringen. In diesen Raum kommt man gezielt, um zu essen, zu trinken und das gepflegte Gespräch zu führen: Akademiker, die vom Studentenleben und Studenten, die vom Akademikerleben träumen. Thema: Das Erreichte und das Unerreichbare. Intellektuell, politisch, kulturell engagiert, aber bitte: rein theoretisch! Einen Raum weiter wartet das ganz andere Ambiente. Je nach Wetterlage in der eigenen Psyche gibt es hier den besonderen Kick, oder du sitzt dir den heulenden Wolf auf den wohlgestalteten Metallstühlen: Schwer wie im Knast, klare Linie. Tische wie aus dem Operationssaal. Die Etepetete-Tapete besteht aus kunstvoll aufgetragenem silbrigen Rollsplit. Die riesige Zeichnung an der Wand: „Das Spermium, das träumt, ein Phallus zu sein." Im hinteren Teil dieses Raumes wird es licht: Hier öffnet sich mit viel Glas der Wintergarten. Es ist so schön, daß man sich, je nach Befindlichkeit, selbst schon etwas häßlich fühlen kann. *beg*

Bier	Veltins, Jever, Duckstein, Pilsener Urquell v. F. (3,80-4,90)
Wein	Deutsche, Italiener, Franzosen (4,00-6,00)
Sekt	Metternich, Moët, Piper Heidsieck (Fl. 25,00-50,00)
Cocktails	Sieben schnöde Lange (5,00-8,50)
Spirituosen	Klare, Obstbrände, Whisk(e)y, Weinbrände (1,50-6,00)
Alkoholfreie Getränke	Rhabarber Süßmost, Säfte, Apollinaris, Limos (2,80-3,30)
Heißes	Espresso, heiße Milch mit Honig bis Irish Coffee (2,50-7,50)
Essen	Von knackigen Salaten bis zum Strammen Max bzw. Otto

Musik	Hinterläßt keine nachhaltige Wirkung, hat aber Niveau
Lektüre	Tageszeitungen
Luft	Doch, doch
Hygiene	Haargenau abgezirkelte Nonchalance
Publikum	Akademisch; Kenner – von was auch immer
Service	Kultiviert
Preisniveau	Kunst hat ihren Preis – die Salate und das Bier sind günstiger

Bielefeld — PAPPELKRUG

Nomaden des Glücks und des Liebeskummers

PAPPELKRUG
Werther Str. 311
Bielefeld-Dornberg
Tel. 05 21/10 31 28

So, Mo, Mi, Do
17.00 - 1.00
Di, Sa 17.00 - 3.00
Fr 17.00-2.00
Im Winter ab 18.00

250 Sitzplätze
200 Stehplätze
Disco 450 Plätze
Biergarten 500 Sitzplätze

Lohmannshof: Linie 25
Pappelkrug: Bahnbus nach Werther
Zwei große Parkplätze am Haus

Der *Pappelkrug* ist eine Institution; Disco und Restaurant, großer Biergarten, Kneipe, Kleinkunst- und Begegnungstätte in einem, und vor allem: Szenetreff! Immer gewesen, und als solcher geliebt und gehaßt, beschimpft und doch unentbehrlich für viele. Wie das so ist. Spiegel aller Piefelig- und Liebenswürdigkeiten einer ganzen Szene dieser Stadt, die von (Alt-) Alternativen wimmelt, welche hier immer noch ihr Refugium vermuten. Ort fürs Studentische und Multikulturelle, also für die Leute, die sich intellektuell und geschmacklich vom allzu Normalen abzusondern gedenken und an solchem Ort ihren eigenen Mief produzieren. Oder, milder ausgedrückt – ein Klima schaffen, in dem sich die meisten nach einer Weile gut kennen und noch besser kennenenlernen möchten. Vier wechselnde DJs machen professionell Programm: Damit der Schwoof losgeht und Partystimmung aufkommt. „Die Musik ist so wichtig wie z.B. die Grußanzeigen im Bielefelder StadtBlatt: „Sah dich im *Pappelkrug* ... du hast mich angesehen. Ich trug einen hellblauen Pulli. Möchte dich wiedersehen." Bei Erstsemestern der nahen Uni und der Studentenwohnheime spricht sich das schnell rum, und so wächst immer wieder eine Szene nach, die die alten Rituale weiterführt: die der Nomaden des Glücks und des Liebeskummers. Da geht es um Flirts und alte Beziehungskisten, und manchen gelingt es auch immer wieder, nach gelungener Disco noch Körpersäfte auszutauschen. Bis daß die Tränen kommen! *beg*

Bier	Warsteiner Pils, Alt v. F., Gerstelbräu, Weizenbiere (3,50-4,80)
Wein	Gutes Angebot für trockene' Land-Liebhaber (4,50-5,00)
Sekt und Schampus	Was grad da ist (Fl. 20,00)
Spirituosen	Grundaustattung (2,00-5,50)
Alkoholfreie Getränke	Säfte (Bio) und das Übliche (2,80-4,50)
Heißes	Kaffee, Kakao, Tee: auch Pfefferminz, schwarz, Hagebutte, Kamille (2,00-4,00)
Essen	Restaurantmäßige Karte und Standards

Musik	In der Disco sehr professionell und aktuell; sonst weniger speziell, aber breite Zusammenstellung im besseren Sinne
Lektüre	Allerlei Zeitung schlaueren Inhalts
Spiele	Schach, Backgammon, Flipper, Daddelautomaten
Luft	Unterschiedlichste Ecken
Hygiene	Man gibt sich Mühe
Publikum	Studis und andere mit leichtem Hang zum Alt(ernativ)en
Service	Gut organisiert und zur Freundlichkeit bereit
Preisniveau	Verursacht weder Glück noch Kummer

Bielefeld — PC 69

Ex-Montagehalle mit internationaler Reputation

PC 69
Werner-Bock-Str./
Ecke Staddtholz
Bielefeld
Tel. 0521/ 6 04 87

Mi, Fr, Sa 21.00 - 3.00
Warme Küche bis Ende

80 Sitzplätze
80 Stehplätze
150 Freiluftplätze von
18.00 - 23.00

Seidenstickerhalle:
Bus 25, 25,

Die Kneipenfunktion des *PC 69* ist sicherlich von untergeordneter Bedeutung. Aufgrund ihrer Größe und internationalen Reputation liegt die ehemalige Werkshalle ganz vorne in der Publikumsgunst in ihrer Funktion als Disco und Konzerthalle. Bielefeld kann hierdurch mit einer Ergänzung des klassischen Deutschlandvierers (HH, B, M, F) auf den Touren internationaler Stars aufwarten. Jeder der drei Discotage hat sein eigenes Gesicht und sein eigenes Publikum: Mittwochs haben die Disco-Disco-Fans das Sagen, am Freitag schaufeln sich die Gruftis auf allseits bekannte Tanzweise ihr eigenes Grab und am Samstag kommen all jene auf ihre Kosten, die auf puren Partyspaß abfahren. Architektonisch reizvoll ist die neue Galerie zum Auf-den-Tanzmob-Schauen mit dort exponierter Theke. Den Eingangsbereich schmückt ein schlauchartiges Café mit Bahnhofsflair, das eher Anlaß zum Durchqueren und kurz Treffen gibt, als zum Verweilen einlädt. Amüsant dagegen ist der bei Wärme täglich geöffnete Biergarten im Industriegebiet mit angenehmem Blick auf eine Feuerwache und Bielefelds neue Großsporthalle. *vb*

Bier	Pils und Alt ohne Namen (4,00)
Wein	Portwein (5cl) und Standard vom Einfachsten, namenlos, aber dafür im 0,1-Glas (4,00-5.00)
Sekt	Mumm (Fl. 40,00; Piccolo 10,00)
Spirituosen	Gute Auswahl, aber alles wohlbekannt: Von Amaretto über Tequila (einer braun, einer weiß) bis Wodka (einer russisch, einer nicht russisch); vier Longdrinks (4,00-10,00)
Alkoholfreie Getränke	Das Colawasserlimo-Trio und Granini-Säfte, dazu Schweppes (3,00-5,00
Heißes	Ein einsamer Kaffee fristet sein Dasein auf der Karte (3,00)
Essen	Immer frische Snacks auf der Tageskarte

Musik	Harter Sound der aktuellsten Sorte
Spiele	Einige Flipper
Lektüre	Stadtmagazine: Swing, Ultimo
Luft	Probleme ...
Hygiene	Nicht so einfach für die Toilettenfrau
Publikum	Je nach Devise
Service	Unpersönlich, aber professionell
Preisniveau	Etwas angezogen; wenn Konzerte laufen, mit Eintritt

Bielefeld — PINTE

Was Handfestes für die Kopfarbeiter

PINTE
Rohrteichstr. 28
Bielefeld 1
Tel. 05 21/6 09 42

Mo-Fr 17.00 - 1.00
Sa-So 10.30 - 1.00
Küche bis 0.30
Frühstückbüfett
Sa, So bis 15.00

130 Sitzplätze
Stehplätze, bis es
rappelvoll ist
16 Freiluftplätze an
der Ecke unter der
Markise

Landgericht Stadtbahn
1/2
Parken an der Straße
PH Hermannstraße

Um ein Schnäpsken zu trinken ist die *Pinte* genau das Richtige. Oder zum Pizza essen – die Italofladen sind mit die besten der ganzen Stadt. Was man sich auch immer unter einer Pinte vorstellt – hier werden die Vorstellungen Realität. Am Tresen hängen die Leute aus der Nachbarschaft – doch der Nachbarschaftsbegriff ist nicht zu eng zu sehen. Man kennt sich. Das ist die Ursuppe, die zieht das andere Volk an, das sich hier behaglich fühlt. An den Wänden Emailleschilder. Der Liebreiz eines Troddelsofas. Heidschnucken unter Cumuluswolke auf dem Bild unter der sattbraunen Styropordecke. Tsatsiki mit Brot, Schinken mit Ölfarbe und Oma mit Opa: Auf vergilbten alten Porträts wie vom Flohmarkt. Es ist selten, daß mal Musik aus den Boxen dröhnt. Das Biotop beherbergt Langzeitstudis, den akademisch gebildeten Taxifahrer, den Physiker. Gegensätze: Die Frau, die schon mal schönere Tage gesehen hat, ist bis Oberkante Unterlippe voll; doch einer muß noch rein. Und dazu ist ihr und ihrem jungen Freund mit dem Haarschwänzchen, die *Pinte* nicht zu fein. Dem jungen Bürohengst mit dem gezwirbelten Vollbart ist die *Pinte* dagegen nicht zu abgehangen, um sein Weizenbier zu süffeln. Insgesamt wirkt das, als sänge irgendwo der Teekessel der Gemütlichkeit sein feuchtes Lied, von dem aber niemand in den modernen Hinterräumen mehr etwas wissen will. Anfang der Neuziger kam der Durchbruch. Da wurde ein Teil neu dazu gewonnen, doch nichts wurde am Alten geändert. Das Neue ist schwer „on wock". Richtig gestyltes Mobiliar, modern, wie Neu-Lummerland an Lummerland. Doch ist das für die *Pinte* Jacke wie Hose: „Wo setzen wir uns hin", höre ich jemanden fragen. „Mir doch egal!" sagt die Begleitung." *Pinte* bleibt eben *Pinte*. beg

	Bier	Hohenfelder Pils, Dampfbier v. F., Weizen (2,20-5,50)
	Wein	Kleine, aber gezielt getroffene Auswahl (auch bio): 5,00-5,50
	Spirituosen	Saurer Paul, braune Brände, Whiskies, Liköre (1,80-5,50)
	Alkoholfreie Getränke	Säfte, Standards und Eiskaffee (2,50-4,00)
	Heißes	Kaffee, Tee, Grog, Heiße Zitrone (2,50-4,00)
	Essen	Prima Pizza und das Übliche an Salaten, Tageskarte
	Musik	Die Gäste sind schon laut genug, wozu also Musik?
	Lektüre	Lesezirkel, Tageszeitungen, Kino-Werbematerial
	Luft	Rauchig im alten, cleaner im neuen Teil
	Hygiene	Sauber
	Publikum	Langzeitstudis und solche, die es erst werden
	Service	Gut dabei
	Preisniveau	Menschenfreundlich

Bielefeld — **SAM'S**

SAM'S Groovy Gruft

SAM'S
Mauerstr. 44
Tel. 05 21/17 87 87

Do-Mo 23.00 - 6.00
Mittwoch Ruhetag
oder für geschlossene
Gesellschaften

90 Tanzplätze
69 Stehplätze
50 Quetschplätze

Jahnplatz:
Stadtbahn 1, 2, 3 und
nahezu alle Busse
PH Ritterstraße
75 Meter
Parken: entfernt,
ansonsten kriminell

Das Hexenhäuschen in der Mauerstraße birgt eine Schattenwelt: Das Sam's darin ist ein Original. Wenn die Tür aufgeht (die mit dem Kläppchen für die Gesichtskontrolle), läufst du leicht Gefahr, in den Sog zu geraten und in die groovy Gruft abzutauchen – bis alles zu spät ist. Zwar erinnert der Türsteher an die Figur, die Edgar Wallace Thriller „Die Tür mit den sieben Schlössern" so gruselig machte, aber vielleicht gehört das ja schon mit dazu. Bist du erst mal drin, zieht dich ein langer Schlauch tiefer in die Schwärze des fensterlosen Raumes, und du meinst zunächst, dich ständig ducken zu müssen. Aber das gibt sich; da ist es so schwarz, daß die Schwärze schon positive Qualität und teerige Konsistenz gewinnt – doch für acht Mark Eintritt (am Wochenende) darfst du dir zwei Biere ziehen, und dann sieht die (Schatten)Welt gleich ganz anders aus. Dann stehst auch du am Allerheiligsten der Hütte, an der Tanzfläche. Es gibt einige unappetitliche Stories, z. B. daß Ausländer abgewiesen worden seien. Da ist sicher was dran, aber frappierend ist doch, daß sich auf der Tanzfläche ein wild durcheinandergroovendes Multikultipublikum vergnügt. Vor allem die Schwarzen bringen das tolle Tanzfeeling. Da ist auch der (sch)mächtige Möchtegern-Kickboxer, wahrscheinlich türkischer Herkunft, mit seiner Begleiterin, die heute als gelockter Nackenspoiler im Wetlook geht; daneben der pralle deutsche Gebrauchtwagenhändler, der den Job vom Frisierpickel auf gelernt hat; die trunkenen Freak-Ladies, die nicht mehr gar zu genau wissen, wo's langgeht. Ab 2.00 Uhr wird's gemütlich, aber so gegen 4.00 Uhr solltest du wieder zum Ausgang finden. Da bleiben nur noch die, die meinen, es müsse sich doch aus dem angebrochenen Abend noch etwas machen lassen, obschon der längst zum verkorksten Frühmorgen abgegammelt ist. *beg*

Bier	Detmolder Pils, Alt v. F. (4,00)
Sekt	MM, die Flasche für 40,00
Spirituosen	Longdrinks und Schnäpse, (5,00-8,00; Doppelte 10,00-14,00)
Alkoholfreie Getränke	Ein paar Säfte im Regal (4,00-4,50, Schuß kostenlos)
Heißes	Kaffee und Espresso (3,00-3,50)

Musik	HipHop, Soul, Funk. Groovy Stuff (Sa), Rock, Techno, Indi
Lektüre	Tattoos
Luft	Kommt durch einen Ventilator-Schacht
Hygiene	Todesfälle sind nicht bekannt
Publikum	Multikulti, solche, die schon einiges gewohnt sind
Service	Harter Job, aber man kann sich auf die Jungs verlassen
Preisniveau	Mit Verzehrbon am Fr/Sa wird's eine billige Nacht

Bielefeld — SPINNEREI CAFE

Die Entdeckung der Einfachheit

SPINNEREI CAFE
Heeper Str. 64
Bielefeld
Tel. 05 21/6 23 39

Mo-Sa 10.30 - 1.00
So 10.00 - 15.00
Küche 11.30 - 24.00

30 Sitzplätze
Keine Stehplätze
Keine Freiplätze

Volkshochschule:
Bus 20-24
Kostenfreies PH
gegenüber

Stell dir vor, es ist Sonntag und keiner besucht dich. Allein lümmelst du mit dem Krimi auf dem Bett. Die Knochen tun schon weh vom Liegen, was nun? Du klemmst dir dein Buch untern Arm, schlenderst eine Runde durch den Park und landest schließlich im *Spinnereicafé*. Du nimmst Platz an einem der wenigen Tische, und schon rinnt auf dein Geheiß bester Sherry, Calvados oder schottischer Malzwhisky aus den Flaschen in dein Glas, schon versetzt dich dein Krimi wieder in gespannte Entspannung. Wie zu Hause und doch woanders, das ist die richtige Mischung für die, die ihr Glück stets da vermuten, wo sie selbst gerade nicht sind. Das *Spinnereicafé* ist Paradies für Flaneure und Frühstückstiffanisten – allein 16 Frühstücke stehen im Angebot – für Weingourmets und Whiskykenner. Dafür braucht es kein modernes Design, wie das Gestühl beweist, welches zwar bequem ist, aber aus einem bajuwarischen Hähnchengrill stammen könnte. In diesem Café kann stattfinden, was ebenso lustvoll wie schwierig ist: Die Wiederentdeckung der Einfachheit. Ein Phänomen, dessen Zustandekommen allerdings verrätselt bleibt. Warum herrscht im kleinen *Spinnereicafé* trotz vieler Besucher stets eine so angenehm-lesefreundliche Ruhe? Oder warum macht beim sonntäglich-opulenten Frühstück das Gedeck des Tischnachbarn nicht wütend? Man rückt, und später womöglich parliert man zusammen. Ein Friedenscamp für Cafébeseelte also, und damit der Single in seinem Zuhause nicht so allein ist, läßt er sich noch ein Fläschchen Roten vom Faß zapfen. Wohl bekomm's. *dah*

Bier	Veltins, Hannen, Biozwickl, Maisels Weizen (3,50-5,00)
Wein	30 Sorten (auch öko) v. F. (2,50-6,00); auch zum Mitnehmen
Sekt	Deidesheimer Hofstück und Riesling Spezial (Gl. 5,50-7,00),
Cocktails	Blue Lady, Softy oder alkoholische Eiscocktails (4,00-8,50)
Spirituosen	Edles aus aller Welt, auch v. F. (3,00-5,00)
Alkoholfreie Getränke	Die Milchstraße: Kiwikomet, Bananengalaxie, Schokoschnuppe, Saftträume und die Limonadenwelt (2,50-5,50)
Heißes	Teeschwärmeien, Hallo-wach mit versch. Kaffees (2,50-7,50)
Essen	16 Frühstücke für die, die kein Omelette oder Fondue auf nüchternen Magen wollen

Musik	Besinnliches untermalt die selbsterzeugten Töne
Lektüre	Wer sein Buch vergißt, muß Spiegel oder FR lesen
Luft	Gut bei offener Tür
Hygiene	Hier würde sich niemand vorm Weingelage am Boden ekeln
Publikum	In vino veritable Musenküsser
Preisniveau	Das Echte erfordert Importzölle

Bielefeld — **STOLANDER**

Stolander
Besuch von drüben

STOLANDER
Alfred-Bozi-Str. 9
Bielefeld
Tel. 05 21/12 33 04

So-Do 18.00 - 1.00
Fr-Sa 18.00 - 3.00
Küche bis 23.00
Fr, Sa bis 24.00

140 Sitzplätze
70 Stehplätze
Biergarten vorm Haus:
240 Sitzplätze

Jahnplatz:
Stadtbahn 2
Parken für Autos und Fahrräder direkt nebenan, viele Plätze, vom OWL-Damm überdacht

Roxy Music klagt: „Oh, Mother of Pearl!" Ich sitze an einem der riesigen Fenster des *Stolander* und schaue hinauf zur alten Eisenbahnbrücke, über die ganz nahebei ein IC in den Bahnhof einfährt. Vor mir steht ein Teller mit Spaghetti, denen anzusehen ist, daß die Mikrowelle ein wenig versagt hat. Die Nudelfäden erscheinen mir zu kalt, doch die Wände des Raumes geben ein warmes Gefühl. Allein wegen der Farbe. Das *Stolander* liegt an einer sehr reizvollen Stelle: Früher ging an diesem Haus eine wichtige Straße vorbei, unter der Brücke hindurch, den Westen mit der Innenstadt verbindend. Jetzt haben sie die Straße dicht gemacht, und es entstand eine Art Nische – mitten in der Stadt. Das ist gut für den Biergarten, den ich draußen vor dem großen Fenster sehe. Da baumeln die Glühbirnen über Bänken und Tischen, da wirkt sich die Bahnhofsbrücke segensreich aus: Denn normalerweise ist es aus lärmtechnischen Gründen üblich, um 23.00 Uhr Schicht zu machen. Doch da, wo die Bahn ohnehin lärmt, spielt solch menschliches Treiben nicht mehr die große Rolle. Drinnen prägen die erdigen Farben die Atmosphäre; es ist behaglich, aber nicht gar zu betulich, für das Studentenvolk eingerichtet. Doch wir befinden uns auf einer Grenzlinie: In Sichtweite befindet sich die Küste der Altstadt-Vergnügungsreviers, und alleine wegen des Biergartens gibt es häufig Besuch von drüben. Vorn am Tresen sitzen jetzt, so ein bißchen für sich, der Herr Professor, der hier ganz solide auf die schiefe Bahn tritt, und der etwas andere Stadtrat, im Gespräch mit dem etwas angeknacksten Quartalssäufer, auf den der Wirt genau aufpaßt: Solange er nicht vom Stuhl fällt, bekommt er vielleicht noch ein Bier. Man achtet auf die Gäste! *beg*

Bier	Warsteiner v. F., Löwenbräu/Schneider Weizen (2,40-6,00)
Wein	Trollinger, Frascati, Retsina, Bioweine (6,00-7,00)
Sekt und Schampus	Mumm (Fl. 35,00)
Spirituosen	Aperitifs, Liköre und sämtliche Sorgenbrecher (2,00-6,00)
Alkoholfreie Getränke	Standards (2,00-4,00)
Heißes	Kaffee, Grog, Tee, Espresso, Cappuccino (2,80-6,00)
Essen	Aufläufe, Pizze, Nudelgerichte, Lammbraten mit Bohnen

Musik	Rock, Indi, Hip Hop, geglättet und breit gefächert
Lektüre	Tageszeitungen und Mitnahme-Magazine
Luft	Wenn's voll wird, wird's ein bißchen dicke
Hygiene	Länger nicht renoviert, aber grundsauber
Publikum	Studies und gesetztes Gemütsvolk
Service	Kumpelhaft bis hübsch
Preisniveau	Fairer Durchschnitt

Bielefeld   **TINNEFF**

Kein Windhauch verweht den Pfeil

TINNEFF
Stapenhorststr. 93
Bielefeld
Tel. 05 21/13 13 18

Mo-Fr 18.00 - 1.00
Sa,So 19.00 - 1.00
Küche bis 24.00

180 Sitzplätze
Biergarten 30
Sitzplätze

Oetkerpark: Bus
Richtung Werther/Uni,
Linien 32-34
Parken vorm Lokal
schwierig, vielleicht in
der Umgebung

Das *Tinneff* ist und war so etwas wie das Paradies der gebildeten Schlurfis; gar nicht mal der echten. Eher für die, die das Schlurfige schon immer schick fanden. Schlurf, schlurf: „Tinnef", so weiß der Duden, kommt aus dem Jiddischen und bedeutet: „Schund, wertlose Ware, dummes Zeugs." Und hier schreibt es sich auch noch mit zwei Eff! Das deutet auf den harmlosen Studentenulk hin, der vor Zeiten mal als scharf galt. Ende der 70er geriet das uralte Vereins- und Familienlokal in die Hände der Neubürger Bielefelds: Jener Cordbehosten, ordentlich Beschuhten und Lockerbeschalten, und da hat sich im Geiste auch nicht viel geändert. Seit vielen Jahren ist hier ins Ambiente eigentlich nichts mehr reingesteckt worden – es ist halt so: Da werden Räumlichkeiten zur Verfügung gestellt und zu vernünftigen Preisen Speisen gereicht. Wir befinden uns unter jungen Erwachsenen – aber es sind auch die da, die es immer noch gerne wären. Die es aus Gewohnheit immer noch ins *Tinneff* treibt. Ich selbst bin in den letzten Jahren eigentlich immer zum Darten hergekommen. Das geht hier ziemlich prima, in einem kleinen Nebenraum: Aufpassen mußt du schon, daß du denen am Kicker nicht den Pfeil in die Birne wirfst oder von den Billard-Leuten die Queue zwischen die Beine kriegst! Aber meine Pizza ist okay, der Flipper dudelt sein debiles Lied, aus der Box hört sich Stevie Winwood nicht viel spritziger an; nein, nein, frischer Wind ist hier seit langer Zeit nicht hineingeweht. *beg*

Bier	DAB, Guinness, Andechser Dunkel v. F., Schierlinger Roggen, Erdinger Weizen, Kelts (3,50-5,00, Maß 11,00-13,50)
Wein	Klassiker, Retsina, Imiglykos, Valpolicella (5,00-5,50)
Sekt	Die Bottle Mumm für 35,00
Cocktails	Doppelte mit Etwas als Longdrinks (7,00-7,50)
Spirituosen	Bielefelder Luft, Süßes, Scharfes und Bitteres (2,00-8,00)
Alkoholfreie Getränke	Säfte, Limos, Wasser (salzarm), Sangrita, (2,80-4,40)
Heißes	Loser Tee (bio), Vollmilch, Schokolade, Kaffee (frisch gemahlen und zubereitet), Alkvariationen (3,00-5,80)
Essen	Umfangreiche Karte: Backkartoffeln, Suppen, Baguettes, Kleinigkeiten, Salate, Pizze

Musik	Da zeichnet sich eine verklemmte Vorstellung von Rock ab
Spiele	Flipper, Billard, Kicker, Darts im Nebenraum, Backgammon
Lektüre	Tageszeitungen
Luft	Fast schon zugig
Publikum	Studenten und Zweiradfahrer, Dartswerfer
Service	Haut hin
Preisniveau	BAföG-angepaßt

Bielefeld — WUNDERBAR

Die Tapete, die das Leben schrieb

WUNDERBAR

WUNDERBAR
Arndtstr. 21
Bielefeld
Tel. 05 21/12 34 16

Mo-So 10.00 - 1.00
Frühstück
10.00 - 24.00
Warme Küche ab 18.00

80 Sitzplätze

Goldbach: Bus Linie 28
Parken im Viertel
Glückssache;
PH Jöllenebcker
Straße 100 Meter

Auf dem *Wunderbar*-Hocker an der Theke komme ich mir immer wieder so vor, als hätte mich Edward Hopper hier hingemalt. Ich denke da an jenes berühmte Bild vom einsamen Mann, der am Tresen abhängt; die großen Fenster der *Wunderbar* liegen so auf Ecke, daß diese Vorstellung einfach entstehen muß – selbst wenn's Vormittag ist. Nighthawks at dinner – zur Frühstückszeit. Aber einsam und abgehangen ist es eigentlich nie. Frühstückszeit ist immer. Es gibt Frühstück, bis die Brötchen, und fast auch, bis die Lichter ausgehen. Frühstück bis Mitternacht und für alle Lebenslagen: zur Sünde und zur Reue, zum Schlemmen oder zum Bescheiden. Joghurt Natur (mit Honig) oder Katerfrühstück (mit 1 Aspirin Plus C, Gewürzgurke, Rollmops); das Einfache (mit Landei) und das Schlemmerfrühstück (mit Edelkäsen, Pasteten, Schinken), das sich natürlich hervorragend für den Abendbetrieb eignet. Früher war in diesen Räumen das berühmtberüchtigte *Black Bird* untergebracht, doch der schräge Vogel verschwand. Das Lokal aber erstand *wunderbar*erweise neu. Aber da mußte erstmal bis auf die Grundmauern renoviert werden. Dabei kam pittoreskes Urgestein zutage: Zeichen an der Wand, alte Makulaturreste, Bleistiftmarkierungen, Zahlen auf dem alten Putz. Man ließ alles so, lackierte drüber – und so sehen wir heute nicht Kunst an der Wand, sondern die Wand als Kunst. Mit einer Tapete, die das Leben schrieb. Dabei geht's eher locker-geschäftig als verträumt zu. Ständig läuft MTV – allerdings ohne Ton. Du stehst hier mitten im Leben. Gesehen werden – aber vor allem: sehen wollen. Von morgens bis abends. *beg*

Bier	Herforder, Bolten Alt v. F., Corona, Maisel Weizen (3,50-6,50)
Wein	Vinho Verde, Pinot Grigio, Frascati, Soave (5,50-7,00)
Sekt	Pommery, V. Clicquot, Laurent Perrier (Fl. 23,00-145,00)
Spirituosen	Rund dreißigmal long, short oder hard (3,50-9,00)
Alkoholfreie Getränke	Milchshakes und mehr für die Kinderparty (2,50-6,00)
Heißes	Lumumba, Kaffee, auch mit Rum oder Calvados (2,50-7,00)
Essen	Frühstückskarte, Pizze, Suppen, Salate, Croissants
Musik	Was an MTV-Ton unterschlagen wird, kommt vom Tape
Lektüre	Tageszeitungen, Illustrierte, Magazine (Stern, Swing)
Luft	Verträglich
Hygiene	Auf dem WC etwas Klostrophobie
Publikum	Altes und neues Univolk aus der nicht ganz langweilen Fraktion mischt sich mit Amüsierprofis
Service	Ständig rollt neues Knabberzeugs an
Preisniveau	Erfreulich

Bielefeld — **ZAPATA**

ZAPATA — Mexiko in Bielefeld

ZAPATA
August-Bebel-Str.
16-18
Bielefeld 1
Tel. 05 21/6 38 16

Di-Sa 17.00 - 1.00
So 10.00 - 1.00
Küche 18.00 - 23.00

50 Sitzplätze
Keine Stehplätze
70 Freiluftplätze
bis 23.00

Stadtbahnknotenpunkt
Bahnhof: Bus 57, 58
Parken: Auto kann mit

Daß der große Saal ein wenig an Bahnhof erinnert, kommt nicht von ungefähr: Das *Zapata* gehört neben einigen anderen Betrieben und ökoorientierten Gruppen zum Bielefelder Umweltzentrum, welches aus einem alten Postgebäude recycled wurde. Groß waren die Ideen, doch karg die Mittel. Spachtelte der Geschäftsführer weiland noch selbst die Kacheln an die Wände, so schwingt er heute in der Küche die Löffel. Das Heer freiwilliger HelferInnen und flottierender Honorarkräfte blieb von Beginn an überschaubar. Dem *Zapata* (zu deutsch: Hemmschuh!) merkt man wie einem von Kleinbauern erworbenem Acker die Mühe an, die seine Bewirtschaftung kostet. Es wirkt wie das Wohnzimmer einer großen WG, in der jemand verzweifelt versucht, Ordnung zu designen, vielleicht sogar Gemütlichkeit. Um im Spagat zwischen den Szenen bestehen zu können, wurde immer wieder umgebaut, wobei der kurze Weg vom Stil zur Stilblüte nicht unbeschritten blieb: Ein bißchen Uah-Punk neben Eso-Walla-Walla, ein bißchen frech, ein bißchen gediegen, ein bißchen Aufstand, ein bißchen Frieden. Was bleibt, ist die gute Qualität des Essens. Riesenbaguettes geben Rätsel auf: Welches Kraut schmeckt so exotisch, und wie krieg' ich das überlappende Ökomonster mit Anstand zwischen die Zähne? Mundgerechter sind die legendären Pflastersteine, als schokoladige Grundnahrungsmittel für mehrwöchige Hochgebirgs-Trekkingtouren extrem geeignet. Berühmt jedoch sind vor allem die mexikanischen Spezereien des *Zapata*: Leicht gelangt man per Tortilla im Vollwertrausch von Bielefeld ins Land der Azteken. *dah*

Bier	Pinkus v. F., Weizen, Lammsbräu für die Ökoherde (2,00-4,50)
Wein	Trockene Standards in rot/weiß, Hang zu lieblich (6,00-8,00)
Sekt und Schampus	Neben Piccolo (9,00) nur eins: Blanquette de Limoux (30,00)
Spirituosen	Tröpfchen aus kontrolliert biologischem Anbau verursachen den unkontrollierten Abbau der Konventionalität (4,50-9,00)
Alkoholfreie Getränke	Sojamilch? Dann schon lieber Säfte oder Volvic (2,00-4,50)
Heißes	Meditationen: Yogitee, Carob, Nicaraguakaffee (3,00-6,00)
Essen	Fürstliches Frühstück am Festtag, sonst erdiger Vollwert
Musik	Die Lieblinge des Thekendienstes, nicht immer leise genug
Spiele	Alte Tageszeitungen und die neuesten Flugblätter
Luft	Bestens
Hygiene	Die Brille vom Klo ist sauberer als die des Küchenchefs
Publikum	Große Kinder, kleine Zombies und labile Gruppenfans
Service	Gut Ding will Weile haben
Preisniveau	Stabil steigend, aber noch vom BAföG erreichbar

Bielefeld — ZWEISCHLINGEN

Verschlingt die Freizeit

ZWEISCHLINGEN

ZWEISCHLINGEN
Osnabrücker Str. 200
Bielefeld
Tel. 05 21/4 56 23
oder 45 29 88

Mo-Fr. 18.00 - 1.00
Sa 13.00 - 1.00
So 10.00 - 1.00
Küche
So-Do 18.00 - 24.00,
Fr, Sa 18.00 - 1.00
Wochenende
nachmittags Kaffee
und Kuchen
So 10.00 - 15.00
Frühstück

150 Sitzplätze
700 Stehplätze
250 Freiplätze

Kein ÖPNV
Parkplatz im Grünen

Zweischlingen liegt am Waldesrand. Mit Fallenstellen beschäftigt sich hier allerdings bestenfalls die Polizei, die ihre Radarstrahlen und Knöllchenfinger gern in die vom öffentlichen Nahverkehr unerschlossenen Gebiete ausstreckt. Diese Form von Begrünung nimmt man in Kauf, täglich ziehen lange Blechkarawanen gen *Zweischlingen*. Die originelle Szeneoase, eine der ältesten Bielefelds überhaupt, hat sich etwa zehn Kilometer abseits der Großstadthektik zum Ausflugsmekka für Gläubige jedweder Konfession gemausert. In Villa und Wintergarten hat ein gutes Restaurant seinen Sitz und eine Kneipe. Zwei Räume weiter kann, wer noch kann, in der Disco die erle(i)bten Pfunde wieder abhotten. Vielleicht nicht gerade am frühen Freitag abend, wenn regelmäßig zum Standard aufgespielt wird, bevor dann um 23.00 Uhr der Normalschwoof losfetzt. Montags wird bei Soul, Funk und Latin die Disco ihrem leicht betulichen Outfit als Sauna gerecht, ebenso, wenn donnerstags die Oldies rituell revivalt werden. Abgesehen davon gibt es Live-Musik, Cabarett, Theater, Lesungen, Ausstellungen, Abi- und Bikerfeten, hier ist täglich was los. Und damit die süßen Kleinen nicht zu Teuto-Zombies mutieren, während die Alten dauernd unterwegs sind, gibt's Disco und Theater auch für Kinder. *Zweischlingen* ist so etwas wie ein alternativer Vergnügungspark für die ganze Familie. Professionell gemacht, der Charme der Bourgeoisie hat den anfänglichen Charme der Armut verdrängt. Daß man trotzdem wie früher seine Füße auf den Stuhl legen darf, spricht für das erfolgreiche Konzept. *dah*

Bier	KöPi, Gatzweilers, Guinness, Kilkenny v. F. etc. (3,00-5,00)
Wein	Bio rot-weiß, Corbières, Rosso da Vignano (0.1/0.2l 2,50-8,00)
Sekt	Cavalier, manchmal muß es Mumm sein (Fl. 25,00-40,00)
Spirituosen	Besuche in Cognac, Southern Comfort, Sambuca (2,50-7,00)
Alkoholfreie Getränke	Palette, groß wie die polizeiliche Blasetüte: Biosäfte, Tonic Water, Traubenschorle (2,50-3,00)
Heißes	Kaffee für den Herrn, Lumumba für die Dame (2,50-6,00)
Essen	Erst die Suppe, danach Pizza, dann Lachsfilet oder Steak

Musik	Hintergründig; in der Disco nichts für Gesprächsfreudige
Spiele	Spielesammlung, Backgammon, Schach, Billard
Lektüre	Tageszeitung und Stadtblatt sind die Wichtigsten hier
Luft	Sauerstoffhaltig naturnah
Hygiene	Herden von Menschen hinterlassen nun mal ihre Spuren
Publikum	Szene und Exszene, von 1 - 50
Service	Flotte MarathonschlepperInnen
Preisniveau	Man kann sich den Sprit fürs Wiederkommen noch leisten

Die Autoren

Volker Backes	Freier Journalist und Musiker
Martin Barkawitz	Angehöriger der Generation X (Douglas Coupland), früherer Herausgeber des Punk/New Wave-Fanzines Landläufiger Irrtum und des Comic-Mags Shrink und heutiger stellvertretender Chefredakteur der Stadtillustrierten Stadtblatt. Passionierter Fußgänger, Teetrinker und Science-Fiction-Leser.
Vera Geißler	„Always look at the bright side of life!"
Dora Hartmann	Redakteurin mit Schwerpunkt Kultur, Kitsch und Kommunales im Bielefelder StadtBlatt.
Frank Igelhorst	Götterdämmerungs-Twen. Tut alles, um nicht irgendwann in die Bank zurück zu müssen. Wollte immer reich und/oder Wirtschaftsjournalist werden. Glaubt, letzteres Ziel jetzt bereits erreicht zu haben. Wer klärt ihn auf?
Bernd Kegel	Redakteur mit Schwerpunkt Zen und Zelluloid (kann aber auch anderes!) im Bielefelder StadtBlatt.
Astrid Klesse	Leidet an gespaltener russischer Seele und verfällt ansonsten eher transformatorisch-kapitalistischen Versuchungen. Nur Ferdis ländlicher Charme holt sie ab und zu auf den Boden münsterscher Kneipenrealität zurück.
Wolfram Linke	Hat sich seine klirrenden Sporen durch mehrere Jobs rund ums Kneipenmilieu zu Recht verdient. Studierte außer Hektoliteratur vor allem das Leben und nimmt es, wie es ist. Die ars b(!)ibendi machte Django zu Dirty Harry, der den Killern seiner Leber auf der Spur ist. Sonst aber recheriert er weiter im „Lokalbereich" – als Redakteur.
Anke Maselli	Tut alles, um inkognito zu bleiben.
Henning Rentz	Schlägt sich durch als Schlagzeuger in Jazz- und Rockbands, im Münsterland wie auch im Ruhrgebiet. Ist folglich äußerst musik-kneipenfest und setzt seine Erfahrung zeitweilig als freier Autor um.
Dank, Dank	Der Verlag dankt RA Thomas Dolmány und RA Axel Graemer für ihre Beratung in juristischen Fragen

Register

Seite	Name	Kategorie	Stadt
98	Achteinhalb	Café, Kneipe	Osnabrück
134	Alex	Café, Bistro	Bielefeld
99	Altes Gasthaus Holling	Kneipe, Biergarten	Osnabrück
12	Altes Gasthaus Leve	Kneipe, Restaurant	Münster
13	Amerika-Latina	Kneipe, Biergarten	Münster
14	Atlantis	Kneipe	Münster
100	Balou	Kneipe	Osnabrück
135	Black Rose	Musikkneipe	Bielefeld
15	Blechtrommel	Musikkneipe	Münster
16	Blickpunkt	Kneipe	Münster
136	Boca Chica	Musikkneipe	Bielefeld
17	Böttcher Keller	Weinlokal	Münster
18	Bullenkopp	Kneipe	Münster
137	Bunker Ulmenwall	Jazzkeller	Bielefeld
19	Cadaques	Musikkneipe	Münster
101	Café Art	Café, Bistro, Galerie	Osnabrück
102	Café Bogart	Café, Bistro	Osnabrück
20	Café Brasil	Café, Kneipe	Münster
21	Café Carre	Café, Bistro	Münster
22	Café Extrablatt	Café, Bistro	Münster
23	Café Franz	Café	Münster
24	Café Kolk	Café, Kneipe	Münster
26	Café Malik	Café, Kneipe	Münster
139	Café Mint	Café, Bistro	Bielefeld
140	Café Oktober	Café	Bielefeld
27	Café Prütt	Café, Kneipe	Münster
28	Café Schucan	Café	Münster
141	Café Tropical	Café, Musikkneipe	Bielefeld
103	Café Wintergarten	Nachtcafé	Osnabrück
29	Campus	Musikkneipe	Münster
142	Casablanca	Café, Kneipe	Bielefeld
30	Cavete	Musikkneipe	Münster
31	Chapeau Claque	Café, Kneipe	Münster
143	Chatannooga	Musikkneipe, Disco	Bielefeld
32	Coco Loco	Café, Kneipe	Münster
33	Copacabana	Kneipe	Münster
34	Cuba Kneipe	Kneipe, Disco	Münster
35	Das Blaue Haus	Kneipe	Münster
144	Das Gartenhaus	Café	Bielefeld
36	Depot	Disco	Münster
37	Der Bunte Vogel	Kneipe	Münster
38	Destille	Musikkneipe	Münster
145	Die 2	Musikkneipe	Bielefeld
39	Die Glocke	Kneipe	Münster
40	Diesel	Café, Kneipe	Münster
146	Diva	Kneipe, Restaurant	Bielefeld
41	Domino	Disco, Bistro, Kneipe	Münster
147	Dönekes	Kneipe, Biergarten	Bielefeld

Seite	Name	Kategorie	Stadt
104	Ekkes	Disco	Osnabrück
42	Elephant	Disco	Münster
148	Elfenbein	Musikkneipe, Disco	Bielefeld
150	Extra	Kneipe	Bielefeld
151	Ferdi's Pizzapinte	Musikkneipe	Bielefeld
43	Frauenstraße 24	Café, Kneipe	Münster
105	Fricke-Blöcks	Kneipe	Osnabrück
44	Fundus	Kneipe	Münster
152	Galerie Rodin	Galeriecafé, Bar	Bielefeld
45	Gambrinus	Kneipe	Münster
46	Gogo	Disco	Münster
47	Grand Café	Café, Bistro	Münster
153	Größenwahn	Café, Bistro, Bar	Bielefeld
106	Grüne Gans	Kneipe	Osnabrück
107	Grüner Jäger	Kneipe, Biergarten	Osnabrück
154	Hammermühle	Musikkneipe	Bielefeld
48	Hardies	Bar	Münster
108	Hausbrauerei Rampendahl	Kneipe, Brauerei	Osnabrück
109	Havanna	Musikkneipe, Bistro	Osnabrück
110	Heart Beat	Musikkneipe	Osnabrück
155	Heat	Bistro, Disco	Bielefeld
49	Hora Est	Café, Kneipe, Bistro	Münster
112	Hyde Park	Disco, Biergarten	Osnabrück
113	Joducus	Weinlokal mit Garten	Osnabrück
50	Jovel	Disco	Münster
156	Klimperkasten	Kneipe, Biergarten	Bielefeld
51	Kling-Klang	Café, Kneipe	Münster
52	Kristall	Kneipe, Biergarten	Münster
54	Krokodil	Kneipe	Münster
55	Kruse Baimken	Biergarten, Kneipe	Münster
56	Kuhlmann	Kneipe	Münster
57	Kulisse	Kneipe	Münster
114	La Belle	Disco	Osnabrück
58	La Bodega	Kneipe, Bistro	Münster
115	Labyrinth	Disco, Kneipe, Bistro	Osnabrück
116	Lagerhalle e.V.	Kulturzentrum	Osnabrück
117	Le Bric a Brac	Kneipe	Osnabrück
59	Le Club	Disco	Münster
60	Le Different	Disco	Münster
61	Leeze	Musikkneipe	Münster
62	Limericks	Musikkneipe	Münster
118	Lotter Leben	Bistro, Bar	Osnabrück
119	Louisiana	Musikkneipe	Osnabrück
157	Magnus	Musikkneipe	Bielefeld

Seite	Name	Kategorie	Stadt
63	Mikes in Münster	Disco	Münster
158	Milestones	Musikkneipe, Bar	Bielefeld
64	Mutter Birken	Kneipe	Münster
160	Muttis Bierstube	Musikkneipe, Disco	Bielefeld
121	My Lord	Café, Kneipe	Osnabrück
65	Na Und	Musikkneipe	Münster
161	Neue Börse	Kneipe, Bistro	Bielefeld
66	Newton	Kneipe, Bistro	Münster
67	Nordstern	Kneipe, Restaurant	Münster
68	Obina	Kneipe, Disco	Münster
122	Oblomow	Kneipe	Osnabrück
69	Odeon	Musikkneipe, Club	Münster
70	Pane e Vino	Kneipe, Bistro	Münster
162	Pappelkrug	Café, Kneipe, Disco	Bielefeld
163	PC 69	Musikkneipe, Disco	Bielefeld
71	Piano	Kneipe	Münster
72	Pinkus Müller	Kneipe, Restaurant	Münster
164	Pinte	Kneipe	Bielefeld
73	Rick's Café	Café, Bistro, Bar	Münster
165	Sam's	Disco	Bielefeld
75	Sam's	Kneipe	Münster
76	Schluckspecht	Musikkneipe	Münster
77	Schoppenstecher	Kneipe	Münster
166	Spinnerei Café	Café, Kneipe	Bielefeld
78	Starclub	Disco	Münster
123	Stiefel	Kneipe	Osnabrück
167	Stolander	Musikkneipe	Bielefeld
79	Stuhlmacher	Kneipe, Restaurant	Münster
124	Tango	Kneipe	Osnabrück
125	Theater-Bar	Café, Bar	Osnabrück
80	Theatercafé	Café, Kneipe	Münster
168	Tinneff	Musikkneipe	Bielefeld
107	Tinneff	Musikkneipe	Münster
82	Torhaus	Bistro	Münster
83	Treibhaus	Kneipe, Restaurant	Münster
84	Tribunal	Kneipe	Münster
85	Triptychon	Disco	Münster
86	Tropicana	Bistro, Bar	Münster
87	Tschaika	Kneipe	Münster
88	Türmchen	Kneipe, Restaurant	Münster
89	Twins	Kneipe	Münster
126	Uni-Keller	Kneipe, Biergarten	Osnabrück

Seite	Name	Kategorie	Stadt
127	Valentino	Café, Kneipe, Bar	Osnabrück
128	Vitischanze	Musikkneipe	Osnabrück
90	Wolters	Kneipe	Münster
129	Works	Kneipe, Disco	Osnabrück
169	Wunderbar	Café, Bar, Kneipe	Bielefeld
170	Zapata	Café, Kneipe	Bielefeld
91	Ziege	Kneipe	Münster
92	Zum Alten Pulverturm	Kneipe, Biergarten	Münster
94	Zum Rauchfang	Kneipe	Münster
171	Zweischlingen	Musikkneipe, Disco	Bielefeld
130	Zwiebel	Musikkneipe	Osnabrück

Der Rockpoet

Kevin Coyne
Paradise
Gedichte, Prosa, Zeichnungen
Englische Broschur, 140 Seiten, 19,80 DM
ISBN 3-927482-32-3
ars vivendi verlag

Die Kneipenstories

Friedrich Kehrer, Norbert Treuheit (Hrsg.)
Zwischen Sekt und Selters
Literarische Streifzüge durch Kneipen, Cafés und Bars
Kartoniert, 237 Seiten, 12,00 DM
ISBN 3-927482-02-1
ars vivendi verlag

Der Lebenshelfer

Karlo Murr (Hrsg.)
Katzenjammer, Katerkuren
oder Die Kunst, den Tag danach zu überstehen
Kartoniert, 192 Seiten, öS 115 / DM 14,80 / sFr. 14,80
ISBN 3-927482-27-7